EDMIR KUAZAQUI, **CARLOS** BARBOSA CORREA JÚNIOR, **CLÁUDIO** TERAMOTO E **MARCUS** HYONAI NAKAGAWA

MARKETING
PARA AMBIENTES ***DIS*RUPTIVOS**

Planejamento, resultados, gestão com ecoeficiência, sustentabilidade e governança corporativa

Literare Books
INTERNATIONAL
BRASIL · EUROPA · USA · JAPÃO

Copyright© 2017 by Literare Books International.
Todos os direitos desta edição são reservados à Literare Books International.

Presidente:
Mauricio Sita

Capa e Diagramação:
Douglas Duarte

Revisão:
Débora Tamayose

Gerente de Projetos:
Gleide Santos

Diretora de Operações:
Alessandra Ksenhuck

Diretora Executiva:
Julyana Rosa

Relacionamento com o cliente:
Claudia Pires

Impressão:
Rotermund

```
Dados Internacionais de Catalogação na Publicação (CIP)
        (Câmara Brasileira do Livro, SP, Brasil)

   Marketing e gestão de resultados em ambientes
      disruptivos / Edmir Kuazaqui ... [et al.]. --
      1. ed. -- São Paulo : Literare Books
      International, 2017.

      Outros autores: Correa Júnior, carlos Barbosa,
   Teramoto, Cláudio, Nakagawa, Marcus Hyonai.
      ISBN 978-85-9455-045-3

      1. Administração de empresas 2. Ambiente de
   trabalho - Administração 3. Empreendedorismo
   4. Empreendimentos 5. Inovação tecnológica
   6. Marketing 7. Planejamento estratégico
   I. Kuazaqui, Edmir. II. Correa Júnior, Carlos
   Barbosa. III. Teramoto, Cláudio. IV. Nakagawa, Marcus
   Hyonai.

17-07508                                    CDD-658.4
```

Índices para catálogo sistemático:

Literare Books
Rua Antônio Augusto Covello, 472 – Vila Mariana – São Paulo, SP.
CEP 01550-060
Fone/fax: (0**11) 2659-0968
site: www.literarebooks.com.br
e-mail: contato@literarebooks.com.br

SUMÁRIO

Agradecimentos	6
Prefácio I	7
Prefácio II	8
Prefácio III	9
Introdução	11
I – Planejamento de marketing de resultados em ambientes turbulentos	15
Discutindo os conceitos iniciais	16
Dialogar com o mercado	17
Colocando as ações em movimento	19
A consolidação da previsão de demanda para as vendas efetivas de um produto ou serviço	22
Determinação de metas de vendas	24
Qualquer tipo de venda está relacionado diretamente ao nível de qualidade da solução de um problema	26
Comprometa-se com o crescimento e os resultados dos negócios de sua empresa	30
Customer Relationship Management (CRM)	32
Premissas quanto ao marketing mix doméstico e internacional	34
II – Estratégias inovadoras a partir de ambientes disruptivos	41
Ambientes turbulentos requerem estratégias similares à de guerra	43
Ambientes disruptivos no Brasil	44
Recomendações para ambientes turbulentos e disruptivos	47
Em busca da produtividade necessária	49
Estratégias de evolução no mercado	50
As estratégias internacionais	52
Internacionalização com responsabilidade econômica e social	53
Diferenças culturais como meio de integração internacional	54
Recomendações para o crescimento e o desenvolvimento de negócios	55
Repensar como fazer a segmentação de mercado com qualidade	55
Desempregados como oportunidades de negócios	57
A economia colaborativa como modelo de gestão	58
Desempregados como oportunidades de negócios	59
III – Ecoeficiência – gestão da sustentabilidade ambiental	65
A empresa e a sustentabilidade	66
O desenvolvimento sustentável e a sustentabilidade	68
Os problemas da sustentabilidade do mundo e a influência direta nas empresas	70
A sustentabilidade empresarial	72
A ecoeficiência	77
Ferramentas da gestão ecoeficiente	80
A sustentabilidade estratégica em ambientes turbulentos e disruptivos	91

IV – Processos para negócios	101
Processo de negócio	104
Cadeia de valores	105
Hierarquia de processos	107
Gerenciamento de processos de negócios	108
Mapeamento de processos	109
Captura e levantamento das informações	110
Técnicas de mapeamento	110
Representação dos processos	112
Ferramentas de representação de processos	112
SIPOC	112
Fluxograma	114
Fluxograma vertical	116
Modelagem de processos de negócios	117
Fluxograma horizontal	117
Análise de processos	120
O ciclo PDCA	121
Metodologias de análise de processos	121
Metodologia de Análise e Solução de Problemas – MASP	122
Diagrama de causa efeito, ou Ishikawa	127
Técnica "5W2H" (também conhecida como "4Q1POC")	127
Diagrama de Pareto	129
Matriz GUT	129
Folha de verificação	130
Histograma	130
Diagrama de disperção	131
Diagrama de árvore	131
Estratificação	132
Carta de controle ou controle estatístico do processo	133
Brainstorming	134
Programa 5S	134
Seis Sigma	136
A formação das equipes Seis Sigma	139
A metodologia do Seis Sigma	140
Desenho de processos	142
Fluxo do processo e fluxo de trabalho	142
Atividades do desenho de processos	143
Metodologia do desenho de processos	143
Desempenho dos processos	144
Eficiência	145
Custeio baseado em atividades	145
Eficácia	147
Competitividade	150
Transformação de processos	151
Pontos críticos de gestão na transformação de processos	152
Patrocínio e compromisso gerencial	152
Gestão de mudança e expectativas	153
Avaliação do desempenho do novo processo	153
Evolução dos processos	153

V – Indicadores de gestão   163

Medição e avaliação do desempenho organizacional   164
O processo de gestão do desempenho organizacional   164
O modelo de gestão do desempenho organizacional   165
Stakeholders   165
Indicadores de desempenho   167
Requisitos dos indicadores de desempenho   168
Características dos indicadores   168
Tipos de indicador   168
Indicadores de resultados   169
Indicadores de tendências   169
Balanced Scorecard   170
As perspectivas do BSC   171
Os vetores de desempenho e as perspectivas do BSC   175
Da teoria à prática   177
Vetores de desempenho na perspectiva do aprendizado e do crescimento   177
Vetores de desempenho na perspectiva dos processos internos   181
Vetores de desempenho na perspectiva dos clientes   182
Vetores de desempenho na perspectiva financeira   193
Desempenho em ambientes turbulentos, recessivos e disruptivos   195

VI – Governança corporativa   203

Governança corporativa   204
Conceito   204
Princípios   205
Diretrizes   205
Políticas de governança   206
Conselho de administração   210
Responsabilidades   210
Princípios organizacionais   210
Código de ética   216
Composição do conselho de administração   217
Independência dos conselheiros   217
Comitês especializados   217
Avaliação de desempenho e remuneração dos membros do conselho de administração   218
Relacionamentos internos   221
Sucessão   221
Monitoramento do desempenho executivo e sistemas de remuneração   221
Fortalecimento dos direitos dos acionistas   222
Gestão dos riscos empresariais   222
Conceito   223
Componentes do gerenciamento de riscos empresariais   224
Ambiente interno   224
Fixação de objetivos   225
Identificação de eventos   226
Avaliação de riscos   230
Reposta aos riscos   231
Atividades de controle   232
Informação e comunicação   233
Monitoramento   233
Processo decisório   235

AGRADECIMENTOS

Toda jornada inicia com o primeiro passo e a cada superado, novas experiências e relacionamentos são agregados as nossas vidas, enriquecendo o caminho e tornando cada vez mais desafiador atingir os objetivos pessoais profissionais. Inicialmente, os autores agradecem seus familiares, entre pais, cônjuges e filhos, pelo apoio nos momentos mais difíceis bem como nos mais felizes. Agradecemos os profissionais, professores e pesquisadores Alexandre Gracioso, Bill Clinton, Bill Gates, Carlos Nabil Ghobril, Dalton Pastore, Egydio Barbosa Zanotta, Fernando Henrique Cardoso, Francisco Gracioso, Giancarlo S.R. Pereira, Gleder Maricato, Goulart de Andrade (*in memoriam*), Jesuíno I. Argentino Júnior, Luis Antonio Volpato, Luiz Fernando Dabul Garcia, Marcelo Chiavone Pontes, Marcus Amatucci, N.J. Delener, Roberto Kanaane, Rodrigo Ulhoa Cintra de Araújo, Teresinha Otaviana Dantas da Costa e Victor Trujillo.

Dedicamos este espaço para agradecer os milhares de alunos dos cursos de graduação em Administração, Relações Internacionais e os cursos de férias Marketing Internacional e Formação de *Traders* e Marketing Cinematográfico da Escola Superior de Propaganda e Marketing (ESPM). Dedicamos e agradecemos os alunos dos cursos de pós-graduação em Administração Geral, MBA em Marketing Internacional e Formação de *Traders*, MBA em Pedagogia Empresarial, MBA em Compras, MBA em Administração Geral, MBA em Marketing, MBA em Comércio Exterior e MBA em Comunicação e Jornalismo Digital da Universidade Paulista (UNIP), que nos servem como inspiração diária e constante para nosso aprimoramento profissional e docente.

Aos membros participantes do Grupo de Excelência em Relações Internacionais e Comércio Exterior do CRA/SP. Ao Conselho Federal de Administração (CFA), aqui representada pelo Presidente e Adm. Wagner Siqueira Conselho Regional de Administração (CRA/SP), representada pelo Presidente e Adm. Roberto Carvalho Cardoso, responsáveis pelo acreditamento e reconhecimento da profissão de Administrador no Brasil.

Os autores.

PREFÁCIO I

Nunca se falou tanto em crise como nesta última década. O tema tem sido assunto de rodas de conversas, ensaios e artigos, trabalhos acadêmicos, materiais jornalísticos, entre outros. Como administrador, sou convidado com frequência para opinar sobre o assunto e volto a afirmar que essa palavra, geralmente empregada para designar as transformações ou as mudanças, é para lá de inadequada para os tempos presentes.

Bem mais do que o paroxismo do caos entre dois momentos de estabilidade, de fato estamos todos submetidos a um novo tempo: mudanças sustentáveis transformam profundamente o equilíbrio econômico e político tanto quanto o conjunto das relações sociais.

A crise torna-se permanente, e essa realidade força as empresas – públicas e privadas – a repensar seus modelos de gestão. Afinal, como ter resultados positivos em cenários instáveis? Como elaborar estratégias flexíveis em ambientes inconstantes?

Esses e outros questionamentos são sabiamente respondidos no livro *Marketing e gestão de resultados em ambientes disruptivos*, organizado pelo administrador Edmir Kuazaqui, com a colaboração Claudio Teramoto e Marcus Nakagawa, e cujo prefácio tenho a grata satisfação em assinar. Obras deste porte nos estimulam a repensar novas formas de fazer administração.

Venho, há tempos, defendendo que é fundamental que o profissional aprenda a pensar sua realidade no sentido de transformá-la. Ele precisa aprender a aprender, precisa superar sua incapacidade treinada para fazer e aprender a pensar o que e como fazer. É dentro desse contexto bastante conturbado que os profissionais de administração precisam se referenciar e agir.

Em um contexto de crise, então, essa dinamicidade típica do mundo globalizado exige de nós uma postura muito mais proativa diante dos desafios. O que fazer diante de tais circunstâncias absolutamente inusitadas? Continuar preso às referências do passado é circunscrever-se ao museu de novidades e ao amanhã de anteontem de um anacronismo que insiste em prevalecer na realidade das organizações e no conjunto da sociedade.

A leitura desta obra torna-se, portanto, indispensável para estudantes e profissionais de administração que queiram estar antenados com as novas maneiras de fazer administração. Parte dos conceitos apresentados no livro já é íntima desses profissionais, mas os autores trazem um novo olhar para temas como marketing, planejamento estratégico, gestão ambiental, indicadores, governança corporativa, entre outros, sempre com uma visão focada em ambientes disruptivos.

Vá em frente e aproveite a leitura.

Adm. Wagner Siqueira
Presidente do Conselho Federal de Administração (CFA)

PREFÁCIO II

O filósofo Heráclito, cerca de dois mil e quinhentos anos atrás, já falava na mudança como uma das poucas certezas que o homem enfrentaria. Ao afirmar que "ninguém pisa duas vezes no mesmo rio", traz a ideia de constante modificação de nosso ambiente e interações.

Nesta segunda década do século XXI, as palavras do pensador grego ainda refletem o nosso dia a dia e os desafios para as organizações. Tudo muda o tempo todo. A diferença entre nosso mercado e os cenários vislumbrados há milênios está na velocidade com que as mudanças acontecem.

Em um cenário onde inovações em produtos e processos aparecem a cada momento, onde novos concorrentes surgem com força – antes impensável – em mercados antes restritos ou protegidos, nossos modelos de planejamento precisam mudar, precisam acompanhar – ou melhor antecipar – os caminhos à frente.

Diversos são os setores que passaram por mudanças tão radicais que os modelos tradicionais de previsibilidade de estratégia não funcionam adequadamente. Quebras e descontinuidade de processos são comuns e seus impactos, na cadeia de geração de valor dos bens e serviços, amplos.

Neste contexto, o papel do administrador é essencial. Profissional na empresa que tem sua formação pensada para enfrentar desafios não pensados. Egresso que entende que o futuro da empresa, organização, sociedade e país passam por uma análise correta do ambiente e identificação das principais variáveis ambientais e seus graus de vulnerabilidade a mudanças.

O organizador do trabalho, professor Edmir Kuazaqui, é alguém bem próximo a nossa academia e nossa profissão, na condição de coordenador do Grupos de Excelência em Relações Internacionais e Comércio Exterior do Conselho Regional de Administração do Estado de São Paulo, tem nos ajudado na missão de constantemente avançar, gerar e difundir conhecimento acerca dos temas emergentes da vida do profissional de administração.

Graduado, mestre e doutor em Administração, o prof. Kuazaqui exemplifica a dedicação e comprometimento com nossos problemas como poucos.

Nesta obra - resultado de longas pesquisas do prof. Kuazaqui e seus colegas - os leitores terão a possibilidade de não apenas compreender os desafios aqui mencionados para nossas organizações, mas ainda avaliar a aplicabilidade.

Tendo em mente profissionais e estudantes do assunto, o livro fala mais sobre as mudanças que estamos (e continuaremos) a experimentar, apresenta técnicas e ferramentas desde a identificação e análise ambiental à adequabilidade de estratégias de marketing em determinados cenários.

Leitura ideal para estudantes em fase de graduação, pós-graduandos em monografia e, principalmente, administradores lidando com os desafios diários.

Adm. Roberto Carvalho Cardoso
Presidente do Conselho Regional de Administração de São Paulo (CRA/SP)

PREFÁCIO III

VELHAS E NOVAS QUESTÕES, TANTAS POSSIBILIDADES...

O fato de "ser jovem há mais tempo do que a maioria" permitiu-me ter vivido uma série bastante grande de momentos históricos que impactaram as decisões da gestão de marketing da maioria das organizações. Alguns deles, com certeza, obrigando os gestores a tomadas de decisão muito radicais. Quase todas elas foram pautadas por fatores macroambientais, como os momentos de hiperinflação econômica, as variações cambiais de alta volatilidade e as mudanças promovidas pelos conflitos do Oriente Médio na economia pautada em derivados do petróleo. Quase sempre grandes questões conjunturais que impactaram de algum modo as questões estruturais da economia, setoriais ou globais, regionais ou internacionais. Na maioria das vezes, mesmo quando o fator "gatilho" voltou à sua normalidade, alguma mudança permaneceu.

Hoje, vivemos simultaneamente um ambiente que também apresenta fatores conjunturais sociopolítico-econômicos, porém dentro de ambientes ou processos que já apontam mudanças estruturais. Momentos ou fatores disruptivos. E de tantos fatores importantes a se destacar, esta obra levanta três dos mais buscados temas nas escolas de negócio e gestão: planejamento e resultados em marketing, gestão com ecoeficiência e sustentabilidade e governança corporativa. Todos são temas atuais de agenda, em escalada acentuada nas últimas duas décadas, que impactam tanto o pensar dos modelos organizacionais quanto os processos de relacionamento com os principais públicos de interesse.

Para nós que atuamos em mercados e também na educação de jovens e adultos, podemos apontar que essa mudança é sentida em dois patamares polarizados (apenas para exemplificar, pois a questão é bem mais complexa):

- para quem é mais velho (ou mais conservador em modelos de gestão, marketing e comunicação), a mudança é muito veloz, a disrupção é muito impactante, e o futuro é extremamente incerto. Os principais problemas do mundo – economia, política, migrações, conflitos, pobreza, escassez de insumos naturais, impactos ecológicos... – clamam atenção e, em sua complexidade e interdependência, desafiam a entender se é possível resolver uma questão por vez.

- para quem é mais novo (ou menos conservador), a leitura é quase oposta. O que está aí tem baixa relevância: os produtos e serviços já não correspondem completamente às expectativas, e os modelos organizacionais já não são tão atraentes para os jovens profissionais. Em alguns casos, é mais desafiador empreender um novo modelo de negócio do que buscar desenvolvimento em planos de carreira tradicionais. E a disrupção é o fato mais atraente no horizonte.

Costumo afirmar que até quem se informa apenas por jornal impresso sabe dessas questões. Porém, a grande demanda não está na informação per si, mas em reflexões e análises que apontem caminhos, que inspirem novos olhares para a essência das questões e para as infinitas possibilidades de aplicação. Função que esta obra cumprirá, com certeza, para os pesquisadores e os profissionais de mercado, nos desafiadores e necessários temas que estes destacados autores nos propõem.

Que nossos olhares percebam as incríveis oportunidades que este momento aponta. Boa leitura! Excelentes reflexões!

Luiz Fernando Dabul Garcia,
Diretor nacional da pós-graduação lato sensu da ESPM

INTRODUÇÃO

> A perspicácia de um momento, às vezes, vale a experiência de uma vida.
> **Oliver Wendell Holmes**

A ideia desse livro partiu de um problema. Esse problema deriva das dificuldades com que as empresas realizam seu planejamento estratégico em ambientes estáveis e sem grandes flutuações, e de outros cenários, em que existem turbulências e disrupções. No primeiro caso, a empresa deve envolver a previsibilidade da demanda de mercado e tentar se diferenciar e se distanciar de seus concorrentes direitos e indiretos. No segundo, temos a falta de previsibilidade mais evidente, pois diversas variáveis podem influenciar contundentemente no desempenho e nos resultados da empresa, de modo que o planejamento não se torne linear. É claro que desenvolver negócios em cenários mais estáveis é bem mais atraente, pois a empresa pode se dar ao luxo de errar e consertar. Em cenários turbulentos e até recessivos, fica evidente que os riscos e as responsabilidades são maiores, pois podem estar relacionados à própria sobrevivência e longevidade das empresas.

Os países, a partir de suas salvaguardas, têm se protegido das flutuações econômicas e políticas internacionais por meio de mecanismos de ajustes monetário e econômico. Por outro lado, esses mesmos países podem sofrer flutuações internas que influenciam a demanda e a oferta por produtos e serviços, onerando as questões econômicas, financeiras e sociais. As empresas devem incluir em seu planejamento estratégico a flexibilidade efetiva no sentido de se ajustar e se adaptar às diversas consequências e impactos do ambiente em que estão inseridas.

A disrupção é um fenômeno que causa a quebra e a descontinuidade de processos. Essa interrupção traz uma série de consequências e impactos no desempenho e nos resultados da empresa, uma vez que reduz a previsibilidade, diminui a capacidade de organização e gestão de recursos, bem como aumenta a possibilidade de risco. Entretanto, ambientes em que existem disrupções podem contribuir positivamente nas empresas, pois eliminam a ociosidade negativa derivada de cenários mais estáveis e promovem o pensar e o repensar de negócios, processos, procedimentos e estratégias empreendedoras, criativas e inovadoras.

Em essência, a evolução e o desenvolvimento humano estão diretamente relacionados aos desafios que as pessoas e as empresas foram enfrentando e superando. E essa é a proposta deste livro.

Além do mercado empresarial e profissional, o livro é indicado para cursos de tecnologia superior, graduação e pós-graduação em Administração, Marketing, Gestão, Logística Empresarial, Comércio Exterior, Recursos Humanos, Gestão Comercial, Comunicação, Negócios e Finanças, em disciplinas e módulos como Planejamento e Estratégia Empresarial, Marketing Estratégico, Administração Mercadológica, Gestão de Negócios, Finanças, Gestão Ambiental, Gestão de Projetos, Governança Corporativa, Gestão de Indicadores, Logística Interna, Logística Internacional, Gestão Ambiental, Gestão de Pessoas, Vendas, Empreendedorismo, Temas Avançados de Administração, Teoria Geral da Administração, Liderança, Criatividade, entre outros.

É resultado da formação acadêmica e profissional de seus autores, que contribuem de forma efetiva como professores orientadores de cursos de graduação e pós-graduação de renomadas instituições de ensino superior, bem como atuam como consultores e profissionais de mercado.

Este livro não procura fundamentar os conceitos básicos de planejamento estratégico de marketing, mas discutir de forma prática a aplicação destes, no sentido de contribuir para a sustentabilidade de negócios de uma empresa. Todo o seu conteúdo está baseado em como as empresas – de todos os gêneros, porte e segmentos – podem adotar posturas e ações que sirvam como recomendações essenciais para a sustentabilidade de negócios.

A obra está dividida em dez capítulos que visam traduzir os principais aconselhamentos – pílulas do conhecimento.

O primeiro capítulo é direcionado ao planejamento estratégico orientado para o mercado e resultados, no qual se discute a importância da avaliação da demanda dos pontos de vista quantitativo e qualitativo, e à viabilidade aparente do negócio. Essa viabilidade tem relação direta com a concepção do negócio, o dimensionamento das operações e a análise mercadológica e financeira, que são itens essenciais que envolvem o planejamento estratégico. Seu conteúdo procura discutir e aplicar a gestão de vendas de uma empresa, bem como o planejamento estratégico aplicado a ambientes turbulentos, recessivos e disruptivos.

O segundo capítulo analisa e discute aprofundadamente as possibilidades estratégicas para as empresas em ambientes turbulentos que podem levar à disrupção, considerando as variáveis macroambientais e as tendências de negócios contemporâneas, como a da cauda longa e a economia colaborativa. Contudo, a empresa, para ter sucesso em seus negócios, deve olhar e interpretar seu mercado, bem como suas estratégias, de forma diferente da tradicional.

O terceiro capítulo trata da gestão ambiental e da Ecoeficiência, que evidenciam que as empresas, além de atenderem a seus mercados, devem entender sua importância para a qualidade e a responsabilidade socioambiental. Em tempos de crise, questões como sustentabilidade, desenvolvimento sustentável, gestão do meio ambiente e ética acabam se tornando fatores secundários ou terciários nas empresas. Porém, se a liderança de uma empresa entender esses temas como fatores de inovação e fontes de recursos ou redução de gastos, terá uma visão que se diferenciará no mercado. Nos ambientes disruptivos, a ecoeficiência e a inserção do tema desenvolvimento sustentável no cerne da empresa poderão trazer crescimento à empresa.

O quarto capítulo discute a importância da gestão de processos como forma de consolidar negócios em tempos de crise, nos quais a empresa pode usufruir ganhos consideráveis ao considerar ajustes em seus processos organizacionais.

O quinto capítulo trata dos Indicadores de Gestão. Serão discutidos os indicadores utilizados no processo de gestão do desempenho organizacional que envolvem os temas tratados nos capítulos precedentes, considerados vetores de desempenho, com base na metodologia do *Balanced Scorecard* e aplicáveis tanto em ambientes estáveis como em ambientes turbulentos com grandes flutuações.

O sexto capítulo aborda a governança corporativa como processo necessário e imprescindível para as empresas que buscam a sustentabilidade. Serão discutidas as principais características e ferramentas de uma governança eficaz e seus benefícios para a organização. O contexto atual exige que os agentes de governança nas corporações atuem de forma efetiva para preservar o patrimônio dos acionistas e os interesses de todas as partes interessadas.

O oitavo capítulo apresenta um estudo de caso mais completo, que envolve e complementa os conceitos e as discussões tratados no livro. Por fim, são feitas as considerações e as recomendações finais.

I
PLANEJAMENTO DE MARKETING DE RESULTADOS

EM AMBIENTES TURBULENTOS

> Quando começam a soprar os ventos da mudança,
> alguns constroem abrigos e se colocam a salvo;
> outros constroem moinhos e ficam ricos.
> **Claus Moller (1995)**

Objetivos do capítulo
- Discutir a importância da empresa em dialogar com o mercado.
- Discutir a aplicação das técnicas de previsão de demanda
- Discutir formas de consolidar as vendas da empresa.
- Discutir a formação e o perfil da equipe de vendas.
- Discutir a importância do planejamento estratégico de marketing de resultados para as empresas e a sociedade.
- Discutir e analisar as ferramentas de marketing disponíveis.
- Apresentar *insights* de marketing no sentido de sustentar as vendas de uma empresa.

1.1. Introdução

O planejamento deve ser prática constante da empresa. Para tanto, as técnicas, as metodologias e as ações devem ser analisadas e aplicadas de forma a alcançar as metas e os objetivos propostos, utilizando os recursos disponíveis de forma otimizada. Via de regra, o planejamento estratégico é formulado a partir de um diagnóstico consistente, no qual as oportunidades, as ameaças, os pontos fortes e os pontos fracos são identificados e analisados visando garantir a sustentabilidade de negócios da empresa. Essa sustentabilidade depende de vários fatores internos e externos e da capacidade da empresa de diagnosticar, gerir e aplicar decisões que visem modificar ou mesmo transformar o meio em que desenvolve seus negócios. Mais do que isso, como a empresa deve interpretar diferentes cenários que podem seguir uma lógica histórica e racional, ou mesmo com grandes turbulências e disrupção. Nesse sentido, a gestão de um negócio pode se tornar extremamente complexo, e qualquer interpretação efetuada de forma equivocada pode resultar em prejuízos para a empresa.

Figura 1 – Estrutura geral deste capítulo.

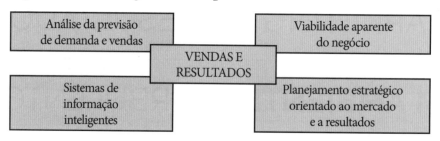

Dessa forma, este capítulo pretende analisar e discutir como o planejamento de marketing de resultados pode alicerçar os negócios de uma empresa, de forma com que haja o diálogo comercial efetivo entre a demanda e a oferta. Essencialmente, vai tratar do ambiente doméstico em que se realizam os negócios da empresa. Foi construído, além das interpretações do autor, por meio de análises com base em entrevistas qualitativas de profundidade, junto a um grupo de profissionais e consultores de mercado.

1.1.1. Discutindo os conceitos iniciais

Conforme Clayton Christensen (1995), professor da Harvard University, a economia capitalista passa por ciclos de negócios, sendo cada nova revolução precedida pela destruição do ciclo anterior. Essa destruição criativa é defendida pelo economista Joseph Schumpeter (1939) ao se referir aos ciclos dos negócios. A teoria de Christensen pode ser exemplificada com a indústria de tecnologia da informação, em que a obsolescência exige a substituição de produtos e serviços de forma muito efêmera. Historicamente, temos a revolução industrial, a evolução tecnológica, a sociedade voltada aos serviços e a era do conhecimento.

Drucker utiliza outro termo, a "descontinuidade", para se referir ao processo de mudanças e transformações de mercados. Essas descontinuidades podem ser graduais e nem sempre percebidas pelos consumidores; entretanto, podem ser rápidas, trazendo impactos aos *stakeholders* e aos negócios. O autor afirma que a evolução rápida das novas tecnologias e dos setores por ela influenciados, a abertura das economias globalmente, o fortalecimento do conhecimento como capital econômico e a educação mais elevada das pessoas tornam mais enfático o processo de descontinuidade.

Os dois autores convergem que uma das consequências, seja da disrupção, seja da descontinuidade, pode levar a sociedade a patamares inovativos cada vez melhores; o problema é quando essas mudanças e transformações são muito rápidas, impossibilitando que as empresas possam ajustar seu planejamento estratégico. A própria obsolescência planejada parte da premissa da previsibilidade dessas alterações do ambiente de negócios. E nem sempre essa previsibilidade permite a adaptabilidade dos envolvidos.

Para muitos, a mecanização e a informatização poderiam permitir a libertação de pessoas dos trabalhos repetitivos e proporcionar melhor qualidade de vida. Entretanto, mesmo que a evolução tecnológica seja previsível, as pessoas e as empresas nem sempre têm as condições necessárias para se adaptar e se equiparar ao mercado de trabalho, pois existe um tempo de maturação entre a obtenção do conhecimento técnico em detrimento da força produtiva. Esse fenômeno é atestado por Rifkin (1995), principalmente em relação à mecanização e à informatização das empresas.

Outro ponto a considerar é a influência do ambiente externo nos negócios de uma empresa, evidenciando a economia. Com a abertura das economias ao cenário global, os países ficaram mais suscetíveis às flutuações internacionais, não bastando somente as ações internas, mas sendo fundamental também o comportamento e o relacionamento comercial entre os diferentes atores.

Dessa forma, como o Brasil passa sistematicamente por períodos recessivos, e às vezes por instabilidades políticas, compreender os cenários econômicos internos e externos devem ser considerados com base em ambientes turbulentos e disruptivos. Os próximos subcapítulos tratarão como a empresa pode se adaptar às flutuações do ambiente de negócios e superar as metas e os objetivos comerciais.

1.2. Dialogar com o mercado é a essência de todo bom planejamento de marketing de resultados em ambientes incertos

Já foi o tempo em que o varejo era um ponto de venda, onde as mercadorias ficavam atrás do funcionário-balconista, e este do balcão. A solicitação de compra era iniciada pelo consumidor, que não tinha o acesso ao produto para manuseá-lo. As mudanças foram resultado de necessidades detectadas pelos varejistas, que desapareceram com os balcões e implantaram o autoatendimento, no qual os funcionários passam a participar de forma mais efetiva do processo da venda, muitas vezes como orientadores de compra de produtos e marcas, e não somente como o finalizador da venda.

Esse exemplo se mescla a milhares de outros em que os profissionais procuram obter informações mais precisas sobre a demanda e adaptar suas ações a fim de adequar seus resultados comerciais. Esse diálogo com o mercado não pode se resumir aos sistemas de informação disponíveis, mas deve buscar novas formas de obter dados e informações do mercado que redundem em ações relevantes.

Um bom exemplo é o de determinada empresa americana que recomendou a seus executivos de alto escalão que saíssem de seus redutos e realizassem visitas programadas a determinados mercados e clientes. Em uma dessas visitas a diversos açougues, num fim de semana, foi identificado que moradores de uma favela utilizavam maionese (um dos produtos do portfólio da empresa) como tempero em seus churrascos, o que conduziu à ideia de utilizar o mesmo apelo em veículos e meios de massa.

Outro bom exemplo, desta vez do ponto de vista negativo, foi a alteração proposital dos relatórios diários de uma rede hoteleira da cidade de São Paulo, até mesmo da taxa de ocupação, para expressar números melhores.

Deveria ser uma prática a leitura, a análise e as ações corretivas ou adaptativas de acordo com os resultados do dia anterior, fato que não estava ocorrendo, visto que os funcionários sequer notaram os erros, pois estavam mais preocupados em atender às demandas diárias do que em efetuar a gestão de suas atividades e seus resultados com base em dados e informações disponibilizados pelo ambiente interno da empresa.

Desses dois exemplos dicotômicos, temos as seguintes considerações:

- Cada empresa tem necessidades específicas de informação, se não de conhecimento. Devem ter com precisão seus sistemas de informação devidamente estruturados de forma a fornecer e contribuir para as ações de negócios da empresa. Instituições financeiras têm necessidades distintas de hospitais, por exemplo, porém informações como a econômica tem bastante relevância em ambos os segmentos, bem como aplicações distintas em suas estratégias.
- A empresa deve utilizar seus sistemas de informação no sentido de alimentar e atualizar sua plataforma de dados e informações fidedignas, equiparando-se ao mercado e à concorrência. *Benchmarkings* comparativos são importantes no sentido de identificar pontos fortes e fracos dos concorrentes, adaptando o que pode ser relevante às ações da empresa. Nem sempre essa técnica visa identificar casos de sucesso (que são bastante importantes); às vezes, a busca é por quais razões algumas empresas fracassaram.
- As empresas e seus respectivos profissionais devem estar atentos às mudanças e às transformações do ambiente em que os negócios se realizam. Para tanto, devem utilizar, além das fontes massificadas de informações, outras inéditas ou diferentes que tragam visões e pontos de vista distintos do mercado. Nesse caso, podem utilizar determinado sistema de inteligência que vise identificar e monitorar mudanças e transformações do ambiente de negócios em que a estão inseridas. As empresas podem, por exemplo, aplicar pesquisas que utilizem questionários estruturados disfarçados, dentro dos limites éticos e profissionais, para obter informações relevantes; ou utilizar métodos qualitativos, como o *focus group*, cuja relevância está na forma diferenciada como será conduzido.
- Deve haver especial cuidado na interpretação e na análise desses dados, a fim de realmente sustentar e fazer a diferença no processo decisório. Portanto, o processo de decisão deve envolver o acompanhamento de cenários e prognósticos a partir de cenários prováveis. Nesse caso, as empresas devem compreender que variáveis – econômicas, demográficas, culturais, entre outras – são mais relevantes, por isso é fundamental monitorá-las e prever situações que as sustentem nos cenários futuros. Empresas costumam realizar previsões otimistas, pessimistas e realistas para seu planejamento estratégico.
- A previsão não deve ser restrita somente aos fatores quantitativos e tangíveis, mas precisam também ter certo nível de subjetividade com base nas experiências de seus pro-

fissionais, dentro de um limite de risco que as empresas possam assumir. Em geral, quanto maiores os volumes monetários, o setor econômico e o risco envolvido, maior a utilização (e não necessariamente a necessidade) de técnicas quantitativas (como as causais, as séries temporais, as médias móveis, entre outras); porém, outros fatores qualitativos devem ser incorporados de forma a adaptar os padrões estatísticos aos relativos às ações das empresas. Técnicas quantitativas podem fornecer padrões de comportamento do mercado e do negócio, mas o grande desafio é mudar positivamente esses padrões em benefício das empresas. Contrapondo o exposto no item anterior sobre os cenários otimista e pessimista, o melhor cenário é aquele que as empresas podem construir.

Como benefício principal para negócios novos, conforme Cecconello & Ajzental (2008), as interpretações de mercado conduzem para a viabilidade aparente do negócio, em que o investidor tem a ideia inicial, mas sem uma avaliação financeira mais aprofundada, sem analisar se existe possibilidade de retorno do investimento. Para negócios já existentes, o diálogo das empresas com o mercado possibilita a manutenção de sua posição competitiva, bem como ter agilidade de movimento em ambientes turbulentos e recessivos.

Além dessas considerações, as empresas devem ter a capacidade e os recursos necessários para sustentar o funcionamento dos sistemas de informação, mesclando os dados secundários, a pesquisa de campo e os sistemas de inteligência de mercado. Trata-se de um investimento que nem sempre se reflete em ganhos diretos, mas sua ausência pode aumentar a possibilidade de menores resultados.

Na educação voltada à andragogia e dentro das chamadas metodologias ativas, utiliza-se o termo aula expositiva e dialogada, na qual o professor deve facilitar a construção do saber e do conhecimento por meio de sua expressão verbal e da troca na participação interativa com os alunos. Fazendo uma comparação com os sistemas de informação, de nada adianta tê-los sem que haja diálogo, ou seja, o *feedback* de seus clientes e do mercado consumidor em geral.

1.3. Colocando as ações em movimento

Conforme Wanke e Julianelli (2006), diversas empresas estão incorporando os processos integrados de planejamento, utilizando diferentes fontes de informação e mesclando o que é possível obter por meio de interpretações e análises subjetivas. Nesse aspecto, o processo do planejamento da demanda que inicia o planejamento estratégico das empresas do ponto de vista do mercado utiliza três técnicas distintas: as técnicas de previsão, os sistemas de suporte à decisão e o respectivo gerenciamento das previsões e das ações.

Figura 2 – Processo sistêmico da previsão da demanda.

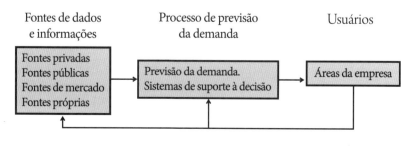

A análise quantitativa e qualitativa da demanda é o ponto de partida para a abertura e o desenvolvimento de uma empresa. Pelos aspectos quantitativos, pode avaliar o potencial de negócios e a respectiva lucratividade e retorno econômico; pelos meios qualitativos avalia a criação e a adequação de ações estratégicas que visem aos melhores resultados comerciais.

A análise quantitativa oferece uma série de contribuições importantes para o dimensionamento de mercado, bem como as respectivas previsões de *share of market* que a empresa pretende atingir. Um dos pontos a considerar é que essa previsibilidade depende de fatos históricos, da própria historicidade da empresa e dos negócios, bem como de seus concorrentes diretos. Requer um registro confiável de dados de vendas e informações das razões dos resultados.

Por vezes, a performance das vendas é influenciada por fatores como promoções de vendas da empresa e de concorrentes, fatores provenientes do macroambiente que nem sempre representam a historicidade de tais situações. Por isso, a análise qualitativa é essencial para o dimensionamento e a previsão de vendas, que possibilitarão um planejamento mais assertivo.

A análise qualitativa oferece uma série de informações essenciais referentes ao perfil do consumidor e do consumo: hábitos de compra, como é efetuado todo o processo da venda por grupo de clientes, hábitos de mídia, preferências, atributos valorizados, entre outros, que ajudam a construir a comunicação dirigida e a determinar como os relacionamentos serão conduzidos.

Redes de *fast-food*, como Subway ou Arby's, podem ter interpretado que a avenida Paulista seria um ótimo ponto de localização comercial quando iniciaram sua estratégia inicial na década de 1990, levando em consideração a quantidade de empresas e pessoas que circulam pela região; entretanto, analisando do ponto de vista dos hábitos alimentares, nem todas essas pessoas estariam interessadas no tipo de produto que essas empresas ofereciam na época de sua entrada no país.

Outro fator primordial foi não levar em consideração os concorrentes diretos e indiretos localizados próximo aos negócios nem o relacionamento com os clientes. A Subway, em sua reentrada no país, reconsiderou outros fatores e tendências, focando em uma linha de alimentação saudável com pequenos pontos de vendas.

A priori, as duas vertentes – quantitativa e qualitativa – devem ser utilizadas, de forma a obter, dentro de um risco aceitável, o melhor resultado de negócios. Nem sempre são acessíveis os dados históricos ou mesmo aqueles que façam a diferença na consecução das estratégias sobre a demanda de um produto ou um serviço, principalmente se for novo no mercado.

Além disso, previsões baseadas somente em dados históricos, sem uma abordagem *top-down* ou *bottom-up* mais aprofundadas, podem influenciar o processo de avaliação da demanda e a previsão de vendas. Ambas as abordagens são essenciais para o processo de avaliação, entretanto por vezes tornam o processo complexo, pois nem sempre a empresa é capaz de identificar e mensurar todas as variáveis envolvidas.

No entanto, se a empresa foi ineficiente no passado, provavelmente vai estender essa ineficiência ao presente e ao futuro. Daí a importância da sinergia entre os processos de avaliação quantitativa e qualitativa da demanda, em que, por um lado, parte da métrica é originada a partir de fontes fidedignas de dados secundários e primários e, de outro, são consideradas as fontes qualitativas, como a técnica Delphi, opiniões de executivos, de marketing e da equipe de vendas, uma vez que estes estão mais próximos da criação e do desenvolvimento das estratégias.

O importante é entender que as modelagens para a tomada de decisão não se restringem somente aos métodos matemáticos lineares, mas a modelos compartilhados que levem a uma decisão mais assertiva.

Um grande problema é que erros na previsão da demanda, bem como suas respectivas ações, trazem prejuízos às empresas. O superdimensionamento da demanda pode ocasionar custos adicionais e despesas financeiras na manutenção de estoques diretamente relacionados ao capital investido, além de perdas relacionadas a sua perecibilidade; contudo, o subdimensionamento da demanda está relacionada à diminuição da margem unitária dos produtos não comercializados e às despesas operacionais que comprometem o resultado final. Trata-se de uma receita não concretizada.

Mensurar a demanda nem sempre é um processo fácil, e um bom exemplo de como a empresa pode equacionar essa situação está relacionada à fabricação do pão de queijo, que será analisada posteriormente neste capítulo.

Em se tratando de serviços, existem pontos diferentes a ser considerados. Por suas características voltadas aos serviços – intangibilidade, perecibilidade, inseparabilidade e variabilidade –, a previsão de vendas deve ser bem equacionada, em razão dos recursos a serem utilizados na sua consecução e da falta de possibilidade de estocagem. Uma aeronave, por exemplo, tem custo de manutenção e despesas relacionadas à depreciação mesmo que esteja em solo. Ao decolar, as vendas não realizadas de assentos impactam diretamente no resultado do voo, pois não podem ser negociadas posteriormente, exceto na possibilidade de conexão.

Por meio da mensuração da demanda, é possível que a empresa identifique quais serão suas necessidades de recursos, processos e estrutura orgânica, pois tudo dependerá do volume de recursos financeiros que o mercado trará; de outra maneira, a habilidade consistirá na forma e na eficácia de como fará a gestão de todos os recursos disponíveis da empresa.

Finalmente, os sistemas de informação devem contribuir e colaborar para a consolidação de resultados da empresa. Por vezes, muitas empresas direcionam esforços contínuos para a coleta e a democratização de dados e pouco se preocupam com a interpretação, a análise e principalmente a aplicação efetiva de ações.

O próximo subcapítulo tratará deste assunto. O fato de vivermos em uma sociedade informacional já se tornou um jargão de mercado; o que nos interessa é o que fazemos com a informação.

Como você pode aplicar os conhecimentos desse trecho do livro na sua empresa?
Identifique as necessidades que a sua empresa tem de dados e informações que possam auxiliar no processo decisório. Converse com os colaboradores que frequentemente tenham de tomar decisões.
Identifique as fontes de consulta que podem suprir tais necessidades. Pesquise o que já existe no mercado ou mesmo crie outros, por exemplo, opiniões de seus vendedores.
Verifique o custo e como iniciar o processo do fluxo de dados e informações. Esse custo pode ser o valor da assinatura ou até o tempo estimado para a coleta necessária.
Inicie o fluxo tendo o cuidado de utilizá-lo efetivamente, conscientizando seus usuários de sua importância.

> Reavalie o fluxo periodicamente, acrescentando ou eliminando fontes. Com as mudanças e as transformações do mercado, podem surgir outras de melhor relevância.

> Preserve os dados e as informações, de forma que possam ser consultados e incorporados posteriormente. Não burocratize os relatórios; eles podem ser arquivados na intranet e reportagens de mídia impressa podem ser digitalizados e arquivados em ambiente virtual.

1.4. A consolidação da previsão de demanda para as vendas efetivas de um produto ou serviço

Como todo mercado tem um potencial de negócios, e esse número é finito, deve-se estimar qual parcela dessa demanda a empresa deseja conquistar em determinado período de tempo e quais as formas de abordar o mercado, visando aumentar a taxa de conversão (que será aprofundada no item 1.6.1) para as vendas. Esse aumento vai depender da capacidade da empresa e da proatividade em criar situações de consumo e no atendimento de sua carteira de clientes. O aumento da taxa de conversão depende de vários fatores, e um dos principais é a equipe de vendas. Dentro do composto de marketing (os conhecidos 4 Ps), a promoção de vendas e a venda pessoal são estímulos que devem ajudar na consolidação da venda de um produto ou serviço. Em síntese, a equipe ideal deve seguir os preceitos a seguir, ressaltando que a melhor equipe de vendas é aquela que realmente vende e mantém o relacionamento com o mercado.

- **Empowerment.** Em português, empoderamento, tem relação direta com a capacidade do líder de conceder poder à sua equipe de colaboradores. A equipe de vendas deve ter uma estrutura orgânica que possibilite uma linha de comando verticalizada, não significando dizer que haverá uma rígida hierarquia burocrática, mas um referencial de responsabilidades a serem assumidas. Além de verticalizada, essa estrutura deve ser matricial e orgânica o suficiente para que os vendedores possam trabalhar individualmente, mas também com a perspectiva de alocação de grupos que agreguem valor aos relacionamentos. A estrutura matricial refere-se tanto à equipe de vendedores como às outras áreas da empresa, facilitando o processo de negociação entre empresa-equipe-mercado. Um diretor nacional de vendas deve, dentro de suas atribuições, manter um bom nível de comunicação com sua equipe, bem como incentivá-la e motivá-la, valorizando os resultados individuais e em grupo.
- **Employeeship.** Ao contrário do item anterior, consiste na capacidade dos colaboradores de assumir novas responsabilidades, com autonomia controlada. Por vezes, a consolidação da venda ocorre no contato pessoal, efetivo, a partir de uma negociação que conduza a uma argumentação de compra e venda. Nesse sentido, o vendedor não pode deixar para depois o ato do fechamento formal da venda por falta de alguma informação ou mesmo de poder de barganha. Nesse caso, a empresa deve criar condições para que sua equipe de vendas possa negociar dentro de parâmetros e critérios previamente definidos, procurando facilitar e flexibilizar a negociação entre as partes. Em bancos, o gerente de contas tem um limite de concessão de empréstimos, dependendo de seu cargo e das responsabilidades que ele lhe confere, e é monitorado por meio das operações realizadas. O gerente é responsável direto pela carteira de clientes com características distintas.

- **Conhecimentos em finanças.** Algumas vendas podem ser consideradas operações especiais que devem levar em consideração outros fatores além da margem de lucro. Alguns consumidores já estão habituados a adquirir seus produtos em determinados varejistas e, às vezes, por questões situacionais ou mesmo por teste, procuram outros fornecedores. Essas compras podem ser feitas inicialmente em pequenos lotes, para testar o produto e o atendimento, por exemplo. Por isso, nem sempre uma venda pequena significa um resultado menor; a venda desejada pode ser concretizada no decorrer da construção de relacionamentos da carteira de clientes. Outros fatores, como os internos, podem estar relacionados ao grande volume e aos custos de estoque, problemas com capital de giro, gastos e despesas emergenciais que afetam o fluxo de caixa de uma empresa e influenciam a saúde financeira da empresa, abalando sua posição no mercado. Dessa forma, a equipe de vendas deve estar devidamente alinhada com a empresa e com suas necessidades e suas carências situacionais e estruturais. Em síntese, a venda é sempre positiva, independentemente de suas características; o que vai diferenciar uma da outra são suas consequências em curto, médio e longo prazo.
- **Necessidades conjunturais e estruturais macroambientais.** Fatores externos à empresa, muitas vezes relacionados ao macroambiente em que a empresa está inserida, podem influenciar o retorno dos investimentos, fazendo com que a empresa possa diminuir os resultados esperados. Há flutuações no cenário econômico que podem interferir de maneira mais contundente na empresa, bem como outras de origem demográfica, como o envelhecimento da população brasileira e a diminuição de trabalhadores mais jovens para os próximos anos. A empresa deve ter a flexibilidade e a resiliência necessária para se ajustar a essas variações, que são incontroláveis e sem a possibilidade de gestão; cabe à empresa a gestão de seus recursos, bem como a de suas ações. Conforme a revista Você S/A (2015), a Transvip, empresa de transporte de valores, dissemina uma disciplina militar admitindo como funcionários ex-militares, em detrimento aos da geração Y e Z, que geralmente permanecem pouco tempo no emprego e nem sempre têm o perfil desejado pela empresa.
- **Motivações extrínsecas e intrínsecas.** A equipe de vendas deve estar devidamente comprometida com seus objetivos pessoais e profissionais e fazer as coisas acontecerem. As motivações podem ser exógenas e endógenas, dependendo de cada vendedor e cada situação. As endógenas fazem parte de um pacote de benefícios e premiações que podem ser do tipo monetário ou não. A bem da verdade, premiações em dinheiro pelo atendimento e/ou pela superação de metas sempre incentivam os vendedores, e sua ausência desmotiva-os, com certeza. Entretanto, por diversas razões, deve-se analisar e avaliar que tipo de premiação será concedido. Uma delas é que premiações em dinheiro estão diretamente relacionadas ao fluxo de caixa de uma empresa, devendo estar devidamente dimensionada em seu *budget*. Vale ressaltar que os esforços dos vendedores podem ser reais, porém nem sempre as metas são alcançadas ou superadas, dependendo de variáveis externas como a economia, por exemplo. Segundo a revista Você S/A (2012), no caso da Natura não houve a premiação de bônus, pois o grupo não conseguiu atingir uma das metas, a socioambiental, mesmo com todos os esforços dos colaboradores externos. Percebeu-se, porém, grande desmotivação, e a empresa teve de repensar a situação e efetuar a premiação. O importante é identificar o que realmente motiva sua equipe de vendas e ter ações diferenciadas e personalizadas para cada vendedor e situação.

- **Trabalhar em equipe requer colaboradores distintos.** Empresas podem selecionar a equipe de vendas com base em sua experiência em vendas, na formação acadêmica e nos estilos sociais. A formação acadêmica é requerida quando se trata de vendas que necessitam de argumentação mais técnica, como ocorre nas de grandes laboratórios farmacêuticos, que concentram a divulgação de medicamentos em médicos; de serviços de tecnologia da informação ou mesmo de engenharia e arquitetura. Entretanto, a experiência em vendas geralmente é mais requerida quando se trata de produtos de consumo ou mesmo industriais, em que o vendedor já deve trazer a bagagem necessária, bem como os relacionamentos já conquistados. Os estilos sociais referem-se ao perfil de comunicação de cada vendedor, incluindo o gestor de vendas. Os colaboradores podem ser mais analíticos e racionais ou mais sentimentais, amigáveis e condutores. Na Programação Neurolinguística (PNL), os perfis da equipe podem ser classificados em auditivos, visuais ou cinestésicos. Cada vendedor com determinado perfil pode contribuir para a negociação e a venda de cada categoria de clientes.

Percebe-se que a consolidação dos esforços da empresa em vendas envolve uma série de investimentos e conhecimentos de como gerir seus recursos, principalmente os talentos humanos. A empresa pode optar por um grupo de colaboradores externos, terceirizados e remunerados, de acordo com seus resultados, respeitando os preceitos legais trabalhistas.

A composição da equipe de vendas deve possibilitar sinergia entre os diferentes comportamentos versáteis de seus integrantes, de forma a integrar a empresa com o mercado.

1.4.1. Determinação de metas de vendas

Um dos processos mais sensíveis, depois de tudo o que foi exposto, é a determinação de metas e objetivos comerciais e de vendas da empresa e, principalmente os de grupo e individuais. Devem ser metas possíveis de ser alcançadas, parametrizadas com o nível de esforços e cujos critérios sejam abertos a todos os envolvidos. Os sistemas de bonificação e premiação devem ser claros, justos e não dar margem a interpretações dúbias.

Para que as empresas possam atingir as metas corporativas, a adoção da remuneração variável é uma forma de garantir com equidade os esforços da equipe de colaboradores, bem como eliminar o risco de despesas desnecessárias.

Para atingir os objetivos de toda a empresa, existem três categorias de metas:

- No planejamento estratégico, devem constar os objetivos e as metas que a empresa deve alcançar dentro de seu panorama visionário. O resultado total, ou seja, a lucratividade da empresa, deve traduzir a somatória dos esforços de todas as suas unidades, não se limitando somente à área comercial. Os resultados das metas corporativas devem ser, preferencialmente, compartilhados entre os diferentes níveis de gestão da empresa. Essa prática, se bem aplicada, contribui para a integração e a motivação do público interno.
- A economia de um país é resultado da performance de seus diferentes setores econômicos. As metas setoriais traduzem a avaliação e as expectativas dos especialistas de cada setor, por meio de uma plataforma de dados e informações. Essas metas servem de parametrização das previsões da empresa diante das do setor.

- Finalmente, as metas de vendas traduzem o que se espera em unidades vendidas para que a empresa atinja seus resultados corporativos. Essas metas se dividem-se em metas da equipe de vendas e metas individuais, proporcionais aos esforços de cada vendedor e do grupo. No caso das individuais, favorecem a proatividade e o dinamismo de cada vendedor, o que pode sugerir uma espécie de competição informal positiva.

Quadro I – Exemplo de objetivos e metas corporativas, setoriais, de vendas, estratégicas e de orçamento.

Plano anual de vendas para o próximo ano.
Objetivo: aumentar a participação de mercado e melhorar o posicionamento e a manutenção de marca.
Meta setorial: 1% em relação ao período anterior.
Orçamento: 3% em relação ao faturamento do período anterior.

Metas corporativas	Ações
Aumentar a participação de mercado em 2%. Aumentar o retorno sobre o investimento em 5%.	Investimento em treinamento de vendas. Melhoria do site da instituição, bem como do *e-commerce*. Incremento da equipe de vendas. Modificar a política de descontos, direcionando a grandes volumes. Otimizar os custos de produção. Diminuir as despesas financeiras, por meio de uma gestão de capital de giro melhor.

Stanton e Spiro (2000; p.218) comentam que "as necessidades dos vendedores se modificam à medida que eles progridem em suas carreiras". A carreira profissional de um vendedor deve ser analisada do ponto de vista do profissional e do da empresa. Cada profissional traz sua bagagem de experiências oriunda de outras empresas, produtos, serviços e situações, que podem contribuir e mesmo oxigenar os comportamentos internos da organização. No entanto, ele tem uma carreira em uma nova empresa, fazendo-o passar por um momento de admissão, adaptação e desenvolvimento de todo o seu potencial. Uma das situações que a empresa terá de equacionar é a conciliação entre a experiência individual do profissional e o plano de carreira da empresa, pois isso pode gerar expectativas que tanto podem se transformar em motivações como em frustrações do contratado.

As metas setoriais e de vendas estão diretamente subordinadas às corporativas e implica necessariamente a lucratividade da empresa. Então, os esforços da equipe de vendas serão no sentido de vender de acordo com os critérios das três categorias de metas. Esses critérios têm de estar claros para todos os envolvidos, não dando margem a dúvidas nem a problemas futuros.

1.5. Qualquer tipo de venda está relacionado diretamente ao nível de qualidade da solução de um problema que sua empresa está oferecendo ao consumidor

O conceito clássico de marketing está diretamente relacionado ao atendimento das necessidades e dos desejos do consumidor por parte da empresa. Em contrapartida, para que a empresa possa se diferenciar da oferta de seus concorrentes, deve apresentar diferenciais e vantagens competitivas e agregar valor a seus relacionamentos estratégicos.

Figura 3 – Fatores relacionados ao mercado consumidor.

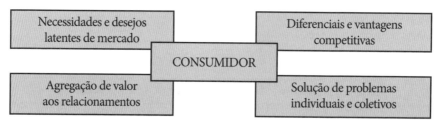

- As necessidades e os desejos estão diretamente contextualizados com base na teoria de Maslow, que afirma que as pessoas têm uma hierarquia de necessidades – das mais básicas às mais complexas – que devem ser atendidas com diferentes produtos e serviços, de acordo com a classe econômica e social de cada um. Quanto mais as necessidades básicas são atendidas, maior a propensão do indivíduo a desejar produtos e serviços mais complexos. O desafio da empresa é transformar produtos e serviços simples em objetos de desejos mais valorizados. A água é necessária para a subsistência de seres vivos, mas pode ser mais procurada por suas características distintas e sua marca, como a água mineral Perrier.
- Os diferenciais competitivos referem-se aos aspectos diferentes e adicionais que a empresa incorpora a seu portfólio de produtos e serviços. Em ambientes altamente competitivos, as empresas procuram se diferenciar quanto aos atributos relacionados às ferramentas de marketing. Dessa forma, podem modificar a embalagem, a forma de pagamento, oferecer mais produtos ou mesmo brindes, de forma a se diferenciarem momentaneamente de seus concorrentes. Essa diferenciação genérica é facilmente copiada por outras empresas, tendo a empresa de procurar outros diferenciais competitivos.
- Já a vantagem competitiva é alcançada a partir da obtenção de algum tipo de recurso que a empresa tem, e sua utilização a diferencia e a posiciona no mercado e para seus principais concorrentes. Ireland, Hoskisson e Hitt (2015, p. 77) ampliam o conceito que afirma que "capacitações que são valiosas, raras, custosas para imitar e insubstituíveis são competências essenciais". Essas capacitações podem ser consideradas vantagens competitivas sobre seus concorrentes diretos. As vantagens competitivas permitem que a empresa aproveite as oportunidades de mercado, bem como neutralize as ameaças. Uma das vantagens competitivas da Rede Globo é a manutenção de bons roteiristas, que alimentam a grade de programação da rede com novelas e minisséries.
- A agregação de valor está relacionada à oferta de agregados e atributos que os consu-

midores valorizam. Segundo Churchill Jr. e Peter (2000, p. 10), marketing voltado ao valor é uma orientação de desenvolvimento de valor superior para os clientes. Essa agregação pode estar relacionada a atendimento diferenciado, orientação técnica (como os consultores bancários para a aplicação do melhor portfólio de investimento para seus clientes), entre outros. Os clientes têm uma visão particularizada e diferenciada da empresa e de seus produtos, percebendo benefícios intangíveis em detrimento do valor (preço final), fortalecendo os vínculos comerciais.

Por fim, mas não menos importante, a empresa deve oferecer um portfólio ao mercado que atenda aos itens anteriores, mas também solucione um problema de fato do consumidor BtoC ou BtoB. Uma instituição de ensino superior pode ofertar um curso que atenda às necessidades e às carências regionais, como o de graduação em produção de cachaça ou o de pós-graduação em surfe no litoral. Os diferenciais e as vantagens competitivas podem estar relacionados ao corpo docente, aos métodos de ensino e aprendizagem; a agregação de valor estará relacionada aos convênios nacionais e internacionais, além de aulas adicionais de idiomas e comunicação. Já a solução de problema pode estar diretamente relacionada, com base nesses fatores distintos, ao egresso ter melhores condições de posição econômica e social, por meio de sua inserção no mercado de trabalho e ter a cidadania necessária para fazer parte da sociedade.

Essa solução de problema por parte do consumidor é um processo complexo, que deriva da teoria do comportamento do consumidor até da teoria do comportamento do vendedor, passando pelas capacidades e pelas competências profissionais e organizacionais. Vender é um processo ainda mais complexo, partindo da premissa que os vendedores têm necessidades específicas, que podem ser de ordem financeira, profissional e pessoal, dependendo do seu ciclo de vida profissional.

As necessidades e os desejos dos consumidores são mutáveis, de acordo com a faixa etária, as condições financeiras e os atributos valorizados. Esse processo será discutido no próximo item.

Como você pode aplicar os conhecimentos deste trecho do livro na sua empresa?

- A previsão da demanda pode ser realizada inicialmente por dados secundários, sustentados por fontes como IBGE, Fiesp, Ciesp, sindicatos, associações de classe e todos aqueles relacionados ao mercado e aos negócios.
- A empresa deve estar organizada de forma que a contabilidade possa gerar os dados sobre vendas passadas e presentes, para que se tenha um parâmetro comparativo.
- Os métodos quantitativos e qualitativos devem ser a base para as previsões da empresa, ressaltado que um dos principais erros é não aproveitar nem envolver seus profissionais nos processos de tomada de decisão.
- A equipe de vendas deve ser dimensionada com base na expectativa de quanto de share a empresa deseja obter em determinado período de tempo.
- O perfil dos integrantes deve contemplar um conjunto de competências que, em conjunto, faça a diferença.
- A equipe de vendas deve ser gerenciada de forma a obter os melhores resultados. Pra tanto, é preciso ter um programa de remuneração e benefícios compatíveis.
- O processo de venda é consolidado a partir do momento em que a empresa soluciona um problema de fato do consumidor ou da empresa.

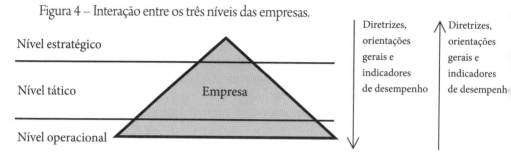

Figura 4 – Interação entre os três níveis das empresas.

Fonte: Adaptado de Oliveira (2012, p. 79).

Contemporaneamente, os níveis de responsabilidade gerenciais mudaram de formato, passando de um triângulo perfeito, no qual a base maior estava relacionada ao nível mais operacional da mão de obra, para um formato menor, mais achatado, conforme a figura 4, em que a quantidade de funcionários diminui em virtude da mecanização, da informatização e das alternativas de mercados internacionais. Essa diminuição foi acompanhada de uma redistribuição de responsabilidades para o nível tático.

Conforme Oliveira (2012, p. 80), a estrutura organizacional pode ser comparada a um instrumento de gestão que resume o agrupamento de atividades e recursos necessários para o bom funcionamento da empresa, facilitando o planejamento e a tomada de decisão.

Esse novo formato faz com que a empresa possa ter uma dinâmica melhor, além de uma comunicação mais rápida e eficaz. Além disso, pode-se perceber que essa estruturação possibilita que a empresa tenha organicidade e processos bem dimensionados, de modo a ter maior flexibilização em tempos de economia instável e turbulências. O fato é que a empresa deve ter uma estrutura em que cada componente colabore para seus negócios, e não necessariamente seja mero instrumento de controle e suporte.

- Uma empresa orientada ao mercado é aquela que direciona todos os seus esforços no sentido de obter o melhor resultado a partir do atendimento das necessidades latentes e dos desejos dos consumidores. É a visão clássica do marketing.
- Uma empresa orientada a resultados está devidamente dimensionada e estruturada para obter os melhores resultados a partir da utilização assertiva de suas estratégias. Um dos grandes problemas enfrentados pelas empresas é como cada área – produção, marketing, gestão de pessoas e finanças, entre outros – interpreta, analisa e coloca em prática suas ações, em conjunto, a partir dos dados e das informações disponíveis. Cada área deve atender à eficiência em seus processos e ter a eficácia em seus resultados como empresa. É usual, mas não correto, que cada área tenha de cumprir suas obrigações burocráticas e legais, mas elas não podem influenciar negativamente os resultados dos negócios. A área de finanças, por exemplo, necessita efetuar seu planejamento de curto, médio e longo prazo e, para isso, depende do comportamento do mercado e do fluxo de caixa da empresa, devidamente gerenciados e transformados em relatórios. Entretanto, a boa gestão da área e a procura de melhores resultados financeiros devem estar de acordo com os propósitos da empresa. Ganhos não operacionais, para empresas não financeiras, ajudam a manter a saúde delas, mas não devem ser o objetivo maior como negócio. Um exemplo é o caso da Sadia, uma das pioneiras em marketing internacional a identificar e aproveitar as oportunidades de exportação

de frangos para os países árabes; entretanto, obteve o fracasso como negócio entesourando os recursos financeiros da empresa para obter maiores resultados não operacionais.

- A empresa deve identificar determinados gargalos que interferem em seu capital de giro, bem como em seus resultados de curto, médio e longo prazo. Com o passar do tempo, as empresas tendem a relaxar, deixando que algumas situações saiam totalmente de seu controle. Então, por um lado, se existe a rigidez do planejamento estratégico, as decisões dos gestores podem levar a gastos não esperados por razões situacionais ou mesmo sentimentais; por outro, as empresas podem incorrer em "gastos invisíveis" que nem sempre são percebidos no dia a dia.
- Uma empresa orientada ao mercado e a resultados deve ter em seu quadro orgânico colaboradores que realmente contribuam e façam diferença para os negócios da empresa – em que a premissa é focar nas soluções, e não na adequação dos problemas a serem enfrentados.

Outro ponto fundamental é que cada negócio ou mesmo produto ou serviço seja considerado um projeto comercial. Dentro de planejamento estratégico tradicional, temos a definição de metas e objetivos que devem ser cumpridos a partir de uma expectativa de demanda e orçamento. Ao estabelecer métricas futuras, as empresas podem incorrer em determinados riscos diretamente relacionados a previsões nem sempre corretas ou à falta de aproveitamento de oportunidades de mercado. Determinada empresa resolveu diminuir seu orçamento para 2015, reduzindo a exposição de todos os seus produtos. Ocorre que determinadas categorias de produtos, mesmo com os efeitos da recessão econômica do país, têm se mantido ou até crescido de forma destacada em relação aos outros produtos. Nesse caso, em vez de reduzir a verba de marketing uniformemente, pode-se estabelecer uma diferenciação de investimentos dependendo da performance de vendas de cada categoria de produtos, melhorando o resultado final.

De forma complementar, a equipe de vendas deve estar devidamente distribuída em projetos que visem à intensificação de esforços, no sentido de obter melhores resultados. Para muitos, planejar pode ser uma espécie de arte, mas não devemos esquecer que toda arte deve ter uma função ou uma aplicação.

Como você pode aplicar os conhecimentos deste trecho do livro na sua empresa?

- Incorporando a prática do planejamento na rotina das pessoas. Para tanto, é necessário entender como a pessoa está hoje e aonde pretende chegar.
- O planejamento é um conjunto de várias práticas e detalhes que não devem ser esquecidos ou relegados a segundo plano.
- Para a jornada, são necessários um caminho a ser seguido e uma soma de recursos que poderão ser utilizados.
- A melhor jornada é aquela que conduz ao destino o mais rapidamente possível, com qualidade e menor utilização de recursos.
- A experiência deve ser bem aproveitada, para que a pessoa possa melhorar os resultados a cada viagem.
- Essa viagem deve ser compartilhada com outros que desejam ter a mesma experiência e, em conjunto, ter resultados cada vez melhores.

1.5.1. Comprometa-se com o crescimento e os resultados dos negócios de sua empresa – valorize seus clientes internos e externos

Moller (1995) comenta em palestra que, em um treinamento de incêndio, os funcionários de uma empresa demoraram muito para se retirar das instalações e depois retornar, mas foram demasiadamente rápidos para sair ao concluir seu horário de trabalho. O comprometimento deve ser uma das razão pelas quais os verdadeiros colaboradores internos se dedicam e conseguem melhores resultados. De forma similar, pode-se comparar com os esforços empreendidos em períodos de guerra, em que mesmo os recursos escassos e por vezes insuficientes não são motivo para que a guerra deixe de seguir em frente.

A Figura 4 – Interação entre os três níveis da empresa indica a necessidade dos três níveis contribuírem de forma integrada para a gestão das empresas. Essa estrutura deve possibilitar que falhas e também acertos e oportunidades sejam identificados e as devidas ações sejam aplicadas. Programas de incentivo, bem como um ambiente competitivo interno saudável, contribuem para os ajustes necessários e pontuais das empresas.

Períodos de recessão geralmente trazem inseguranças aos colaboradores internos, e a transparência nas informações e nas ações é de fundamental importância para manter o público interno mais solícito às diferentes demandas que a empresa deverá ter.

Considerando o público externo, em tempos de recessão econômica, deve-se avaliar:

- **Sua carteira de clientes atual**. Sobre os clientes, Burke & Morrison (2002, p. 11) aconselham que "valorize os clientes que permaneceram com você na crise. Eles podem voltar a ser seus melhores compradores". Como alguns gestores se preocupam muito em reduzir custos e despesas, pecam, pois diminuem a atenção de sua carteira de clientes, desmotivando-os e abrindo a possibilidade de emigrarem para a concorrência. Clientes que permanecem clientes em tempos de crise necessitam de ações de marketing de fidelização e de relacionamento, que, se não aumentarem sua frequência de consumo, pelo menos garantirá uma base essencial de consumo no presente e no futuro.

- **Consumidores que não se tornam clientes**. Muitas empresas não monitoram o seu público não cliente, que são essencialmente consumidores que demonstraram algum tipo de interesse em visitar o local ou mesmo acessar um site e até ler um anúncio em meio de comunicação, sem vínculo comercial com a empresa. Toda empresa deveria ser dimensionada para atender à determinada parcela de mercado, ou seja, uma demanda específica e qualificada. Pensando dessa forma, toda demanda não atendida necessariamente representa prejuízo, pois não houve possibilidade de relacionamento comercial. Isso também acontece com um anúncio de televisão ou de revista, por exemplo, em que o estímulo inicial é dado, mas por vezes é perdido, por não haver proatividade do meio e da mensagem.

- **Conquista de novos clientes.** A expansão da carteira de clientes significa maiores receitas bem como despesas e responsabilidades. A empresa tem de ter a capacidade de assumir e honrar as responsabilidades adicionais que serão incorporadas ao aumento da carteira de clientes. Um caso foi o Club Social, que teve de se retirar temporariamente do mercado após um lançamento nacional de grande sucesso, por não suportar o aumento da demanda e não ter acesso às respectivas matérias-primas necessárias para a produção.

- **Reconquista de clientes perdidos.** Por vezes, uma empresa pode ter uma base de clientes inativos ou mesmo perdidos por diversos motivos. Reconquistar esses ex-clientes significa um esforço adicional que pode trazer contribuições significativas aos resultados das empresas, desde que sejam identificados os problemas de fato que geraram a perda de clientela. A solução desses problemas deve estar ao alcance das empresas.
- **Torne-se preditivo, e não burocrático, perante seus clientes.** É comum, principalmente em termos de recessão, uma preocupação maior com os riscos envolvidos, como a taxa de inadimplência, tornando, por vezes, difíceis a relação comercial com novos clientes. Essa dificuldade pode derivar de uma burocratização; e a empresa deve facilitar a vida de seus futuros consumidores quanto à prevenção e à detecção de fraudes e crédito, por exemplo. Outro ponto é que a empresa, em conjunto com o cliente, pode encontrar opções de financiamento e pagamento.

Um indicador de referência comercial é a **taxa de conversão**, que expressa em percentuais o número de pessoas que foram convertidas de consumidores para clientes a partir dos esforços de marketing e vendas. Para empresas que ainda insistem em comercializar seus produtos e serviços por meio postal (cartas), sabe-se que a taxa de conversão é bastante inexpressiva, da mesma forma que um spam sem critérios. Contudo, a inserção em redes sociais, bem como *pop-ups*, geralmente resultam em bons resultados. De forma geral, analisando os exemplos citados, deve-se considerar diversos fatores quanto à taxa de conversão:

- É sonho de todo empresário investir pouco e ter alto retorno financeiro. Nem sempre é possível essa relação matemática, pois a qualidade do apelo mercadológico geralmente exige esforços adicionais que envolvem o financeiro, o tempo utilizado, os relacionamentos e outros que encarecem o apelo. O meio, o veículo e sua respectiva qualificação são fatores primordiais para alcançar o mercado pretendido.
- Nem sempre uma taxa de conversão baixa é sinal de fracasso. Por vezes, as empresas estão objetivando um nicho específico de mercado e não têm à sua disposição meios mais segmentados. Dessa forma, quanto mais segmentado for o mercado, maior a necessidade de foco nas ações mercadológicas.
- Vendas de curto, médio e longo prazo têm relação direta com a taxa de conversão. Geralmente instituições de ensino superior têm maior dificuldade na comercialização de serviços educacionais (à exceção dos cursos de graduação) em cursos com maior duração. Cursos rápidos envolvem melhores taxas de conversão do que cursos de lato sensu, por exemplo, que envolvem decisões voltadas a planejamento e disponibilidade de fluxo de caixa.

Um ponto a considerar é que as empresas devem estar devidamente estruturadas para ter à disposição esses dados. Dificilmente uma banca de jornal teria essa estrutura, o que não a impede de desenvolver ações que melhorem o relacionamento com seus clientes e suas vendas diárias, como atender de forma precisa e efetiva às pessoas que circulam no local, chamar seu cliente pelo nome e mesmo informar que tal publicação foi lançada, como faz a banca Arte de Ler na avenida Paulista. Entretanto, uma base de dados confiável é sempre importante para que as ações sejam efetuadas de forma mais precisa e controlada. Um bom exemplo é uma lanchonete dentro de uma instituição de ensino superior que mediu nos primeiros dias de funcionamento a quantidade de alunos, as vendas por categorias de produtos e mesmo as dificuldades que encontraram em produzir e atender aos alunos, principalmente no período do intervalo. Com isso, uma das ações da gestora foi antecipar a produção de salgados e congêneres e deslocar parte dos funcionários da cozinha para o período de atendimento aos alunos.

Essas dificuldades também ocorrem no ambiente virtual, em menor intensidade, pois o ambiente operacional permite mensurar e otimizar os processos e os procedimentos. Essas dificuldades ocorrem em virtude do desconhecimento técnico, bem como do uso correto das ferramentas disponíveis, incluindo a de gerenciamento de clientes (CRM).

1.5.2. Customer Relationship Management (CRM)

O CRM como ferramenta de gerenciamento da carteira de clientes de uma empresa ajuda a organizar os dados e as informações, integrando os processos que sustentam a comercialização e o atendimento aos clientes. Possibilita a melhor gestão de recursos, incluindo os humanos, em que a empresa pode obter melhor racionalidade em suas ações mercadológicas. Essencialmente, é um banco de dados que deve conter o nome do cliente e seus dados, como idade, data de nascimento, gênero, endereço completo, formas de contato, produtos e serviços adquiridos, volumes, pontualidade, comportamento quanto aos meios de pagamento e outras informações que possam se transformados em relatórios e gráficos que traduzam o comportamento comercial do cliente ou grupo de clientes e como devem ser atendidos.

Embora possa parecer complexo inicialmente, o banco de dados pode ser gerado a partir de outras bases, como a da contabilidade, a de vendas e a de finanças, por exemplo. Um bom desafio inicial é a capacidade da empresa de integrar seus processos de forma a gerar um banco de dados integrado e disponível ao público interno. Determinada editora tem em seu portfólio uma vasta linha de publicações, e cada uma tinha um banco de dados específico do assinante. Como as bases não se "conversavam entre si", era normal um assinante de determinado título receber promoções de outros títulos, bem como da própria revista que assinava.

Sites podem ser visitados espontaneamente ou por algum estímulo externo. As ferramentas podem informar a taxa de conversão, analisando o que foi efetivamente comprado em relação aos que não compraram e até as razões. O *bounce rate* informa o percentual de pessoas que compraram e não compraram, o tráfego e a origem regional. Outros, como o funil de conversão, informam em que parte do processo de fluxo de vendas a empresa está perdendo seus clientes.

A bem da verdade, os multimeios – como a própria internet, *tablets* e celular – têm possibilitado uma série de oportunidades e, ao mesmo tempo, dúvidas quanto às formas de aferição e aplicação comercial, e a empresa deve aprender continuamente e evoluir de acordo com as situações. A informatização possibilita a padronização e a mecanização de procedimentos, facilitando o processo de venda, porém ainda conta a intervenção humana para poder lapidar os relacionamentos comerciais.

As pesquisas podem identificar o *target* e ajustar as estratégias de acordo com as necessidades das empresas, ressaltando que as ações devem estar em consonância com os hábitos de mídia de quem se pretende atingir. O Behavioral Targeting possibilita a diminuição daqueles famosos *spams* que as pessoas recebem, bem como o acesso do consumidor ao site de acordo com suas necessidades.

Concluindo, as empresas não devem reagir conforme as movimentações do ambiente em que está inserida. Devem incorporar o empreendedorismo, a criatividade e a inovação como verdadeiros processos gerenciáveis. Para tanto, devem incorporar em suas metas e seus objetivos práticas e principalmente resultados além daqueles requeridos nas responsabilidades do grupo. Esse "vender mais" que o requerido sugere a ideia de que os colaboradores internos possam criar, desenvolver e aplicar práticas diferentes daquele que usualmente utilizam, como uma nova forma de abordagem de oferecer o negócio e o produto, bem como o estímulo ao consumo. Ziegler e Slayton apud Harvard Management Update (2003, p. 10) afirmam que "empresas com alto QI podem criar novidades a partir de pequenas melhorias operacionais". O autor deste capítulo recorda que, enquanto era funcionário de uma instituição financeira multinacional, o pagamento mensal era efetuado no dia 10 de cada mês e o adiantamento no dia 25, sendo emitido o demonstrativo de pagamento para cerca de 9 mil funcionários em todo o país; a partir de uma sugestão, a via impressa referente ao adiantamento foi eliminada, uma vez que o crédito era informado na via do demonstrativo mensal. Com essa sugestão, o centro de custo da empresa teve redução, o que aumentou sensivelmente a margem de rentabilidade. Atualmente, em muitas empresas, o demonstrativo é disponibilizado on-line, e o funcionário tem a opção de imprimir ou guardá-lo digitalmente.

Outro exemplo, mais voltado ao nível estratégico, foi a segmentação na venda de computadores e serviços bancários. Por vezes, as empresas focavam seus esforços em vendas para pessoas que utilizam computadores; no entanto, as vendas concentradas em outros grupos podem oferecer oportunidades de negócios consideráveis, como a venda de pacotes de laptops para professores, bem como a oferta de contas-correntes por bancos a estudantes universitários, que nem sempre teriam a possibilidade de abrir uma conta em um banco em decorrência de experiência profissional.

Como você pode aplicar os conhecimentos deste trecho do livro na sua empresa?

- Conquistar um cliente exige determinado esforço. Perdê-lo e reconquistá-lo vai exigir um esforço ainda maior. Então, a lógica é manter seus clientes.
- Clientes são seres complexos e mutáveis, necessitando de monitoramento constante.
- Toda empresa deve ter sua base de dados e utilizá-la de acordo com a frequência de compra do consumidor.
- O banco de dados deve evoluir de acordo com o crescimento da carteira de clientes e dos negócios da empresa. Esse banco pode evoluir de uma simples planilha de Excel até programas mais complexos, de acordo com as necessidades das empresas.
- O passo inicial então é cadastrar os clientes de forma que seus dados sejam transformados em informações que posteriormente se transformem em ações estratégicas de relacionamento comercial.

1.3. Premissas quanto ao marketing mix doméstico e internacional

McCarthy (1978) definiu como marketing mix o composto equilibrado dos 4 Ps, devidamente popularizado por Philip Kotler, que, por sua vez, acrescentou mais 2 Ps em se tratando de marketing internacional: Power e Public Relations (KOTLER, 1986). Essas ferramentas estão diretamente relacionadas à interação do atendimento das necessidades e dos desejos com o portfólio que atende ao mercado, bem como à perfeita integração entre cada componente.

Figura 4. Marketing mix doméstico versus marketing mix internacional

MARKETING MIX DOMÉSTICO	MARKETING MIX INTERNACIONAL
Produto	Power
Praça	Public Relations
Promoção	Estratégias de relacionamento com o cliente externo.
Preço	O que deve ser adaptado considerando a internacionalização do mix.

O marketing mix doméstico envolve as ferramentas que possibilitam a comercialização física do que a empresa oferece ao mercado. Dentro dos 4 Ps, destaca-se dentro do contexto deste livro a promoção de vendas e a venda pessoal, que fazem parte do composto de promoção.

Figura 5 – Composição da promoção

> PROMOÇÃO = Propaganda + Publicidade + Relações Públicas + Promoção de Vendas + Venda Pessoal

A propaganda, a publicidade e as relações públicas são consideradas estímulos de longo prazo, uma vez que são direcionadas ao grande público e têm como função informar sobre a empresa, os produtos e os serviços. Nessa categoria, destacam-se as relações públicas, que têm por finalidade manter vínculos de relacionamento estratégico com os diferentes públicos de interesse. Esses *stakeholders* estão inseridos no mesmo ambiente de negócios e influenciam direta ou indiretamente o mercado em que a empresa desenvolve suas operações.

A promoção de vendas e a venda pessoal são categorizadas como estímulos de curto prazo, pois consolidam os esforços da empresa por meio da venda. A promoção de vendas consiste em uma série de ações que envolve desde a participação de eventos, concursos, descontos, brindes, cuponagem e tudo aquilo que visa aumentar a possibilidade de venda; a venda pessoal envolve a própria equipe de vendas, bem como as estratégias e as ações que esta pode desenvolver junto à sua carteira de clientes.

Independentemente, a empresa deve acompanhar sua estratégia genérica, mantendo o posicionamento estratégico independentemente das flutuações de mercado. Algumas empresas aderem à promoção de vendas e à queima de estoques no início de cada ano para suprir suas necessidades de caixa e equilibrar a demanda geralmente menor. A prática constante ocasiona uma espécie de rotina que pode se tornar um comportamento de compra por parte do consumidor e, dessa forma, torna essa prática obrigatória por parte das empresas de um mesmo segmento. Se a premissa é equilibrar a demanda e a oferta e ajustar seu fluxo de caixa, a empresa pode optar pela venda promocional selecionada de algumas categorias de produtos em conjunto com os respectivos fornecedores, mantendo outras categorias com a mesma política de preços e garantindo um fluxo de caixa presente e futuro mais saudável. Se for somente para atender a problemas de caixa sazonais, como o final e o início de ano, as empresas podem efetuar promoções seletivas de algumas categorias de produtos, provisionado para as despesas futuras. Empresas que possuem sustentabilidade geralmente associam geração de caixa com baixo endividamento.

As empresas que fabricam panetones sempre tiveram problemas relativos ao planejamento e à gestão de seus recursos a partir de uma demanda não linear e sazonal. Produto considerado estritamente sazonal, suas vendas se concentravam mais no quarto trimestre do ano, forçando a empresa a investir maciçamente seus recursos econômicos, financeiros e humanos no terceiro trimestre. Essa situação fazia com que a empresa mantivesse uma capacidade ociosa nos dois primeiros trimestres e uma taxa de ocupação acima do normal nos dois últimos, trazendo consequências e impactos no fluxo de caixa. Outro problema é que o mercado é constituído por concorrentes diretos e indiretos, grandes e pequenos fabricantes e até a produção artesanal, em que a possibilidade de sobra era um risco a ser enfrentado.

Dessa forma, uma das soluções encontradas foi promover a linha de produtos de forma a aumentar a frequência de compra nos dois primeiros trimestres. A estratégia envolveu a ampliação das linhas bem como das profundidades. Com isso, a empresa diminuiu a capacidade ociosa, distribuiu de forma mais equilibrada os custos e as despesas no decorrer do ano, propiciou fidelização e melhor poder de barganha junto a seus fornecedores de matéria-prima e serviços.

Em processos de internacionalização, a empresa deve ter os recursos e as competências necessários para introduzir, prover e sustentar as operações internacionais. As estratégias de entrada e operação em mercados internacionais.

Como você pode aplicar os conhecimentos deste trecho do livro na sua empresa?

• O marketing mix é constituído por ferramentas distintas que devem ser utilizadas equilibradamente em conjunto. O importante é saber quando e como utilizá-las.

• Como as empresas costumam utilizar as mesmas estratégias, Relações Públicas é uma opção assertiva para a divulgação da empresa, produtos e serviços.

• As estratégias de marketing geram custos e despesas e, como consequência, o retorno financeiro. Cabe ao gestor de marketing equilibrar a equação de forma a melhorar o resultado comercial.

• O mix internacional envolve a agregação de mais 2 P's, cujas ferramentas estão relacionadas diretamente às estratégias. Os 4P's restantes também são diferentes ao que é oferecido no mercado doméstico.

Em épocas de grandes turbulências e ambientes recessivos, duas áreas são mais valorizadas: a área financeira e a área comercial. Reter e atrair são responsabilidades da área de clientes, porém mais cobradas quando existe a diminuição de fluxo de caixa. Essas responsabilidades devem levar em consideração os recursos da empresa, sua capacidade de gerar ações que visem à sustentabilidade de seus negócios e, consequentemente, da longevidade em seu ambiente de negócios.

Como nem sempre a empresa possui conhecimentos e competências para resolver seus problemas, a presença do *business partner* é importante no sentido de a empresa não entrar em uma rotina burocrática de atividades e alcançar os melhores resultados. Esse profissional está relacionado diretamente ao nível estratégico, ligado à presidência e a diretorias. Pode estar ligado à empresa como consultor interno e alinhado com a visão e os valores. Outra possibilidade é a contratação de consultoria externa, porém essa prática só é adotada quando a empresa realmente necessita solucionar um grande problema.

Determinado banco inglês sediado no Brasil tinha em seu grupo de colaboradores internos dois executivos que recebiam diariamente relatórios que resumiam o desempenho do dia anterior; com a análise dos relatórios, a responsabilidade era analisar as inconformidades, bem como melhorar os processos futuros.

Em síntese, pode-se concluir como Fatores Críticos de Sucesso (FCS) que as empresas devem ter a capacidade de prever as mudanças e as transformações de mercado, por meio de sistemas de informação criativos e inovadores; ter a resiliência efetiva diante de mudanças e transformações de mercado; ter a assertividade de suas ações por meio de boa gestão de recursos e, principalmente, um grupo de colaboradores e talentos internos e externos engajados, motivados e comprometidos com as metas, os valores e os objetivos da empresa. A busca incessante da qualidade de resultados deve ser a orientação que norteia toda a equipe, seja ela qual for.

1.4. Conclusões

O desenvolvimento das técnicas de mensuração da demanda tem se tornado cada vez mais sofisticado e pontual, no sentido de atender às empresas para que elas obtenham os melhores resultados em ambientes cada vez mais competitivos e turbulentos. Discute-se a importância do papel da opinião dos gestores e dos profissionais nesse processo, os quais podem contribuir de forma significativa para uma métrica, se não totalmente ajustada estatisticamente, com as devidas ponderações qualitativas que podem conduzir à construção, à implementação e ao controle de ações que façam a diferença para os negócios da empresa. A tomada de decisão deve ser balizada sob dados e informações concretas, mas a interpretação, a análise e a construção de estratégias assertivas devem levar em consideração práticas empreendedoras, criativas e inovadoras dos profissionais que fazem parte do ambiente e dos processos de negócios da empresa. A empresa deve ter a capacidade e as competências necessárias para entender o mercado e dialogar com ele, de forma a satisfazer um problema significativo do consumidor. O fato é que a empresa deve ter uma estrutura em que cada componente colabore para os negócios da empresa, e não necessariamente seja mero instrumento de controle e suporte. Empresas devem entender que as crises não são eternas, mas pontuais, e devem ser tratadas de forma efetiva, sem rodeios. As estratégias não devem se resumir diretamente à conclusão das pesquisas, mas considerar a interpretação estratégica particular mais assertiva. Períodos de incertezas podem trazer importantes contribuições para as empresas e a sociedade.

Conforme Thimer apud Oliveira (2015, p. xxi), "na incerteza, os indivíduos criam instintos inovadores. Na rotina, criam padrões repetitivos". Pensando dessa forma, este capítulo procurou discutir a importância da empresa de sair do lugar comum, conversar com o mercado e praticar pesquisa e gestão de qualidade. Sem fórmulas milagrosas, mas com uma orientação criativa, empreendedora e inovadora.

Pontos de reflexão

A sociedade contemporânea tem passado por uma série de situações que nem sempre são perceptíveis ou mesmo estão sob o controle das empresas. Uma delas se refere à mudança demográfica brasileira, que, segundo dados do IBGE, terá um perfil em 2050 de pessoas mais maduras, com predominância da faixa etária entre 55 anos e 65 anos. Essa mudança do perfil da população influenciará as estratégias das empresas, de produtos e de serviços, bem como a formação dos colaboradores internos. Grandes empresas devem gerenciar o presente para atingir suas metas e seus objetivos futuros, mas devem pensar como obter os melhores resultados levando em consideração as variáveis que estão fora do controle da empresa?

Estudo de caso 1

Uma pequena indústria de brinquedos oferece uma linha diversificada de produtos populares de plástico, como carrinhos de vários tipos, bonecas, vasinhos de flores e utensílios domésticos. Por questões circunstanciais, suas vendas estão concentradas em lojas da rua 25 de Março, tendo a empresa, por vezes, três turnos de trabalho para atender às demandas da região. Seus produtos de apelo popular são comprados pelos atacadistas e pelos varejistas e, em alguns casos, revendidos para terceiros, e até mesmo para outros estados. A empresa sentiu em 2014 uma sensível diminuição da demanda e no ano seguinte uma grande queda em suas vendas, tendo seu pequeno pátio ocupado pelos produtos não vendidos. Essa queda das vendas foi em decorrência da diminuição do volume de compras de alguns clientes jurídicos, bem como do fechamento de outros. Algumas ações foram tomadas, como a antecipação de férias e demissões que surtiram pouco efeito financeiro. Desesperados, receberam a visita de um vendedor que se prontificou a vender os estoques em demasia, mediante um comissionamento maior (em torno de 30%, o dobro de outros vendedores). Se antes a empresa tinha toda a sua produção concentrada em poucos, mas grandes atacadistas e varejistas, a ideia do vendedor era fracionar a venda de produtos em pequenos pontos de venda, sendo até possível a venda unitária de produtos. Em dois meses, ele conseguiu eliminar os estoques da empresa e, diante de tais resultados, esta resolveu ampliar sua equipe de vendas de forma bastante fragmentada, atendendo a micro, pequenos e grandes clientes.

Questões sobre o estudo de caso 1

1. O que a empresa deveria ter considerado para que não entrasse neste tipo de situação de diminuição das vendas para os grandes varejistas?
2. Apresente pontos positivos e negativos da adoção da nova estratégia de distribuição da empresa.

3. Que recomendações você daria à empresa para que ela não tenha problemas futuros decorrentes da variação econômica?
4. Você identifica algum risco na nova composição da equipe de vendas?
5. Que aspectos motivacionais devem ser utilizados, partindo do pressuposto de que provavelmente os vendedores terão comissionamentos diferentes derivados de sua carteira de clientes?

Estudo de caso 2

Uma empresa bem estruturada deseja comprometer e motivar seu quadro de colaboradores internos quanto às práticas ambientais politicamente corretas e, ao mesmo tempo, criar um ambiente interno mais integrado e social. Dessa forma, a empresa teve a ideia de incentivar seus colaboradores a utilizar seus suprimentos – papéis, canetas e similares – e sua matéria-prima de forma otimizada. Contabilizou os gastos com tais bens durante o ano anterior e prometeu uma bonificação sobre o percentual de redução de compras no ano vigente. Além disso, incentivou também a coleta seletiva de lixo. Dessas duas práticas, a empresa se predispõe, dentro de uma meta anual, a transformar um percentual da redução de custos e o valor dos materiais reciclados na incorporação de brindes para a festa de final de ano, bem como do Dia das Crianças. Do valor arrecadado, a empresa vai contribuir com mais 100% de sua verba como forma de participar do esforço compartilhado de seus colaboradores internos.

Questões sobre o estudo de caso 2

1. Você considera a ideia operacionalizável por parte da empresa?
2. Como a empresa deveria conduzir todo esse processo junto ao seu mercado interno? Crie uma pequena campanha de comunicação.
3. Existem riscos para a empresa na implantação dessa ideia?
4. Você considera errado a empresa utilizar esse exemplo como conteúdo na comunicação de marketing?
5. O que a empresa deve fazer se os colaboradores internos não atingirem as metas de reciclagem?

Questões para reflexão

1. O que diferencia o marketing normal do marketing direcionado para resultados e ambientes turbulentos e recessivos?
2. Ambientes disruptivos ou de grande descontinuidade geram oportunidades ou ameaças aos negócios de uma empresa? Justifique sua resposta, exemplificando com um caso real.
3. Quais são as diferenças entre o planejamento estratégico realizado em ambientes estáveis e em turbulentos? Justifique sua resposta com dados atuais do país.
4. Contextualize a importância da previsão de demanda e vendas no planejamento estratégico.

5. O que diferencia as previsões de vendas quantitativas e qualitativas? Apresente pontos positivos e negativos de cada uma delas.
6. Que critérios a empresa deve ter ao dimensionar e qualificar sua equipe de vendas?
7. Qual é o perfil ideal da equipe de vendas da sua empresa? Justifique sua resposta.
8. Que critérios e precauções a empresa deve utilizar para o planejamento do programa de incentivos e premiações para a equipe de vendas? Que cuidados a empresa deve ter ao determinar as metas de vendas?
9. Como a empresa pode obter o melhor resultado comercial a partir do marketing mix?
10. Explique como a ferramenta de relações públicas pode ser uma opção assertiva nas estratégias de uma empresa. Colete exemplos reais que podem corroborar sua resposta.

REFERÊNCIAS

BURKE, Dan; MORRISON, Alan. *5 passos em falso comuns em tempos voláteis: não os dê de jeito nenhum*. Harvard Management Update, nov./dez. 2002, n. 3.

CECCONELO, Antonio Renato; AJZENTAL, Alberto. *A construção do plano de negócios*. São Paulo: Saraiva, 2008.

CHRISTENSEN, Clayton. *Disruptive Technologies: Catching the Wave*. January-February 1995.

CHURCHILL JR., Gilbert A.; PETER, J. Paul. Marketing. *Criando valor para os clientes*. 2. ed. São Paulo: Saraiva, 2000.

DRUCKER, Peter. *The Age of Descontinuity: Guidelines to our changing society*. 8. ed. New York: Piscataway Transaction Publisher, 2008.

IBGE. Disponível em <http://brasilemsintese.ibge.gov.br/populacao/esperancas-de-vidaao-nascer>. Acesso em: 17 dez. 2015.

IRELAND, R. Duane; HOSKISSON, Robert E.; HITT, Michael A. *Administração estratégica: competitividade e globalização*. 2. ed. São Paulo: Thomson Learning, 2008.

KOTLER, Philip. *Megamarketing*. New York: Harvard Business Review, 1986.

KUAZAQUI, Edmir. *Marketing internacional: desenvolvendo conhecimentos e competências em cenários globais*. São Paulo: M. Books, 2007.

McCARTHY, E. Jerome. *Basic marketing: a managerial approach*. 6. ed. Richard D. Irwin, Homewood, 1978.

MOLLER, Claus. *A era do capital humano*. Vídeo da HSM (1995).

OLIVEIRA, Djalma Pinho Rebouças de Oliveira. *Planejamento estratégico*. 30. ed. São Paulo: Atlas, 2012.

_____. *A empresa inovadora e direcionada para resultados*. São Paulo: Atlas, 2015.
RIFKIN, Jeremy. *O fim dos empregos. O declínio inevitável dos níveis dos empregos e a redução da força global de trabalho*. São Paulo: Makron, 1995.
SILVA, Fábio Gomes da; ZAMBON, Marcelo Socorro. *Gestão do relacionamento com o cliente*. 2. ed. São Paulo: Cengage, 2012.
SCHUMPETER, Joseph. *Business Cycles*. New York: McGraw-Hill, 1939.
STANTON, William J.; SPIRO, Rosann. *Administração de vendas*. 10. ed. Rio de Janeiro: LTC.
SUBWAY volta com força ao Brasil. Revista Exame. Disponível em: <http://exame.abril.com.br/pme/noticias/subway-volta-forca-ao-brasil-581636>. Acesso em: 14/12/2015.
GESTÃO de desempenho. Você S/A, edição 23, out-nov 2012. p.25.
DISCIPLINA militar. Você S/A, edição 208, nov. 2015. p. 30.
WANKE, Peter; JULIANELLI, Leonardo. *Previsão de vendas. Processos operacionais e métodos quantitativos e qualitativos*. São Paulo: Atlas, 2006.

II
ESTRATÉGIAS INOVADORAS A PARTIR DE

AMBIENTES DISRUPTIVOS

> A rentabilidade de uma empresa era um sintoma
> de saúde corporativa, mas não um indicador
> ou um determinante de saúde corporativa.
> **Geus (1999, p. XXI)**

Objetivos do capítulo
- Apresentar um breve relato da situação econômica e industrial brasileira contemporânea e discutir o processo de desindustrialização.
- Discutir tendências a que as empresas devem estar atentas para aproveitar as oportunidades latentes.
- Analisar e recomendar estratégias inovadoras em ambientes turbulentos e disruptivos.
- Discutir como a empresa deve segmentar o mercado e agir de forma diferente perante os consumidores.
- Apresentar *insights* de como a empresa pode obter a sustentabilidade de seus negócios, envolvendo até mesmo o mercado internacional.

2.1 Introdução

A empresa, como todo ser vivo, deve reagir de acordo com as mudanças e as transformações ambientais externas, a fim de tornar sua existência mais sustentada e garantir sua longevidade nos negócios. O ambiente externo, aqui representado pelas variáveis incontroláveis do marketing, como o econômico, o geográfico, o demográfico e o tecnológico, influenciam diretamente todos os *stakeholders* e o sistema de valor.

Contudo, tendências de comportamento nesse ambiente devem ser identificadas de forma a aproveitar esses movimentos no sentido de não perder as oportunidades de negócios.

Quando essas variáveis externas se tornam conflitantes e muito frequentes, não representando mais a exceção, e sim, a regra dos negócios, a empresa deverá reconsiderar sua postura e seu posicionamento perante o mercado, seu ambiente de negócios e seu planejamento estratégico. Ambientes turbulentos, com constantes possibilidades disruptivas, podem ser prejudiciais para empresas menos preparadas, que seguem a cartilha e expressam nos seus planos uma visão meramente burocrática e reducionista de seus negócios. Para outras, pode significar a oportunidade de quebrar paradigmas organizacionais e explicitar sua competência de adaptação ou antecipação de ambientes mais competitivos.

Conforme Puppim (2008, p. 3), o impacto social das empresas é na produção, mas não é o único, pois permite a acessibilidade dos produtos e serviços aos consumidores, propicia o desenvolvimento local, aumenta o poder econômico das empresas e consequentemente dos países. Embora muitas vezes o ambiente externo à empresa seja desfavorável, esta deve direcionar seus esforços e suas ações à constância de valores que possibilite seu crescimento sustentado.

Essa adaptabilidade empresarial deve levar em consideração a identidade e o posicionamento da empresa, preservando sua personalidade e a diferenciando dos concorrentes. O equilíbrio entre o que é e como deve agir no ambiente de negócios são os desafios que a empresa deve atender para preservar seus negócios e seu mercado.

Como exemplo, devido aos novos hábitos de leitura e comportamento de consumidores junto aos meios de comunicação, diminuíram as vendas de publicações impressas, forçando algumas editoras a migrar para o ambiente on-line. Por outro lado, grandes editoras que publicavam essencialmente revistas passaram a produzir e comercializar também livros didáticos, cujos mercados são mais consistentes e com melhor frequência de compra.

Dessa forma, este capítulo procura trazer uma análise crítica profunda, a partir da experiência de seus autores em ambientes corporativos, no sentido de resolver problemas empresariais e contribuir para a discussão acadêmica.

Figura 1 – Estrutura geral do capítulo

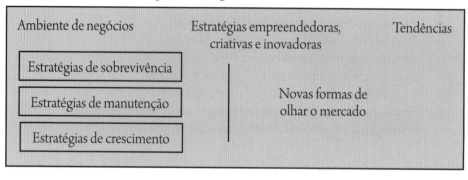

Estratégias de desenvolvimento		Novas formas de
Estratégias de internacionalização		olhar o mercado

Visa oferecer subsídios para que as empresas possam manter suas estratégias de crescimento e desenvolvimento de negócios, mesmo em ambientes incertos, como o da economia brasileira.

2.2. Ambientes turbulentos requerem estratégias similares à de guerra

O que difere ambientes turbulentos dos ambientes de guerra? Muita coisa, porém existem interessantes similaridades. Guerras representam ambientes em que parte dos recursos e dos investimentos do governo são direcionados aos esforços de guerra. Nesse cenário, são diminuídos os investimentos públicos e para a iniciativa privada, e as empresas ficam sem condições suficientes para o desenvolvimento de inovações e investimentos na sua estrutura atual. Dependendo do tempo que as economias permanecem nessa situação, os recursos se tornam escassos, e ao final os novos investimentos (se houver) são direcionados para a reconstrução e o recrudescimento da economia.

A história registra muitos casos em que a necessidade de sobreviver em tempos de guerra fizeram com que a criatividade, o empreendedorismo e a inovação desabrochassem nas pessoas e nas empresas. Como havia a escassez de recursos, as pessoas deveriam encontrar formas de estocar alimentos; daí surgiu a ideia de produtos liofilizados, condensados, salgados, tecnologias médicas e até a maior presença do governo no marketing por meio de campanhas institucionais. Conforme a Mundo Estranho (2015, p. 46), a Nestlé passava por dificuldades financeiras durante a Segunda Guerra Mundial. Introduziu a primeira marca de café instantâneo, Nescafé, que foi largamente consumido pelos soldados nas trincheiras de batalha, o que ajudou na retomada de vendas da empresa.

Como se pôde perceber, ambientes sob a égide da guerra impulsionam mudanças e transformações por grande necessidade das pessoas e das empresas, pois é uma variável incontrolável que leva a grandes incertezas e temores; comparativamente, variáveis turbulentas e que também causam a disrupção, porém a intensidade pode ser considerada menor.

Nesse sentido, existem diferentes graus de intensidade que levam e motivam as pessoas a criar novas soluções para o mercado. Essa intensidade pode variar por muitas razões, mas geralmente as variáveis incontroláveis do marketing são mais simples e principalmente conhecidas, levando as empresas a se adaptar mais rapidamente; já em situações de guerra, o desconhecimento e a insegurança são maiores, de forma que as empresas tentem estratégias mais contundentes perante o risco envolvido.

A guerra não deve acontecer, mas muitos ensinamentos podem ser concluídos a partir de seu estudo. A empresa deve operar em mercados turbulentos como seria em ambientes de guerra, no sentido de obter os melhores resultados. Esses resultados devem ser conquistados por meio de uma gestão enérgica, que possibilite que todos estejam integrados com as metas e os objetivos corporativos.

Conforme Geus (1999, p.66), "somente seres vivos aprendem". Se não pela experiência histórica individual e de grupo, deverá ser obtida a partir de uma boa base de dados, informações, discussões que levem a uma presciência e onisciência da empresa, conduzindo a empresa a vivenciar as experiências do negócio, e não simplesmente estar no mercado. O ser humano só aprende e se desenvolve a partir de suas experiências positivas e negativas. A necessidade de superar os desafios é o que o move para a frente.

2.3 Ambientes disruptivos no Brasil

O processo de desindustrialização industrial não é um fato recente, conforme comprova o gráfico 1, nem tampouco exclusivo do Brasil. Outros países como os da América do Sul, da América Central e Cuba sentem o fenômeno. Entretanto, o que se discute é a velocidade e a intensidade com que esse fenômeno está afetando o país e a falta de ações por parte da área pública.

Gráfico 1 – Evolução da participação da indústria de transformação brasileira no PIB (1947 a 2013).

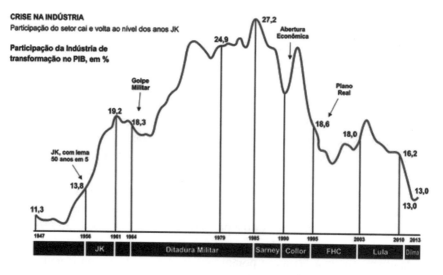

Fonte: IBGE. Metodologia: Bonelli & Pessoa, 2010. Elaboração: DEPECON/FIESP.

Num primeiro momento, o país deixou de ser uma economia voltada essencialmente para a agricultura e a pecuária, com a participação expressiva de café, para uma alicerçada em produção industrial na metade do século passado. Dessa forma, as possibilidades de crescimento se tornaram mais evidentes.

Entretanto, a evolução industrial deve acompanhar as necessidades internas e externas, aumentado naturalmente as exportações do país. As importações também tendem a crescer, a partir do momento em que o país identifica quais são suas prioridades industriais em detrimento de outros. Esse comportamento é moldado pelas políticas e pelas diretrizes industriais do país, bem como pelas influências do mercado externo.

A partir da evolução econômica, a sociedade se desenvolve, e as classes sociais se evidenciam, cada uma delas com particularidades de consumo, de acordo com o seu grau de poder aquisitivo. A chamada classe média é resultante de uma economia em desenvolvimento e que dita, em muitos sentidos, o consumo de produtos e marcas.

A participação de um país é medida pela corrente de comércio, que é a soma de todas as exportações e importações de um país, de forma que esse número não representa necessariamente um incremento nas atividades comerciais (venda), mas também o que é incorporado à produção e ao consumo interno (compra). O país tem crescido nessa corrente, porém o que deve ser medido é sua composição.

Dessa forma, a política industrial de um país deve atender às demandas internas e incrementar as vendas internacionais, proporcionando um crescimento econômico e social. A figura a seguir representa de forma sucinta a evolução das classes sociais no país.

Figura 2 – Evolução comparativa das classes sociais no país.

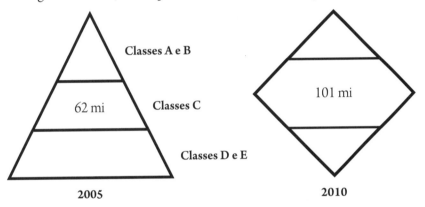

Fonte: Adaptado de *Ipsos Public Affairs* (2010).

A estrutura econômica e social brasileira era representada por uma pirâmide com as classes A, B, C, D e E, cada uma com um poder de consumo que era atendido pelas empresas brasileiras. Com a política desenvolvida a partir de 2003 e intensificada a partir de 2011, a estrutura econômica foi alterada, devido à migração das classes menos favorecidas para a chamada classe média.

Esse deslocamento de consumo não foi acompanhado dos investimentos de ordem pública, necessários para que as empresas tivessem condições estruturais para aumentar a sua produção de forma orgânica e planejada.

Essa mudança ocasionou um aumento no consumo de diversos produtos. Para atender a esse aumento da demanda, as empresas poderiam optar em investir no próprio negócio, por meio da modernização do seu parque industrial, e na contratação de mão de obra. Entretanto, estrategicamente, as empresas (pois o crescimento das classes sociais não foi efetuado de forma planejada) optaram em manter ou mesmo reduzir a produção interna e importar produtos manufaturados, modificando seu modo de operação de produtor para importador e vendedor.

Esse fenômeno resulta na desindustrialização, em que a empresa deixa de investir no seu próprio negócio e parte para outras formas de suprir a demanda. Nesse caso, uma das opções estratégicas foi importar produtos acabados e simplesmente revendê-los no mercado interno.

Uma das decisões do governo seria diminuir o volume de importações de bens manufaturados, porém causaria um desabastecimento interno e impulsionaria a inflação. Dessa forma, o processo de desindustrialização começou a se aprofundar e sem condições de o governo ter mecanismos de recrudescimento industrial. Uma das formas é diminuir a alíquota de impostos para determinados setores econômicos, porém é uma decisão com consequências somente no curto prazo.

A bem da verdade, são poucos os setores que estão produzindo dentro de sua capacidade industrial instalada, de forma que somente transformações políticas e econômicas profundas podem propiciar esse recrudescimento industrial.

Dessa forma, além da desindustrialização, a recessão econômica é um fator agravante dentro das perspectivas das empresas brasileiras.

Essa prevenção, conforme depoimentos de cinco empresários aos autores deste capítulo no final de 2014, inclui a diminuição de novos investimentos e a não renovação de bens de capital e a desoneração da folha de pagamentos por meio de programas de demissão seletiva, o que invariavelmente vai influenciar o nível e a qualidade da produção e também o poder de compra dos consumidores.

Nos últimos anos, o país passou de uma estabilização da inflação, mas com deficit fiscal e de comércio exterior, para um cenário atual em que há um deficit primário acentuado, dependência do mercado exportador para commodities (como a soja e o minério de ferro – conforme Tabela 1), aumento das importações (como mostra a Tabela 2) e consequentemente diminuição da credibilidade do governo perante os empresários, a população e o mercado internacional.

Tabela 1 – Comportamento das exportações brasileiras em 2014

	Valores em milhões de dólares	% 2014 / 2013	% participação
Exportação total	225.101	-7,0	100
Básicos	109.556	-3,1	48,7
Manufaturados	80.211	-13,7	35,6
Semimanufaturados	29.065	-4,8	12,9

Fonte: MDIC (2015)

O quadro apresentado na Tabela 1 tende a se intensificar nos próximos anos. As empresas, entidades de capital privado, para realizar exportações e importações, necessitam utilizar estratégias, nesse caso, de sobrevivência e manutenção de mercados, para continuar, de forma satisfatória, no mercado em que atuam. É responsabilidade do governo a boa aplicação de impostos em infraestrutura, saúde e educação, ou seja, investimentos de ordem social.

Tabela 2 – Comportamento das importações brasileiras em 2014

	Valores em milhões de dólares	% 2014 / 2013	% participação
Importação total	229.060	-4,5	100
Bens intermediários	102.975	-3,3	45,0
Bens de capital	47.715	-7,6	20,8
Bens de consumo	38.826	-5,2	17,0
Petróleo e combustível	39.545	-2,6	17,3

Fonte: MDIC (2015)

Até 2013, havia uma tendência de crescimento das importações, o que se reverteu em 2014 e torna mais preocupante a situação, pois denota um cenário de redução do consumo interno (nesse caso, de 5,2%) e de investimentos para a produção de outros bens (nesse caso, de 7,6%), até em razão da diminuição das exportações e do nível da produção doméstica.

Dessa forma, as situações apresentadas serão efetivamente e os problemas que as empresas deverão superar nos próximos anos no país.

> **Como você pode aplicar os conhecimentos deste trecho do livro na sua empresa?**
> - Levante dados e informações do setor econômico e compare com os da sua empresa. Analise a situação de sua empresa.
> - Analise como o fenômeno da desindustrialização afeta os negócios do setor econômico e da sua empresa.
> - Que ações podem ser realizadas preventivamente de forma a preparar a sua empresa para ambientes mais difíceis?

2.4. Recomendações para ambientes turbulentos e disruptivos

O.K. Dentro dessa perspectiva, vamos navegar conforme a maré e com as premissas do clássico planejamento estratégico empresarial. O grande problema dessa postura é ser mais um pedaço de madeira em alto-mar, à mercê das variáveis incontroláveis (segundo os profissionais de marketing mais tradicionais).

O termo "prevenção" tem sido mal utilizado pelos profissionais, pois significa "prever a ação". Significa que a empresa pode antecipar as suas ações a partir da previsibilidade das mudanças e das transformações das variáveis do ambiente de negócios em que está estabelecida e do comportamento dos seus *stakeholders*, mas não tem relação direta com a diminuição de investimentos. Prevenção deve significar olhar de outra forma os diferentes cenários apresentados, subvertendo a realidade próxima para tornar a decisão mais assertiva e recolocando os negócios da empresa num processo de crescimento sustentado.

Tome-se como exemplos as crises hídrica e energética por que passa o mundo e o país. Grande parte da responsabilidade, no país, é do governo federal, que, sem investir no que é necessário, vem, por exemplo, desmatando significativamente a floresta amazônica, fato que influencia o clima, incluindo a falta de chuvas em grande parte do território nacional. Outro ponto fundamental é a falta de investimentos na matriz energética, que depende exclusivamente da chamada energia suja, extremamente poluidora.

Conforme relatório da *Corporate Knights*, publicação que trata da responsabilidade social e do desenvolvimento sustentável, 85% das 100 empresas mais sustentáveis do mundo oferecem bônus aos seus executivos pelo atingimento de metas socioambientais. Todavia, muitas vezes, embora louváveis, ações como a recuperação de créditos de carbono, por exemplo, são empregadas muito mais para alavancar a imagem institucional e, talvez por isso, não cheguem a promover transformações na sociedade de forma mais ampla

No caso do Brasil, estamos vivendo sob a égide de um racionamento de água. Algumas empresas e cidadãos estão encarando a situação como uma oportunidade real, e não como uma ameaça. Ao mesmo tempo que procuram identificar gargalos na logística e na distribuição física, tentam encontrar formas de reciclar e praticar o consumo consciente da água, reduzindo os custos operacionais. Esse novo comportamento significa que parte do empresariado está pensando fora da "caixinha", delegando a si próprio a responsabilidade pelo sucesso ou pelo fracasso de seus negócios, e não às ditas chamadas variáveis incontroláveis.

Mas, muito embora o quadro geral não seja positivo, alguns nichos de mercado, como os de produtos saudáveis, colocam o país dentre os quatro maiores mercados mundiais de consumo no mundo. Com um crescimento de 25% ao ano, desde 2009, em detrimento dos 6% no mundo, esse nicho de mercado pode significar que grandes redes de varejo podem verticalizar as suas operações, rentabilizando de forma consistente o seu core *business*.

Por outro lado, essa mesma tendência de crescimento pode significar que agricultores podem aproveitar a oportunidade de mercado para direcionar parte de seus recursos e insumos produtivos para esse segmento de mercado e, posteriormente, iniciar suas atividades customizadas para o mercado internacional, por exemplo, os consórcios de exportação, pouco explorados no país.

Mas o aproveitamento de ambientes disruptivos como oportunidade de alavancamento dos negócios não acontece só no Brasil. A masstige, termo derivado da soma de *mass* mais *prestige*, é um tipo de estratégia que faz com que as malas Michael Kors sejam objeto de desejo de um público popular, mas que tem um produto de alto valor agregado a preços mais competitivos.

A estratégia genérica de crescimento de negócios, galgada na liderança de custos e de diferenciação, consiste na produção em massa na China, com segmentação em algumas variações na mesma linha de produtos. Com isso, consegue produtos diferenciados com uma base de custos que possibilita a economia de escala.

Já é hora de o Brasil ter uma indústria forte, com um produto final de alto valor agregado, mesmo que tenha de importar parte de seus insumos como ocorre com outros países melhor posicionados na economia global. Todas as economias consideradas desenvolvidas têm, por exemplo, uma indústria automobilística forte, no sentido de alavancar outros setores econômicos, como o de aço, vidro e combustíveis, fortalecendo o sistema financeiro do país.

Diante do exposto, pensando em Brasil, temos diversos fatores que influenciam positiva ou negativamente cada tipo de segmento de negócios. O importante é saber como interpretar a situação e os possíveis cenários e concluir de forma diferente, refletindo nas ações das empresas.

2.5. Em busca da produtividade necessária

Produtividade pode ser definida como a quantidade de produtos e serviços que um empregado pode produzir num determinado tempo e condições.

Deve ser uma procura constante das empresas e pode ser obtida a partir de seus colaboradores internos e externos, incluindo os fornecedores. Muito se pregou sobre a busca da produtividade voltada para os funcionários de uma empresa, em que se procurava o monitoramento de atividades perante processos definidos. Esse pensamento mecanicista permite que indústrias que produzem possam ter um referencial básico de quanto determinado grupo de funcionários contribui para a efetiva produção de determinado bem. Entretanto, o termo produtividade deve incorporar outras premissas.

A produtividade de um país pode ser resumida à soma das produtividades das empresas, contextualizada com as condições individuais, bem como daquelas propiciadas pelo governo. Comparativamente, a produtividade de um trabalhador norte-americano representa o resultado de quatro trabalhadores brasileiros. Vários são os fatores que contribuem para essa realidade, sendo uma delas a menor formação educacional do brasileiro e a menor intensidade de treinamento por parte das empresas. A formação acadêmica não deve estar relacionada à assimilação de teorias, mas sim às práticas que podem ser aplicadas no ambiente profissional, bem como às competências construídas pelos profissionais.

Em qualquer situação, o alcance da produtividade deve ser uma busca constante da empresa; o problema é que algumas somente percebem a sua real necessidade em tempos de crise.

Como você pode aplicar os conhecimentos deste trecho do livro na sua empresa?

- "Pensar de fora da caixinha" não é um processo fácil. Uma discussão com os principais envolvidos na gestão da empresa pode esclarecer pontos importantes dentro da empresa. *Brainstorming*!
- Mesmo que na opinião dos profissionais a empresa esteja em boas condições, discutam novos segmentos e formas de vender o produto.
- A busca pela excelência requer pensar e repensar. Portanto, efetue reuniões periódicas no sentido de manter a "chama acesa" sem, contudo, burocratizar o processo.

2.6 Estratégias de evolução no mercado

As empresas devem manter a sua posição competitiva. E, para isso, entendem que não podem permanecer com o mesmo volume de operações e negócios. O crescimento é uma das formas de se protegerem das ações dos concorrentes, bem como uma procura constante de uma sociedade capitalista. Crescer por crescer não é um objetivo inteligente se não for acompanhado de um bom planejamento, bem como de uma boa gestão.

Uma grande empresa especializada na produção de alimentos e que revendia refeições prontas resolveu aumentar a sua carteira de clientes, composta de grandes empresas. Para atender à demanda crescente, foi se comprometendo com uma série de grandes fornecedores que possuem estratégias financeiras diferentes, entre elas prazos de pagamento distintos. Como a empresa desejava aumentar o volume de vendas foi incorporando a sua carteira de clientes cada vez mais empresas; depois de certo tempo, percebeu que a gestão do fluxo de caixa estava ficando cada fez mais complexo, tendo de efetuar pagamentos diários em grandes volumes; o fato se agravou quando, por problemas econômicos, os clientes começaram a atrasar ou mesmo a efetuar pagamentos parciais de acordo com a disponibilidade de caixa. Com esse exemplo, para que as empresas consigam crescer de forma sustentável, deve ocorrer também o crescimento gradual das atividades e dos respectivos processos, bem como a boa gestão de recursos.

Figura 4 – Estratégias de crescimento de negócios.

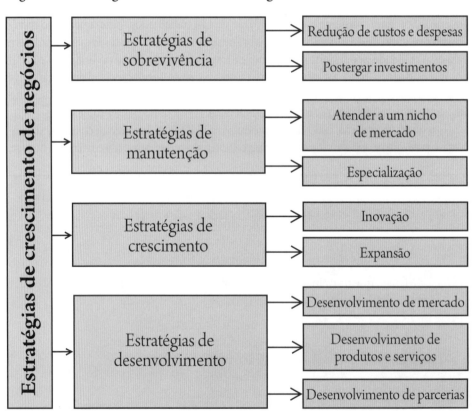

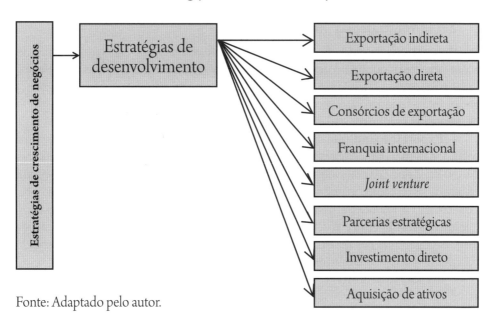

Fonte: Adaptado pelo autor.

Ansoff (1990) apresentou quatro grupos de estratégias: de sobrevivência, manutenção, crescimento e desenvolvimento, de acordo com os objetivos e a situação atual da empresa, contextualizada no ambiente de negócios em que ela está inserida. A priori, ambientes turbulentos conduzem as empresas a utilizar as estratégias de sobrevivência e manutenção. Entretanto, se a empresa possuir uma participação equilibrada no mercado e boa gestão de recursos, pode preparar as estratégias de crescimento e desenvolvimento.

Conforme Mintzberg, Ahlstrand e Lampel (2010), o posicionamento estratégico representa a formulação estratégica de posições genéricas dentro de um mercado competitivo. Por vezes, pode ser considerado algo abstrato, que nem sempre é realmente percebido pelo mercado consumidor. Em outras palavras, pode-se afirmar que os consumidores têm percepções distintas que podem ser hierarquizadas dentro de preferências identificáveis. Portanto, quando o objetivo é a maior participação no mercado, as estratégias de marketing devem acompanhar de forma que o mercado reconheça igual qualidade.

De acordo com Daldauf, Cravens e Binder (2003), marca é um dos fatores críticos de sucesso da empresa, pois pode representar uma parte de sua vantagem competitiva; já de acordo com Wood (2000), as marcas representam o principal ponto de diferenciação da oferta de produtos e serviços das empresas. O consumidor adquire produtos e serviços mediante uma promessa de satisfação, que será concretizada após o respectivo consumo. Marca é um contrato tácito da empresa com o consumidor final. Por meio desta, o consumidor reconhece os atributos representativos, racionais e emocionais que conduzem ao processo decisório de comprar ou não.

A empresa deve se preocupar com seu posicionamento estratégico e suas estratégias de marcas. Nem sempre as estratégias adotadas pelas empresas são percebidas de forma similar aos propostos pela empresa. Programas de promoção de vendas mais acentuadas, métodos de vendas mais agressivas, bem como um telemarketing equivocado, por exemplo, podem alterar a percepção de qualidade dos clientes.

2.6.1. As estratégias internacionais

Estratégias de entrada e operação em mercados internacionais são agrupamentos de ações estratégicas que foram desenvolvidas e que, de alguma forma, foram testadas e aprovadas pelas empresas adotantes. Uma das opções para o crescimento e a evolução de negócios está relacionada à expansão internacional. Kuazaqui (2007) categorias um grupo de estratégias a serem utilizadas individualmente ou em grupo:

- **Exportação indireta.** É quando a empresa delega a responsabilidade dos processos operacionais para outra empresa. Não existe delegação na parte comercial. É a terceirização, que no Brasil pode ser realizada pela comercial importadora e exportadora e *trading company*. As atividades de comércio exterior necessitam de pessoal especializado e conhecimentos específicos e só se justifica a implantação de um departamento se houver volume e frequência que justifiquem os custos e as despesas adicionais. Caso contrário, operações esporádicas podem ser conduzidas por terceiros, mediante comissionamento. É a estratégia recomendada para as empresas que desejam iniciar suas operações nos mercados internacionais.

- **Exportação direta.** Em boa parte das empresas que atuam em comércio exterior, as atividades foram desenvolvidas a partir do departamento financeiro e, depois de obtidas as condições essenciais, foi implantada uma área de comércio exterior. A exportação direta significa que a empresa assume toda a responsabilidade do processo de exportação: pesquisa, prospecção de clientes, contato, negociação, vendas, processos, logística e pagamento. Dependendo da frequência e da intensidade das operações, as experiências das atividades exportadoras da empresa podem conduzir a outras estratégias de internacionalização, como a entrada da própria empresa no ambiente internacional. É uma das estratégias internacionais mais utilizadas pelas empresas brasileiras, considerando o a quantidade de negócios.

- **Consórcios de exportação.** Em muitos casos, algumas empresas, geralmente de pequeno porte, não tem poder de barganha junto aos fornecedores de matéria-prima e serviços, canal de distribuição e clientes. Então, se unem para aproveitar uma oportunidade de comercialização de produtos em grupo, formando uma terceira empresa. Existem diversos exemplos de consórcios de exportação no Brasil e no mundo, derivando de roupas até móveis e frangos.

- **Franquias internacionais.** É uma das formas mais tradicionais de expansão internacional, em que o franqueador delega ao franqueado a inserção de sua marca e seus produtos em território internacional. Cabe ao franqueado assumir os custos e as despesas de implantação, bem como a parceria quanto à comercialização local. Existem vários exemplos, como a rede hoteleira Hilton e a Coca-Cola.

- **Joint ventures.** Quando duas empresas do mesmo setor econômico, mas de países diferentes, se unem para ganhar força e poder de barganha em todos os sentidos. Geralmente na junção se otimizam os processos, de forma a ter melhor sinergia e maior produtividade. Petrobras, Ambev.

- **Mergers.** Parceria estratégica de empresas de setores econômicos diferentes, no sentido de aproveitar oportunidades de negócios.

- **Aquisições.** Situação em que a empresa prefere a compra de ativos, representados por uma fábrica, loja e tudo aquilo que franqueie a sua entrada em outro país. Essa aquisição leva em consideração, além das instalações físicas, os processos, a estrutura orgânica e principalmente a carteira de clientes e a respectiva participação de mercado. O grupo Santander adquiriu as operações e as filiais do Banco do Estado de São Paulo (Banespa) no sentido de acelerar o seu fortalecimento e o seu crescimento no país.

- **Investimento direto.** Trata de quando a empresa investe diretamente recursos econômicos e financeiros em outro país. Pode ser uma participação acionária, a abertura de uma empresa, entre outros.

As estratégias de internacionalização podem ser utilizadas individualmente ou em grupo. Em 1979 a rede McDonald's entrou no mercado brasileiro utilizando a estratégia de investimento direto, em que a empresa pôde sentir de forma mais próxima o mercado, suas facilidades e dificuldades. Posteriormente, utilizou a estratégia de *joint venture* com a Restco Comércio de Alimentos Ltda, no sentido de expandir no novo mercado com solidez; posteriormente, utilizou a estratégia de franquias internacionais, para acelerar o seu crescimento, criando vantagem sobre os seus concorrentes.

Embora as estratégias já sejam consolidadas, não significa dizer que devem ser seguidas à risca, pois cada uma delas foi utilizada por empresas em situações e cenários distintos, e dentro de um contexto estratégico.

2.7 Internacionalização com responsabilidade econômica e social

A internacionalização com responsabilidade envolve duas partes: a primeira se refere ao fato de que a internacionalização envolve uma responsabilidade econômica e social que nem todas as empresas possuem. Dessa forma, os processos de exportação, por exemplo, envolvem um planejamento estratégico de longo prazo acompanhado de necessidades de capital. Por outro lado, as empresas, como visto anteriormente, possuem responsabilidades sociais derivadas de sua força de trabalho, dos impostos gerados e dos compromissos com os demais *stakeholders*. Crescer também envolve o consumo de matéria-prima, mudança do ambiente em que a empresa está inserida e os demais impactos que devem ser avaliados nos processos de internacionalização.

A tapioca está enquadrada dentro da economia criativa e é considerada um produto saudável, por não conter glúten nem ser geneticamente modificada. A Casa Manú tem como projeto a exportação de sachês individuais destinados inicialmente aos brasileiros no exterior, em países como EUA e Japão. Com esse exemplo, percebe-se que a internacionalização contribui para a economia e a sociedade.

Empresas devem procurar obter melhoria na utilização de seus recursos, seja pelas boas práticas de gestão, seja pela procura de países com custos mais baixos e oportunidades de negócios. Países para se destacar mundialmente necessitam de que suas competências essenciais sejam devidamente identificadas e aproveitadas.

A China e a Índia, até pelas suas dimensões continentais, possuem mão de obra barata e extensiva, que proporciona baixos custos de produção, refletindo no produto que é exportado. Ao contrário do Brasil, a China, por meio de controles voltados ao câmbio e a políticas diferenciadas de produção e consumo, não passou pelo doloroso processo de desindustrialização, mantendo a sua posição competitiva comercial internacional.

Problemas com a produção sem ofender o meio ambiente, a existência de uma matriz de energia limpa, uma gestão de recursos não renováveis e o consumo consciente não criam as competências essenciais, mas mantêm diferenciais competitivos interessantes dentro do cenário internacional. E contribuem para o bem-estar da sociedade em geral.

Não existe resultado social sem o resultado econômico. Na sociedade contemporânea, empresas devem existir de forma a atender a necessidades de pessoas e empresas, gerar e democratizar recursos por meio de empregos formais, geração de impostos que são revertidos para a infraestrutura benéfica a todos. Preservar a sustentabilidade das empresas dentro de práticas que não agridam o meio ambiente é a melhor forma de praticar a responsabilidade social. A internacionalização, em especial os processos de exportação, trazem contribuições significativas para os países de origem, uma vez que garantem empregos e impostos pela comercialização de bens produzidos no país. Nenhum país é autossuficiente, portanto a importação é uma situação normal, desde que não envolva de forma desequilibrada o consumo de produtos manufaturados, uma vez que influenciam negativamente a produção interna.

É de responsabilidade do nível público a aplicação de políticas de comércio exterior que garantam que as exportações superem as importações, de forma a gerar o superavit. E é de responsabilidade das empresas a postura empreendedora, criativa e inovadora em negócios internacionais.

Ampliando a discussão, a empresa para obter o crescimento sustentado, doméstico e internacional, deve efetuar a gestão da reputação. Conforme Srour (2003, p. 50), "as decisões empresariais não são inócuas, anódinas ou isentas de consequências: carregam um enorme poder de irradiação pelos efeitos que provocam". A empresa não está isolada no ambiente de negócios, tendo uma grande interdependência entre os *stakeholders* com os quais mantém certo nível de relacionamento. Sua presença, seu desaparecimento ou seu crescimento trazem consequências e impactos junto aos colaboradores internos e externos, fornecedores de matéria-prima e de serviços, mercado e comunidade; por outro lado, a sua presença é reconhecida e percebida de formas diferentes, a partir das decisões e ações efetuadas.

A gestão da reputação pressupõe que a empresa deve identificar, manter e aprimorar a sua imagem corporativa, de forma a obter a aprovação favorável e espontânea de seus diferentes públicos de interesse. Essa imagem favorável parte de preceitos básicos, como o atendimento de suas responsabilidades legais e sociais, bem como de outras práticas que visem ao bem-estar dos envolvidos. Empresas devem garantir a transparência de suas ações, que demonstrem a moral e a ética nelas inseridas.

As ferramentas de relações públicas podem fortalecer e diferenciar a empresa.

2.7.1 Diferenças culturais como meio de integração internacional

McDaniel e Gitman (2011; p. 167-168) afirmam que "em virtude de diferenças culturais as pessoas reagem a situações similares de modo muito diferente". Para atuar em mercados internacionais, a empresa deve entender, pois é a principal premissa do marketing, que nem todos são iguais e podem se diferenciar quanto às suas necessidades, desejos, problemas, comportamentos e posturas. Um dos principais problemas enfrentados pelas empresas em processos de internacionalização é simplesmente estender suas crenças, valores e comportamentos aos negócios internacionais, partindo da premissa de que o mercado internacional é homogêneo.

> **Como você pode aplicar os conhecimentos deste trecho do livro na sua empresa?**
> - Efetue o diagnóstico empresarial, utilizando ferramentas como a Matriz SWOT e o Grupo Estratégico (GE).
> - Efetue a previsão de vendas, metas e objetivos de sua empresa.
> - Identifique a categoria de estratégia mais adequada para a situação de sua empresa.
> - Simule os possíveis cenários a partir das ações a serem implementadas.

2.7.2 Recomendações para o crescimento e o desenvolvimento de negócios

Longe de ter uma solução definitiva para a atual situação, é imprescindível que o governo faça o mínimo necessário, com uma visão mais focada de mercado: melhora da infraestrutura, menor intervenção no consumo e nos investimentos internos. A economia não é resultado direto da atuação do governo, mas das empresas, e, portanto, não se pode impor barreiras que tornem o dinheiro para o consumo e os investimentos mais caros ou escassos. Do lado da iniciativa privada, inúmeras são as possibilidades de manter o diferencial e a vantagem competitiva. Clayton Christensen, professor da Harvard, defende a ideia da inovação disruptiva (1997), no sentido de melhor disponibilizar produtos e serviços, a partir da aceitação do consumidor. São exemplos pontuais: a evolução do computador empresarial para o laptop pessoal; do pager para o celular; do livro para o *e-book*; do DVD para o *on demand*, o cinema e a tevê. Na atualidade, dificilmente teremos grandes transformações de um produto para outro, mas há nichos de mercado que dependem de nova interpretação e pensar das empresas. Outro ponto importante é que o consumidor não tem a necessidade de novas versões do mesmo produto, mas de soluções para problemas ainda não identificados.

2.8. Repensar como fazer a segmentação de mercado com qualidade

O marketing trata de atender a necessidades e desejos específicos de grupos de consumidores. A segmentação de mercado é uma das estratégias mais importantes e desafiadoras de uma empresa. As empresas podem utilizar as estratégias de marketing diferenciado e concentrado, no sentido de atender pontualmente às particularidades do mercado. O oposto é o marketing indiferenciado, em que as empresas não segmentam o mercado e oferecem o mesmo mix ao mercado. Com a segmentação, a empresa pode oferecer um produto de acordo com as expectativas dos consumidores com suas estratégias de marketing ajustadas.

Um dos grandes desafios dos profissionais de marketing é identificar novas formas de segmentar o mercado. Num primeiro momento, podem segmentar a partir de variáveis incontroláveis, como as econômicas, as geográficas e as demográficas, por exemplo. Outras variáveis, como as culturais, as sociais e as psicográficas são mais difíceis de serem avaliadas, pois tratam de aspectos que nem sempre podem ser identificados e medidos com precisão.

O profissional de marketing deve ver de forma diferente o seu consumidor. Além das formas tradicionais de segmentação de mercado, o consumidor pode ser analisado e agrupado por diferenças afins. O mercado single é constituído por pessoas que vivem sozinhas, por diferentes razões, e as pequenas porções de alimentos em supermercados prestam a atender a essa demanda. Esses produtos também atendem à chamada classe emergente, pelo volume e pelo preço. Prahalad (2005, p. 35-36) afirma que "os elementos básicos da economia de mercado da BP são embalagens de poucas unidas, pequena margem por unidade, grande volume e alto retorno o capital empregado". Esse autor denomina base da pirâmide o segmento de baixa renda.

Redes hoteleiras oferecem serviços diferenciados a recém-casados, bem como suas academias atendem a hóspedes que se preocupam com a saúde, bem como das comidas do "café de manhã".

Formas de olhar diferente o mercado:

• Complementando essa ideia, Renée Mauborgne e W. Chan Kim defendem a ideia do Oceano Azul, que consiste em atuar em segmentos consistentes e sem concorrentes imediatos. Essa identificação de nicho faz com que as empresas busquem detectar outras formas de atender às necessidades do mercado consumidor. Esse conceito, geralmente, está relacionado à tecnologia, mas podemos relacioná-lo também ao exemplo de produtos saudáveis. Ainda existe certa divergência de opiniões a respeito desse segmento de mercado, mas os autores consideram aqueles produzidos sob determinadas condições controladas, sem a adição de agrotóxicos nem a presença de transgênicos. Com essas condições iniciais, temos uma diminuta oferta de produtores que podem até utilizar como slogan "Remédio se compra na feira", frase escutada pelo autor numa feira livre em São Paulo.

• Por outro lado, a estratégia da Cauda Longa, defendida por Chris Anderson, preconiza que pequenos nichos de mercado podem ser atendidos a partir do ambiente virtual, em contraposição aos espaços disponibilizados pelas marcas de maior apelo comercial nos pontos físico de vendas. Exemplos como a venda de cosméticos pela internet, antes dominada somente por gigantes como a Sephora, abre oportunidades para que marcas menos expressivas, mas de qualidade, possam ser oferecidas pelo mercado. E isso também ocorre com produtos de outros segmentos, como o erótico e smartphones (do site da chinesa Xiaomi).

Contextualizando, em relação ao comércio exterior, temos uma dependência histórica dos Estados Unidos, da Argentina e da China, principalmente no que se refere a produtos básicos. Manter esses mercados é bastante importante, porém descobrir outros é fundamental para modificar a consistência da balança comercial brasileira. Os mercados citados são os mais visados pelos concorrentes internacionais, o que diminui o nosso poder de barganha e de negociação de preços, em vez de qualidade. Nesse aspecto, as empresas brasileiras devem procurar melhorar a qualidade de seus produtos ou identificar nichos de mercado que possam representar menor valor, mas contribuir com maior frequência, melhorando os resultados dos negócios brasileiros.

Pensando dessa forma, outros países podem oferecer oportunidades de mercado em demandas ainda não atendidas pelas empresas. Nesse caso, a demanda pode parecer não existir num primeiro momento, mas isso ocorre somente em virtude da falta da oferta. Em viagens por países considerados emergentes e até desenvolvidos, observamos a ausência de produtos, que, portanto, poderiam ser inseridos nas estratégias de desenvolvimento de negócios. Por outro lado, não temos ainda uma indústria forte que possua uma estrutura homogênea e que se comunique entre si. À exceção da cidade de Franca, em São Paulo, e do estado do Rio Grande do Sul, clusterizados no setor de calçados, são poucos os setores que se articulam de forma a obter o melhor desempenho operacional.

Outro ponto fundamental é a tendência das empresas de categorizar ao extremo os seus clientes em bases definidas de segmentação de mercado. Ariely (2008) afirma que os comportamentos são irracionais e aleatórios. Essa afirmação torna mais complexo o processo de segmentar e fazer as estratégias acontecerem. Completar.

2.8.1. Desempregados como oportunidades de negócios

Conforme a Organização Internacional do Trabalho (OIT), existem mais de 200 milhões de desempregados no mundo, dos quais 13% têm entre 15 e 24 anos. As razões globais se referem ao avanço das novas tecnologias, à diminuição dos postos de trabalho, à permanência maior no emprego e ao envelhecimento da população. Considera-se desempregado aquele que não está exercendo atividade formal remunerada e consequentemente sem os benefícios trabalhistas legais.

Conforme análise preliminar de marketing, o desemprego pode ser considerado uma ameaça, pois parte do pressuposto de que existe a diminuição de renda e poder aquisitivo. Entretanto, descartando a hipótese de desemprego estrutural, defendido por Rifkin (1995), em que o ambiente favorece a diminuição gradativa de postos de trabalho e a estagflação, essa situação pode ser considerada provisória, pois em algum momento o indivíduo terá a possibilidade de ter uma atividade formal remunerada. Dessa forma, pode-se tratar de um segmento que inicialmente pode ter pouca atratividade comercial presente, mas pode trazer retornos comerciais futuros.

Esses desempregados podem ser divididos em duas categorias: aqueles que perderam (ou se desligaram) o emprego e aqueles que nunca trabalharam. Todos possuem as necessidades básicas de alimentação, saúde, educação e segurança, que devem ser satisfeitas de alguma forma.

A premissa é manter, caso haja a participação de consumidores desempregados (que perderam o emprego) na carteira de clientes da empresa, na possibilidade de negociação entre as partes, fato este que já ocorre em alguns tipos de negócio, como faculdades que estão até utilizando financiamentos bancários especiais para seus alunos. Essa manutenção da carteira de clientes deve envolver aqueles que a empresa acredita ter a capacidade de pagamento futuro, sendo importante a detecção antecipada, pois alguns podem deixar de ser cliente pela perda da remuneração.

Essa perda de remuneração pode levar o consumidor a uma postura defensiva no sentido de diminuir suas despesas, mesmo aquelas que são necessárias. Esse consumidor hierarquiza seus gastos, privilegiando os mais necessários – como alimentação e remédios –, em detrimentos dos bens duráveis e da diversão, por exemplo.

A empresa, além do prolongamento do pagamento, pode oferecer uma série de serviços que podem fidelizar o cliente e, ao mesmo tempo, manter uma imagem positiva perante a sociedade. Algumas empresas oferecem cursos de reciclagem e recolocação profissional aos seus ex-funcionários, bem como a manutenção de direitos por um período mais prolongado. Institutos de ensino superior podem fornecer aos seus alunos uma maior exposição, por meio de programas de relacionamento com empresas, da mesma forma que qualquer empresa pode fornecer eventos e similares no sentido de manter a imagem institucional.

Considerando a premissa de que a empresa deve buscar a excelência de seus produtos e serviços a partir do atendimento por meio da estratégia do marketing diferenciado, ela deve procurar a sinergia de processos no sentido de diminuir os custos e as despesas, tornando viável as estratégias a serem propostas. Alguns segmentos, como a do mercado single, bem como da base da pirâmide, podem propiciar os ganhos de escala necessários.

2.8.2. A economia colaborativa como modelo de gestão

A economia colaborativa pode estar presente em todas as fases do negócio, desde a aquisição de matéria-prima até a venda final do produto e serviços. Alguns meios de hospedagem, bem como restaurantes, perceberam essa oportunidade de reduzir custos e melhorar os resultados individuais. Em empresas de algumas cidades, como Águas de São Pedro, em experiências vivenciadas pelo autor deste capítulo, perceberam que utilizavam as mesmas matérias-primas, como arroz, feijão e óleo, e as compras eram efetuadas individualmente e somente quando necessárias; por meio das compras compartilhadas, o volume de compras aumentou e consequentemente o poder de barganha dos compradores, reduzindo custos e aumentando a margem de rentabilidade.

A mesma estratégia se percebe na região, onde alguns meios de hospedagem não oferecem refeições em seus estabelecimentos, pois a manutenção de uma cozinha industrial é muito dispendiosa em detrimento do volume de turistas sazonais e concorrência acirrada de restaurantes. Para fidelizar o hóspede, alguns meios de hospedagem da região se prestam a solicitar, buscar e entregar no quarto do hóspede a refeição adquirida em qualquer restaurante local.

O compartilhamento de refeições pode ser uma forma de vivenciar experiências que podem ser opção para aqueles que desejam comercializar de forma diferente seus produtos e serviços gastronômicos, bem como daqueles consumidores que desejam ter uma opção de entretenimento. Pode ser oferecido por um local, como um restaurante, ou meio de hospitalidade, em que o consumidor pode escolher uma mesa e compartilhar a refeição, sem nenhuma outra responsabilidade, além da convivência momentânea e pagar a conta; por outro lado, sites como o MealSharing podem oferecer oportunidades de relacionamentos múltiplos, derivando do perfil dos participantes e também de experiências culturais significativas.

Outra forma de compartilhamento pode se estender também para a produção da própria refeição, em que parte do grupo de clientes finais pode "fazer parte" do processo de produção da comida. Esse modelo de negócio ainda enfrenta restrições comportamentais, em razão da falta de segurança, hábito e padrões comportamentais de alguns que rejeitam a ideia de compartilhar com um estranho o momento único da refeição.

2.9.3. A economia criativa como modelo de negócio

O termo economia criativa foi popularizado por John Howkins em 2001 e, segundo o autor, movimentou mundialmente em torno de US$ 2,2 trilhões de dólares em 2000. Conforme a Unesco (2013), o termo "indústrias criativas" é constituído por um conjunto produtivo que inclui bens e serviços produzidos pelas "indústrias culturais" e que favorecem a criatividade e a inovação regional. É complexo achar uma definição para cultura.

Cultura é sociedade. Sociedade é cultura. Dentro de uma sociedade, a cultura pode representar uma série de manifestações que podem gerar trabalho e renda, e mesmo se tornar uma indústria cultural. Músicos de rua, artistas e participantes de feiras, por exemplo, proporcionam representações culturais e trazem muitas vezes inovações criativas que podem ser a base de novos negócios, produtos e serviços.

Negri e Cuoco (2006) afirmam que o capitalismo globalizado torna tangíveis os aspectos intelectuais e criativos da cultura, gerando valor no que é incorporado aos produtos e serviços finais.

O bem cultural necessariamente não precisa ser comercializado, e sim democratizado; entretanto, nem sempre é possível que determinados aspectos culturais sejam conhecidos e utilizados sem uma base econômica que possibilite seu resguardo e uso. A cidade velha de Porto Velho é conhecida como atrativo transformado, pelas ações do governo e pela iniciativa privada, porém povos aborígines também preservam aspectos históricos sem que, contudo, boa parte da população os conheça.

Dessa forma, a indústria da cultura pode convergir para aspectos financeiros e econômicos, considerando este último como aqueles relacionados à renda que possibilita o sustento da população. Genericamente e ampliando os conceitos, populações podem ser então categorizadas de acordo com as suas características econômicas e sociais, por exemplo, os desenvolvidos e os emergentes.

As economias mais ricas detêm o poder econômico e os insumos de produção e comercialização, enquanto os emergentes possuem deficiências estruturais que limitam sua performance no mercado interno e internacional, ocasionando então um desequilíbrio entre economias menos favorecidas em relação às mais favorecidas. Um bom filme independente que retrata de forma romanceada esta situação é Quem quer ser um milionário?, cujo conteúdo é um ponto de vista norte-americano sobre o mercado indiano.

O Brasil é um país rico em relação à sua diversidade cultural e extensão continental. Da música e revistas de cordel no Nordeste ao Mercadão na cidade de São Paulo, a quantidade de opções geram pequenos negócios que representam uma parcela significativa da economia doméstica e internacional, uma vez que envolvem a representação cultural e a exportação de produtos como artesanato, alimentos e bebidas, música, filmes, revistas, entre outros. Conforme Cribari (2009, p. 371) afirma, o cultivo da terra se transformou no cultivo da mente, mesclando valor econômico às manifestações sociais e ao simbólico.

O aproveitamento das oportunidades de negócios conduz ao desenvolvimento regional e à expansão da economia e da sociedade. Dessa forma, envolve uma série de benefícios e responsabilidades, como a propriedade intelectual e a profissionalização de atividades. Por essas razões, além de outras, é que entidades internacionais estão envolvidas na pesquisa, no estudo e em deliberações que visam compreender a magnitude do fenômeno da economia criativa e seus desdobramentos, principalmente sociais.

Entidades como a United Nations Education, Science and Culture Organization (Unesco), a Conferência das Nações Unidas sobre o Comércio e Desenvolvimento (UNCTAD), a Organização Internacional do Trabalho (OIT) e o Programa das Nações Unidas para o Desenvolvimento (PNUD), entre outros, que fazem parte do Sistema das Nações Unidas contribuem significativamente para mapear e compreender a magnitude de pequenos negócios que sustentam grande parcela da economia mundial e a difusão dos aspectos culturais de cada país.

Nem sempre o aproveitamento dos aspectos culturais se torna uma premissa de desenvolvimento sustentável. Por se tratar de aspectos culturais, nem sempre organizados de forma a contribuir com mais significância com a sociedade. Um exemplo de organização que envolve principalmente a iniciativa pública é o evento do carnaval, em que a movimentação é gerada a partir de estímulos externos governamentais.

Uma das formas com que os governos e as empresas podem aproveitar essa nova forma de segmentar os negócios é por meio de atividades turísticas e de seus respectivos negócios e serviços derivados. A cidade de Nossa Senhora Aparecida é reconhecida mundialmente como um reduto religioso na qual se desdobram os meios de hospitalidade, os meios de alimentação, o artesanato, os santinhos, além dos atrativos naturais que servem como benefício adicional aos que lá visitam.

Em outras palavras, a economia criativa é uma das maiores expressões culturais que uma sociedade pode gerar. E para sua melhor democratização é necessária a sua organização e sua formalização, no sentido de que a iniciativa privada possa transformar sonhos e cultura em bens e serviços econômicos.

2.9. Considerações finais

O enfrentamento dos cenários poucos otimistas na economia nacional e internacional vai depender da forma como as pessoas e os profissionais interpretam tal situação. De um lado, o "prever a ação" pode significar uma diminuição das atividades das empresas, o que na prática representa uma redução no consumo de toda a cadeia e sistema de valores do ambiente de negócios empresarial. Economizar é bom, mas investir pode ser melhor, pois as empresas podem identificar oportunidades, dando nova interpretação ao mercado e, por que não dizer, à própria empresa.

A situação favorece a ideia de que as empresas vão arriscar menos, e esse arriscar menos pode significar reduzir custos ou despesas ou utilizar melhor seus recursos e insumos de forma a obter valores que representarão investimentos no negócio, como no exemplo das práticas sustentáveis relativas à utilização da água.

Quando o cenário é positivo, todos tendem a produzir e consumir sem grande controle, o que pode levar a desperdícios de ambos os lados – empresa e consumidor. Por outro lado, em tempos de crise, é possível mudar comportamentos e hábitos de consumo, de forma a melhorar o estilo de vida. Essa forma de pensar indica que as empresas devem incorporar ao seu planejamento estratégico o desafio ao ambiente, a seus concorrentes, seus *stakeholders* e principalmente às suas próprias competências gerenciais. Mais do que traçar objetivos e metas a serem seguidas, o planejamento estratégico deve incitar a empresa a perseguir de forma exaustiva os seus desafios.

No capítulo 2 destaca-se a necessidade de as empresas terem estruturas enxutas e dimensionadas de acordo com as possibilidades de negócios. Neste capítulo, ressalta-se a importância de a empresa estar inserida em países de baixo custo, onde as competências essenciais das empresas podem ser melhor aproveitadas a partir de uma boa gestão de recursos.

Dessa forma, o planejamento estratégico deixa de ser um processo burocrático, para ser um elemento de transformação, ou seja, de transformar a ação, que deve ser resultado de uma interpretação subvertida daquilo que entendemos ser o correto, mas de criar novas estruturas e formas de pensar e agir, a partir das diferentes disrupturas do ambiente.

Com isso, propõe-se uma nova visão dos fatores críticos de sucesso de uma empresa, incorporando a necessidade de estas adotarem uma visão mais ampliada de seu mercado, de seus propósitos e de suas *core competences*. Deve haver o aproveitamento das oportunidades a partir de cenários incertos, a transformação de ameaças em oportunidades, sem a dependência do governo. Enfim, este artigo defende a ideia da economia de mercado, do empreendedorismo, da inovação disruptiva e da independência da iniciativa privada. A inovação reside em novas formas de interpretar, pensar e agir.

Pontos de reflexão

As redes sociais fazem parte do cotidiano da maioria das pessoas no mundo. É um meio de comunicação virtual que proporciona uma integração de tribos por meio da exposição individual espontânea de seus participantes. Cada um disponibiliza materiais que julgar interessante e relevante, e outros participantes opinam e acrescentam. Cientes da importância desse meio, as empresas têm se inserido nas redes, de forma a fazer parte e participar do processo colaborativo. Como se trata de um fenômeno relativamente recente, dinâmico e complexo, as empresas têm tentando e aprendido com seus erros e acertos. Com base no exposto, com as empresas podem explorar da melhor maneira possível as oportunidades que as redes sociais oferecem?

Estudo de caso

A Benjamin Abrahão é uma pequena rede de padarias localizada na cidade de São Paulo. Tendo à frente o fundador, que deu o nome à empresa, tem grande representatividade no mercado regional, em virtude da tradição e da qualidade dos produtos comercializados. É atuante desde 1940. A rede foi adquirida em 2015 por Abilio Diniz e Jorge Paulo Lehman, que pretendem expandir a rede por meio de franquias. O modelo de negócios se resume a lojas compactas com o posicionamento de "padarias de antigamente", sustentado pela seleção de matéria-prima e atendimento.

A área de alimentação é um dos setores econômicos que apresenta o menor risco aos investidores em grandes centros urbanos, seja pelo hábito das pessoas de se alimentar fora do lar, seja pela praticidade necessária nos dias de hoje. Historicamente, as padarias oferecem essencialmente pães, salgados e derivados, mas com a grande penetração dos supermercados, até na produção e na comercialização de pães, tiveram de alterar o portfólio, ampliando o modelo de negócios para um modelo híbrido com os serviços de um restaurante e loja de conveniência.

Fato similar ocorreu com as farmácias, que tiveram de ampliar o seu portfólio de produtos e serviços em decorrência da necessidade de enfrentamento da concorrência direta e indireta em relação aos produtos complementares.

(Este estudo de caso foi desenvolvido a partir das experiências do autor, bem como da reportagem do jornal O Estado de S. Paulo.)

Questões

1. Que categoria de estratégias a nova empresa está adotando?
2. Explique como a empresa original conseguiu o posicionamento e como este pode sustentar os negócios do novo modelo de negócios?
3. Que oportunidades e ameaças esse novo modelo de negócios terá de aproveitar / enfrentar?
4. Que segmento de mercado a empresa pretende atingir?
5. Que portfólio de produtos e serviços, além dos essenciais, podem ser utilizados nesse novo modelo de negócios?

Questões para reflexão

1. Como a empresa pode se preparar para futuros ambientes turbulentos e com grandes desafios?
2. Como o empreendedorismo e a criatividade podem ser incorporadas na empresa?
3. Como o empreendedorismo e a criatividade resultam em inovação?
4. Como as empresas podem divulgar a responsabilidade social e ambiental nos seus programas de marketing sem correr o risco de serem consideradas meras formas de manter sua imagem favorável no mercado?
5. Diferencie as estratégias de sobrevivência, manutenção, crescimento e desenvolvimento de negócios. Apresente um exemplo para cada categoria de estratégia, além daqueles citados no capítulo.
6. Que outras formas a empresa pode utilizar a economia colaborativa em seus negócios?
7. Que lições podem ser apreendidas a partir da teoria do Oceano Azul?
8. Apresente exemplos da aplicação da teoria da Cauda Longa. Qual é a relação com a segmentação de mercado?
9. Que critérios a empresa deve considerar ao selecionar as estratégias de internacionalização?
10. Que desafios, ameaças e oportunidades as empresas têm em ambiente globalizados?

REFERÊNCIAS

ANSOFF, H. Igor. *A nova estratégia empresarial*. São Paulo: Atlas, 1990.

ARIELY, Dan. *Previsivelmente irracional. Como as situações do dia-a-dia influenciam as nossa decisões*. Rio de Janeiro: Campus/Elsevier, 2008.

CRIBARI, Isabela (Org.); REIS, Ana Carla Fonseca; DÓRIA, Carlos Alberto; LINS, Cristina; MIRANDA, Danilo; BARBOSA, Frederico; CRIABARI, Isabela; GALARD, Jean; DURAND, José Carlos; VALIATI, Leandro; MAGALHÃES, Liliana; PRESTES FILHO, Luiz Carlos; BARACHO, Maria Amarante Pastor; GETINO, Octávio; MIGUEZ, Paulo; RADDI, Rafael; LEITÃO, Sérgio Sá; FLORISSI, Stefano. *Economia da cultura*. Recife: Fundação Joaquim Nabuco, 2009.

CORPORATE KNIGHTS. Disponível em: <http://www.corporateknights.com/reports/global-100/>. Acesso em: 30 dez. 2015.

DALDAUF, Artur; CRAVENS, Karen S.; BINDER, Gudrun. *Performance consequences of brand equity management: evidence from orgazations in the value chain*. Journal of Product & Brand Manangement. v. 12, n. 4, 2003, p. 220-236.

GEUS, Arie de. *A empresa viva*. São Paulo: Publifolha, 1999.

IPSOS PUBLIC AFFAIRS. Disponível em: <http://www.ipsos.com.br/>. Acesso em: 16 nov. 2015.

KUAZAQUI, Edmir. *Marketing internacional: desenvolvendo conhecimentos e competências em cenários globais*. São Paulo: M. Books, 2007.

NEGRI, Antonio; CUOCO, Giuseppe. *O monstro e o poeta*. Folha de S.Paulo, 3 mar. 2006. Tendências e Debates.

McDANIEL, Carl; GITMAN, Lawrence J. *O futuro dos negócios*. São Paulo: Cengage, 2011.

MINTZBERG, Henry; AHLSTRAND, Bruce; LAMPEL, Joseph. *Safári de estratégia*. Porto Alegre: Bookman, 2010.

MUNDO ESTRANHO. *Cafezinho da trincheira*. São Paulo: Abril, Ed. 176-A, 2015.

O ESTADO DE S. PAULO. *Abílio e Lemann dão o primeiro passo para criar rede nacional de padarias*. E & N Economia e Negócios, p. B1, 4 jan. 2016.

OLIVEIRA, José Antonio Puppim. *Empresas na sociedade. Sustentabilidade e responsabilidade social*. Rio de janeiro: Elsevier, 2008.

PRAHALAD, C.K. *A riqueza na base da pirâmide. Como erradicar a pobreza com o lucro*. Porto Alegre: Bookman, 2005.

RIFKIN, Jeremy. *O fim dos empregos. O declínio inevitável dos níveis dos empregos e a redução da força global de trabalho*. São Paulo: Makron, 1995.

SROUR, Robert Henry. *Ética empresarial. A gestão da reputação. Posturas responsáveis nos negócios, na política e nas relações pessoais*. 2. ed. Rio de Janeiro: Campus, 2003.

UNITED NATIONS EDUCATION, SCIENCE AND CULTURE ORGANIZATION (UNESCO). *Creative Economy Report. 2013 Special Edition*. Widening Local Development pathways. Disponível em: <www.unesco.org/culture/pdf/creative-economy-report-2013.pdf>. Acesso em: 21 dez. 2015.

UNITED NATIONS CONFERENCE ON TRADE AND DEVELOPMENT (UNCTAD) PROSPERITY FOR ALL. Disponível em: <http://unctad.org/en/Pages/DITC/CreativeEconomy/Creative-Economy.aspx>. Acesso em: 21 dez. 2015.

WOOD, Lisa. *Brands and brand equity: definition and management. Management Decision*. London, v. 38, n. 9, 2000.

ECOEFICIÊNCIA – GESTÃO DA SUSTENTABILIDADE AMBIENTAL

> "Precisamos pensar juntos a fim de delinear as características básicas de um estilo de vida novo e globalmente sustentável, a fim de saber para onde devem ser direcionadas a nossa tecnologia, as nossas inovações e a nossa criatividade."
> **Yunus (2008, p. 223)**

Objetivos do capítulo
- Apresentar os conceitos de Ecoeficiência.
- Verificar como a empresa pode economizar com a Ecoeficiência.
- Ampliar a visão das empresas nas questões de sustentabilidade.
- Discutir como os conceitos de sustentabilidade e desenvolvimento sustentável em processos de crise e de crescimento.
- Discutir o crescimento como foco de inserção da sustentabilidade na estratégia do negócio.

3.1. Introdução

O tema sustentabilidade, que muitas vezes é confundida com as questões ambientais, atualmente pode ser observado em todos os lugares: na televisão, nos jornais, nos anúncios, nos desenhos animados, nos filmes, nas redes sociais na internet, nas camisetas, nas marcas das empresas, entre tantos outros lugares. Nos jornais lê-se sobre as catástrofes ambientais como o rompimento das barragens da mineradora em Mariana (MG) em 2015, que soterrou algumas cidades e matou um rio importantíssimo para o país, ou relembrar o tsunami no Japão em 2011. O noticiário de televisão transmite a morosidade do encontro dos líderes mundiais para que seja emitido menos carbono na atmosfera, os quais recebem nomes como COP, a Conferência do Clima da ONU em 2015, e já estamos na COP21.

Nos filmes aparecem seres de outros planetas, como em Avatar ou Star Wars, defendendo a natureza e a base do seu planeta contra homens insaciáveis, sedentos por poder. Nos desenhos animados existem diversos animais humanizados, falando e andando em duas patas, que tentam fazer a coleta seletiva básica que os "evoluídos" Homo sapiens não conseguem. Nas mídias sociais e nas redes muitos *posts* de Twitter e Facebook com reclamações de usuários sobre questões de falta de água e aumento da conta de energia elétrica. Ainda se constata grande parte das empresas de cosméticos avaliando seus fornecedores, a indústria automobilística e a logística pensando na emissão de CO_2, tirando a empresa que estava burlando o teste nos Estados Unidos, as indústrias eletroeletrônicas desenvolvendo a reciclagem, enfim, diversas ações que buscam um objetivo maior e comum.

Com esse conceito sendo colocado diariamente em pauta, existem as questões da complexidade do tema e de como as empresas inserem a sustentabilidade nas suas atividades para ser cada vez mais competitivas e atravessar momentos de crises e adversidades.

Nessa linha, o objetivo principal deste capítulo é analisar a questão da inserção da sustentabilidade na estratégia e nos negócios em ambientes turbulentos e disruptivos, bem como sua relação com a Ecoeficiência para melhor competitividade; além de apresentar alguns conceitos importantes de desenvolvimento sustentável e sustentabilidade.

Não temos ideia, mas Dowbor (2008) coloca que grande parte do nosso sentimento de impotência diante das dinâmicas econômicas vem do fato de que simplesmente não temos instrumentos para saber qual é a contribuição das diversas atividades para nosso bem-estar. O clamor quase histérico da mídia por alguns pontos percentuais suplementares de crescimento do PIB age sobre a angústia generalizada do desemprego e tira nosso foco do objetivo principal, que é a qualidade de vida da sociedade, deixando as pessoas confusas e mal informadas. Pessoas mal informadas, naturalmente, não participam.

Chegou-se a um ponto crucial em que o futuro da nave espacial Terra, dos tripulantes aos passageiros, não é mais, como outrora, assegurado. Existem condições técnicas para devastar a biosfera, impossibilitando a aventura humana. Essa é a nova radicalidade que relativiza todas as demais questões, no sentido de fazê-la menores e de colocá-las, todas, em relação a ela. A verdadeira questão de que se deve ocupar é, então, em que medidas se garante a sobrevivência da Terra com seus ecossistemas e preservam-se as condições de vida e de desenvolvimento da espécie Homo sapiens et demens (BOFF, 2001). E, mais do que isso, quanto custa tudo isso para os governos, as empresas, os consumidores?

3.2. A empresa e a sustentabilidade

Apesar de todas essas argumentações e demonstrações da emergente necessidade de uma real troca de cultura e pensamento sistêmico e holístico, dos desafios e das dificuldades do planeta perante panoramas disruptivos, a maioria das empresas, por meio de seus

empregados, seus gerentes, seus executivos e seus conselheiros, segundo Wilhelm (2009, p. 41-42), continua com as mesmas frases de sempre:
- "Eu tenho de me preocupar com o primeiro *bottom line*" (segundo o conceito do *Triple bottom line*, seria o econômico).
- "Nós não podemos investir nisso agora!"
- "Isso vai custar mais."
- "Eu não lido com questões ambientais."
- "Eu estou esperando a produtividade de cada trimestre, e, com tudo o que acontece, as questões climáticas realmente não são prioridade."
- "Mesmo se fizermos todo o melhor que pudermos, ainda existirão brechas para os ambientalistas, então o que você deseja?"

Mas como alterar esta realidade, esse modelo vigente? Senge, Jaworski, Scharmer e Flower (2007) colocam que ver de uma maneira nova começa quando se interrompe o modo habitual de pensar e perceber. E citam o cientista da cognição Francisco Varela, que explica que desenvolver essa capacidade pressupõe "suspensão, distanciamento do fluxo costumeiro (de pensamento)". Para Varela, segundo colocam Senge, Jaworski, Scharmer e Flower (2007), a suspensão era o primeiro "gesto" básico para aprimorar a percepção. Fazer uma pausa não significa destruir ou ignorar os modelos mentais que já temos da realidade – isso seria impossível, ainda que se tentasse. Significa, isto sim, o que David Bohm, famoso físico, de "dependurar nossos pressupostos diante de nós". Assim fazendo, começamos a identificar pensamentos e modelos mentais como produtos de nossa própria mente. E, quando tomamos consciência de nossos pensamentos, eles passam a influenciar menos aquilo que enxergamos. Fazer uma pausa nos permite "ver o nosso ver".

Antes de interromper o modo habitual de pensar e perceber, é preciso entender quais são os modelos mentais existentes nas questões de sustentabilidade, Ecoeficiência, estratégia, tendência e realidade, para com isso começar a pensar uma realidade com um ambiente disruptivo. E quebrar o preconceito contra esses temas, como o de "ecochatos", o de "biodesagradáveis" e o de salvadores de árvores.

No futuro, o improvável acontece no lugar do provável. Será que nossa imaturidade pode ser superada? É possível, ainda que improvável. Os grande movimentos, entretanto, começam de grandes movimentos, porém começam de forma pequena. O cristianismo e o islamismo começaram com um profeta, e ambos se transformaram em fenômenos gigantescos. Isso mostra que devemos esperar o improvável. Jovens vêm me dizer que não temos nenhuma causa hoje em dia pela qual lutar como eu tinha na minha época. Eu digo: "Sim, vocês têm a causa mais gigantesca, que é o seu destino". É preciso considerar o futuro com a possibilidade da esperança (MORIN, 2008).

O World Business Council for Sustainable Development – WBCSD –, representado no Brasil pelo Conselho Empresarial Brasileiro para o Desenvolvimento Sustentável – CEBDS –, por meio do documento Visão 2050, busca com o movimento empresarial visualizar as possibilidades do futuro do planeta e dos ambientes disruptivos. O documento trata de três questões: Como seria um mundo sustentável? Como podemos fazê-lo acontecer? Que papel podem desempenhar as empresas para assegurar um progresso mais rápido em direção a esse mundo?

Como se percebe, o tema sustentabilidade na empresa e nas estruturas de negócios está sendo discutido globalmente, e este capítulo busca acrescentar ao debate a importância da sustentabilidade e do desenvolvimento sustentável diretamente na estratégia do negócio das empresas brasileiras para um crescimento em ambiente disruptivos, sempre com base na preocupação de como isso também pode afetar o planeta e as pessoas. Algumas empresas estão sendo afetadas por esses temas diretamente, desenvolvendo produtos e serviços que agridem menos o meio ambiente e as pessoas, bem como melhorando processos e tornando-os mais socialmente inclusivos e eticamente coerentes, economizando, assim financeira e ambientalmente os recursos. Se não dessa maneira, estão sendo afetadas por leis cada vez mais coercitivas nas questões ambientais e sociais; trabalhando com uma população cada vez mais informada, interativa e crítica; sendo prejudicadas na sua reputação por organizações não governamentais; e sobretudo afetando diretamente o valor de suas ações em bolsas de valores com critérios socioambientais. Um pesquisa (NIELSEN, 2014) com 30 mil entrevistados, em 60 países, mostra essa mudança, indicando que 55% dos consumidores pagariam mais por produtos e serviços de empresas comprometidas com seus impactos sociais e ambientais.

Entende-se que essa temática é fundamental para o debate do futuro das organizações e da economia planetária, uma vez que os recursos ambientais/sociais do planeta começam a ficar escassos, como já abordado, e existe uma grande população se preparando para consumir. Ainda existe o mundo digital, no qual, segundo Edelman e Singer (2015), a explosão de tecnologias digitais na última década criou consumidores "poderosos" extremamente especializados no uso de ferramentas e informação e com capacidade de ditar regras, garimpar o que desejam, quando desejam, e receber os produtos na porta de casa a um custo irrisório. Porém, muitas empresas ainda não estão entendendo como esse processo ou inserção pode agregar e render valor aos acionistas e a seus *stakeholders*.

Para esse raciocínio, é fundamental conhecer os principais conceitos, ideias e exemplos sobre os temas sustentabilidade, desenvolvimento sustentável, Ecoeficiência e sua relação direta com as empresas. Nesse contexto entram também os principais indicadores de sustentabilidade que estão sendo utilizados nas corporações que mostram quantitativa e qualitativamente um controle para essas questões ambientais e sociais. E, por fim, os principais conceitos de Ecoeficiência, o que deve ser o cerne de qualquer empresa, a razão de existência da organização que busca a lucratividade.

Com base em análises e pesquisas, busca-se mostrar que a questão da inserção da sustentabilidade na estratégia e nos negócios da empresa em ambientes disruptivos é bastante discutida, porém pouco implementada na maioria das corporações. E a Ecoeficiência pode ser um diferencial competitivo e estratégico em ambientes disruptivos.

3.3. O desenvolvimento sustentável e a sustentabilidade

Os principais conceitos de sustentabilidade e desenvolvimento sustentável foram desenvolvidos ao longo do tempo de forma paralela à teoria da administração. Esses termos foram considerados de maneira mais ampla em análises sociopolíticas e econômicas. É fundamental conhecer os principais pontos dos termos e sua associação ao mundo dos negócios das empresas, passando pelos indicadores de desempenho, até chegar à Ecoeficiência.

O termo sustentabilidade foi abordado no centro das discussões por ocasião da "Cúpula da Terra" (Conferência das Nações Unidas sobre Meio Ambiente e Desenvolvimento), realizada no Rio de Janeiro em 1992. O desenvolvimento sustentável foi inicialmente definido pela Comissão Brundtland, em 1987, segundo Arnt (2010, p. 7), como "aquele que procura atender às necessidades e aspirações do presente sem comprometer a capacidade de atender às do futuro" (ou, segundo uma variação recente, "permitindo às gerações futuras proceder da mesma forma").

As 178 nações reunidas em 1992 na "Cúpula da Terra" listaram as principais etapas rumo ao desenvolvimento sustentável em um documento fundador, que forma uma espécie de programa comum para o século XXI: a Agenda 21. Realizado em junho de 2012, o Rio+20 foi uma conferência realizada no Rio de Janeiro que teve como objetivo novamente discutir sobre o meio ambiente, a economia verde, a erradicação da pobreza e a governança internacional para o desenvolvimento sustentável. Entretanto, uma das preocupações era de que o evento se tornasse apenas um balanço, pois não possuía caráter deliberativo, não representando, portanto, avanços significativos na busca pela sustentabilidade no planeta.

A Rio+20 foi palco da avaliação dos resultados práticos de importantes documentos gestados a partir da ECO 92, acima citada, como a Agenda 21, as Convenções sobre Mudança do Clima e a Diversidade Biológica, a Declaração de Princípios sobre as Florestas, de Combate à Desertificação, entre outros que foram elaborados posteriormente, como a Carta da Terra, em 2000.

Para Rajendra Pachauri, presidente do Painel Intergovernamental de Mudanças Climáticas da ONU (IPCC) e vencedor do Prêmio Nobel da Paz em 2007, coloca na matéria do Planeta Sustentável (FRANCO, 2012) que o maior desafio pós-Rio+20 é encontrar os meios para preencher as lacunas entre o conhecimento e sua aplicação. O sucesso nessa área vai, segundo Pachauri, depender da adoção de um conjunto adequado de políticas. E ele tem de ser abrangente e amplo para beneficiar os que estão fora do sistema. Temos de saber o futuro que queremos, da forma que queremos, e trabalhar hoje.

O Natural Capitalism (Capitalismo Natural), apresentado por Lovins (2000), designa os recursos, os serviços e os ecossistemas fornecidos pela natureza, calculando seu valor. Seu valor econômico é grandioso – sendo muito maior que o produto mundial bruto. Segundo os autores, esse capitalismo natural é um sistema composto de quatro subsistemas interligados, em que se relacionam interesses empresariais e ambientais. Essa abordagem predetermina que as empresas podem satisfazer às necessidades dos clientes e, ao mesmo tempo, gerar lucros crescentes e resolver problemas ambientais. Os quatro princípios dessa teoria são:

- Aumentar massivamente a produtividade dos recursos para desacelerar a depredação dos recursos, reduzir a poluição e criar níveis de empregos significativos.
- Reformular as indústrias com bases biológicas, sem geração de resíduos e toxicidade, com a reutilização constante de materiais, por meio de ciclos de *loop* fechado, hoje chamada de economia circular.
- Construir uma economia de serviços e fluxos, deslocando o foco da venda de bens (por exemplo, lâmpadas) para a prestação de serviços (iluminação) ou para um modelo "Por que vender quando se pode alugar?".

- Reinvestir o lucro resultante dessas espécies de aprimoramentos na expansão dos estoques de capital natural – base de um futuro de fartura em serviços de ecossistemas e em prosperidade.

O desenvolvimento sustentável ocorre por meio da articulação de diferentes setores da sociedade, de forma que a intersecção entre eles resulte em medidas sustentáveis. É necessário, para isso, ter um plano de desenvolvimento econômico alinhado com as questões ambientais para que os recursos escassos e não renováveis não desapareçam no futuro (CONTI, 2011).

Esses recursos naturais e humanos cada vez mais influenciam as atividades das organizações nos seus processos e na definição de negócios. Atualmente as grandes empresas começam a pensar seu plano de negócios com base nos recursos disponíveis, tanto financeiro quanto social e ambiental. Esse desenvolvimento sustentável e a sustentabilidade vieram para direcionar ainda mais as estratégias e o foco de atuação das ações e dos investimentos. Isso exatamente porque temos problemas desta tal sustentabilidade no mundo, o que acaba sendo um problema também para as empresas.

3.4. Os problemas da sustentabilidade do mundo e a influência direta nas empresas

Os problemas estão cada vez mais visíveis e influenciando as decisões das grandes empresas e dos executivos. Uma pesquisa da Accenture e do Global Compact das Nações Unidas de setembro de 2013, com os mil principais executivos de 27 indústrias de 103 países, mostra que 93% dos CEOs consideram a sustentabilidade a chave para o sucesso, indicando a verdadeira importância do tema.

Veiga (2007) completa que não basta que a discussão seja econômica para que a expressão "desenvolvimento sustentável" deixe de ser mero conto de fadas, será necessário que as sociedades contemporâneas assumam uma agenda ambiental com 12 graves desafios. Quatro decorrem de destruição ou perda de recursos naturais: habitat, fontes proteicas, biodiversidade e solo. Três referem-se aos limites naturais: energia, água doce e capacidade fotossintética. Outros três resultam de artifícios nocivos: químicos tóxicos, espécies exóticas e gases de efeito estufa ou danosas à camada de ozônio. E os dois últimos concernem às próprias populações humanas; seu crescimento e suas aspirações de consumo. Ao tomar conhecimento dessa dúzia de problemas, segundo o autor, qualquer jovem já introduzido ao pessimismo da razão certamente perguntará: "Como nenhum dos 12 está sendo seriamente enfrentado? Qual deles é o melhor candidato a provocar algum drástico colapso em curto prazo?". Já Lester Brown, no seu Plano B 4.0, descreve os principais problemas com dados coletados mundialmente, chegando aos principais problemas e aos orçamentos da atual civilização (BROWN, 2009). Assim como Veiga (2007), o autor já não trata do conceito de um desenvolvimento sustentável, e sim da urgência de buscar a sobrevida do planeta e da civilização.

Brown (2009) comenta que, para existir mobilização para salvar a civilização, é importante que haja uma reestruturação da economia global, para que assim se estabilize o clima e o crescimento da população; a erradicação da pobreza; o restauro das bases naturais da economia e, principalmente, o resgate da esperança. O autor acredita que os países já possuem a tecnologia, os instrumentos econômicos e os recursos financeiros para essa mudança. E que os Estados Unidos dispõe dos recursos para tomar a frente dessa mobilização.

Mais do que simplesmente apontar os problemas do mundo, Brown (2009) e sua equipe explicam quanto custaria para resolver esses problemas. Como se estivéssemos no nosso condomínio chamado planeta Terra e com isso fôssemos resolver os problemas desse condomínio. Para isso ele fez até um orçamento do custo total, como mostra a tabela a seguir.

Quadro 1 – Orçamento do Plano B: gastos anuais necessários para atingir as metas sociais e a restauração ambiental.

META (dólares)	QUANTIDADE (bilhões de dólares)
METAS SOCIAIS BÁSICAS	
• Educação primária universal	10
• Erradicação do analfabetismo dos adultos	4
• Merenda escolar para os 44 países mais pobres	6
• Assistência para crianças em escola infantil e mulheres grávidas nos 44 países mais pobres	4
• Saúde reprodutiva e planejamento familiar	17
• Saúde básica universal	33
• Disseminar o uso de preservativos	3
TOTAL	77
METAS DE RESTAURAÇÃO AMBIENTAL	
• Plantio de árvores para sequestrar carbono	17
• Plantio de árvores para conter enchentes e conservar o solo	6
• Proteção às terras férteis e às lavouras	24
• Restauração de pastagens	9
• Restauração da pesca	13
• Proteção à diversidade biológica	31
• Estabilização dos recursos hídricos	10
TOTAL	110
TOTAL GERAL	187

Fonte: Brown (2009, p. 263).

Hoje ninguém pode argumentar que não há recursos para realizar a tarefa. Pode ser estabilizada a população do mundo. Pode-se livrar da fome, do analfabetismo, das doenças e da pobreza e também restaurar os solos, as florestas e os mares. Deslocar 13% dos orçamentos militares mundiais para o Plano B seria mais do que adequado para parar e colocar o planeta no caminho do crescimento sustentável. Pode-se construir uma comunidade global na qual as necessidades básicas de todos sejam satisfeitas – um mundo onde se possa acreditar que todos são civilizados (BROWN, 2009).

Se estamos falando de panoramas disruptivos, esse é o panorama que cada vez mais as empresas tem de começar a pensar e a desenvolver ações, produtos e serviços que levem o tema em consideração, seja para se diferenciar, seja para, quem sabe, criar um novo negócio em cima de um dos problemas que Brown (2009) menciona. Esse pensamento de ver um problema como uma oportunidade é muito comum na administração de empresas. Porém, com esse viés de sustentabilidade e ecoeficiência, é muito novo.

Para entender um pouco mais como esses problemas podem se tornar parte dos investimentos sustentáveis das empresas, é fundamental entender a sustentabilidade empresarial.

3.5. A sustentabilidade empresarial

É preciso entender de onde vem o termo sustentabilidade empresarial para as empresas, a fim de verificar o desempenho e a maturidade das corporações nos dia de hoje. Segundo Laville (2009), o tempo pré-histórico da responsabilidade social empresarial (RSE 0.0) foi marcado por uma postura filantrópica e de mecenato, que se desenvolveu, sobretudo, dos anos 1980 até meados dos 1990; nessa época, os diferentes imperativos sociais e ambientais começaram a ser reconhecidos pelas instâncias econômicas, e as empresas passaram a se dar conta de que não poderiam prosperar em ambientes naturais ou sociais que declinam. Assim, começaram a se engajar na via mais fácil: implementaram e desenvolveram fundações ou ações de mecenato, pelas quais redistribuíam parte de seus benefícios a organizações de proteção ao meio ambiente, de defesa dos direitos humanos ou de luta contra formas de exclusão – mas sem nada alterar em seu modelo econômico, em sua estratégia ou em sua oferta.

Em alguns países, como no Brasil, essa mentalidade ainda é muito comum; executivos entendem que esse tema é somente para as áreas de apoio, como RH ou qualidade; e, às vezes, não para as áreas fins.

A segunda época, que marca o aparecimento propriamente dito do conceito RSE (que a autora chama de RSE 1.0), estendeu-se, grosso modo, de meados dos anos 1990 a meados dos anos 2000; caracterizou-se pelo enriquecimento da abordagem precedente, com uma postura mais ativa de defesa da Ecoeficiência e de prevenção dos riscos, principalmente os de maior efeitos nas reputações. Ao se abrir para ao exterior e para os problemas sociais e ambientais, as empresas foram confrontadas com questionamentos internos e externos acerca do impacto sobre certos problemas de suas próprias práticas institucionais (produção, RH, compras).

Como é observado, estamos falando neste capítulo de uma era que se refere à segunda fase, que, porém, é muito importante. Essa fase, como se pode observar, trata de ambientes disruptivos.

No desenrolar das reflexões da autora, a terceira era (RSE 2.0), na qual se encontra já há algum tempo, corresponde a uma revolução apenas iniciada – mas que poderá ter importante impacto nas políticas de desenvolvimento sustentável dos grandes grupos. Tal revolução é alimentada por diversos fatores combinados: a publicação do relatório Stern, que demostrou ser mais barato lutar contra as mudanças climáticas do que sofrer suas consequências; o efeito de choque do documentário de Al Gore e do Prêmio Nobel a ele concedido; a visibilidade crescente desses temas na mídia; a multiplicação das manchetes sobre o "crescimento verde"; a emergência de "alterconsumidores" de forte poder aquisitivo, que incorporam critérios sociais e ambientais a suas decisões de compras e representam parte crescente da população dos países desenvolvidos (França, Japão, Estados Unidos, etc.) (LAVILLE, 2009).

Melo Neto (2004) explica a separação da evolução do conceito de sustentabilidade década a década. No início, nos anos 1960, a sustentabilidade emergiu como um conceito diretamente associado à preservação ambiental. Projetos sustentáveis eram vistos como um conjunto de ações que minimizavam os riscos ambientais. A ideia de preservação de recursos naturais era dominante. Em seguida, já nos anos 1970, a sustentabilidade evoluiu para o escopo total das ações ambientais, sobretudo as de prevenção dos riscos e dos danos causados ao meio ambiente. Mas foi na década de 1980 que emergiu o binômio sustentabilidade-responsabilidade social. A partir de então, passou-se a exigir das empresas não somente a postura de respeito ao meio ambiente e o uso de práticas de gestão ambiental, mas, sobretudo, a minimização dos riscos sociais e a busca de soluções para os problemas sociais vigentes na comunidade.

A partir daí nasceu a importância do social como fator de sustentabilidade de qualquer projeto e/ou negócio. E esse é o modelo atual – a sustentabilidade como prática de gestão socioambiental centrada em instrumentos formais, legais e institucionais de certificação social e ambiental (MELO NETO, 2004).

Figura 1 – Evolução dos conceitos de sustentabilidade.

Respeito ao meio ambiente	Práticas de gestão ambiental	Busca de soluções para problemas sociais	Práticas de responsabilidade social	Práticas de certificação social ambiental
Anos 1960	**Anos 1970**	**Anos 1980**	**Anos 1990**	**Anos 2000**

Fonte: MELO NETO (2004, p. 83).

Nesse contexto, pode-se falar no tripé da sustentabilidade, ou triple bottom line, na expressão original cunhada por John Elkington, para quem o modelo de negócios tradicional, que só considerava fatores econômicos na avaliação de uma empresa, expande-se para um novo modelo ao contemplar a performance ambiental e social da companhia, além da financeira (ZYLBERZTAJN e LINS, 2010).

O pilar ecológico (ambiental) das empresas é a capacidade de suporte da maioria dos ecossistemas que varia em relação ao número – e comportamento – dos atores econômicos que operam neles. Como resultado, esses pilares vão variar com o tempo e o espaço. Quanto mais eficientes forem os atores, mais poderão ser sustentados. Sobre o capital social, em parte ele considera capital humano saúde, habilidades e educação, mas afirma que também deve abranger medidas mais amplas de saúde da sociedade e do potencial de criação de riqueza (ELKINGTON, 2012). Para as organizações capazes de ver oportunidades neste mundo em transformação e em revolução, o futuro parece cheio de promessas. No entanto, a fim de justificar as mudanças difíceis e onerosas na maneira como as empresas fazem negócios, as provas de retorno potencial significativo sobre os investimentos necessários à efetivação das transformações devem ser convincentes. Felizmente, em um mundo em que a reputação se transformou em ativo tangível, a imagem da empresa em relação ao meio ambiente e às questões sociais correlatas é, agora, questão de vantagem competitiva.

Alguns benefícios concretos são expostos pelo autor (SENGE, 2009, p. 111-114):

- **Economizar muito dinheiro.** Empresas de todo setor, de IBM a Alcoa, passando pelo Wal-Mart, desfrutaram oportunidades para realizar economias maciças por meio de cortes na geração de resíduos e no consumo de energia. A DuPont economizou US$ 3 bilhões graças a seu foco intenso na redução das emissões de gases do efeito estufa e no uso de fontes de energia poluidoras, ao mesmo tempo que promovia o crescimento do negócio em 30% no mesmo período de 15 anos. A GE Industrial economizou US$ 12,8 milhões por ano apenas melhorando a iluminação em suas fábricas com o uso de lâmpadas de alta eficiência, de fabricação própria, e diminuiu em US$ 70 milhões suas despesas anuais com energia, por meio de programas em todo o âmbito da organização para diminuir o consumo de energia e a emissão de gases do efeito estufa. A Ford Motor Company reduziu drasticamente o tempo de pintura dos carros nas linhas de montagem por meio de tecnologia que aplica três camadas de tinta simultaneamente, eliminando o uso de equipamentos de secagem dispendiosos e com alto consumo de energia. A mudança permitirá que a Ford reduza as emissões de CO_2 decorrentes de seus processos de produção em 15% e de compostos orgânicos voláteis em 20%. Os edifícios verdes reduzem o custo de energia em pelo menos a metade, não raro proporcionando economias muito superiores – e, de acordo com Greg Kats, analista financeiro industrial da Capital E, essas construções são uma onda que já quebrou na praia. "Dois anos atrás, os riscos de aderir ao verde eram substanciais, e os de não aderir ao verde eram insignificantes", diz Kats (SENGE, 2009). "Considerando que agora os edifícios verdes já perfazem mais de 90 milhões de metros quadrados, os riscos da construção verde desapareceram, ao passo que os da construção convencional se tornaram substanciais" (SENGE, 2009, p. 112).

- **Ganhar muito dinheiro.** As despesas de US$ 100 por tonelada para descartar resíduos em aterros sanitários podem aumentar rapidamente. Mas, como relata a revista Fast Company, "a General Mills reciclou seus resíduos sólidos em lucros. Veja o caso da casca de aveia, subproduto do Cheerios. A empresa pagava para sua remoção e seu descarte, mas acabou descobrindo que poderia ser queimada como combustível. Agora, os clientes competem entre si para comprar o que se transformou em novo produto. Em 2006, a General Mills reciclou 86% de seus resíduos sólidos, passando a gerar receitas superiores às despesas com a remoção e o descarte". E não são apenas as empresas que estão ganhando, o mercado da sustentabilidade – empresas constituídas para lidar com questões do meio ambiente – acena com grande potencial de lucro. Isso porque a maioria das organizações tradicionais precisa de seus produtos e serviços quando muda para fontes de energia renovável, constrói um edifício verde ou revitalizam prédios existentes (SENGE, 2009, p. 112).

- **Fornecer vantagem competitiva aos clientes.** Com a queda das taxas crescentes nos preços da computação, estamos cada vez mais perto do ponto em que os custos da energia e da refrigeração de grandes computadores e servidores serão superiores aos custos do hardware em si. O projeto Big Green da IBM, que busca reduzir drasticamente o consumo de energia nos centros de dados da própria empresa e nos dos clientes, pode gerar redução de 40% nos custos de TI dos usuários e aumentar a fatia de mercado da IBM (SENGE, 2009, p. 112-113).
- **A sustentabilidade é ponto de diferenciação.** Cerca da metade da frota da Enterprise Rent-a-Car – acima de 334 mil veículos – percorre mais de 45 km por galão (quase dez vezes a marca dos veículos econômicos oferecidos por seu concorrente mais próximo, garantem seus executivos). Atualmente, a empresa está aumentando sua frota com milhares de veículos híbridos e flexcombustíveis e está investindo em pesquisas para o desenvolvimento de combustíveis alternativos (SENGE, 2009, p. 113).
- **Moldar o futuro da própria indústria.** Anos antes de as empresas dos Estados Unidos aderirem à tendência, a BMW e outras empresas automobilísticas europeias perceberam que o interesse próprio esclarecido é positivo e possibilita que os negócios definam os rumos da regulamentação no futuro. A Sony da Europa assumiu posição de liderança semelhante na União Europeia, ao ajudar a desenvolver sistema eficaz e econômico para o recolhimento de equipamentos eletrônicos no fim de sua vida útil (SENGE, 2009, p. 113).
- **Tornar-se o fornecedor preferido.** A Costco e outros varejistas de alimentos se concentram em fornecedores confiáveis e estáveis, capazes de cumprir metas de qualidade. Quando esses objetivos incluem padrões sociais e ambientais mais altos, as consequências, não raro, são fortes parcerias entre clientes e fornecedores. As melhores empresas do mundo sabem que a robustez e a sustentabilidade de suas cadeias de suprimentos exigem que todos os seus elos, representados por diferentes empresas, promovam a redução drástica de seu impacto ambiental e atendam às exigências rigorosas de responsabilidade social global. Essas características são condições necessárias para formação e a preservação de parcerias, das quais só participarão líderes comprovados em boas práticas ambientais e sociais. Essa tendência oferece oportunidade sem igual para fornecedores capazes de atingir esses padrões (SENGE, 2009, p. 113).
- **Mudar a imagem e a marca.** Empresas de todos os setores, desde pequenos negócios familiares até empreendimentos globais, podem refazer com sucesso suas imagens e suas marcas por meio de uma série de investimentos em iniciativas ambientais. O Wal-Mart, gigante do varejo, por exemplo, está promovendo o programa Going Green ("Ficando verde") como esforço de vanguarda para compensar a cobertura negativa que tem recebido na imprensa, pelo tratamento que dispensa aos empregados e por seus impactos sobre as pequenas empresas locais. A GE, de início, comprometeu-se em dobrar seu investimento anual em P&D, com seu conjunto de produtos amigáveis ao meio ambiente, promovidos pelo programa Ecoimagination. Desde então, já aumentou drasticamente os recursos destinados a P&D e já superou sua meta de dobrar a parcela da receita anual oriunda dessa categoria de produto (SENGE, 2009, p. 114).

Portanto, a sustentabilidade empresarial já é uma realidade para as empresas; além dos ganhos na operação de algumas empresas, existem ganhos também com a lucratividade por meio das Bolsas de valores para os acionistas. Lançado em dezembro de 2005, o Índice de Sustentabilidade Empresarial (ISE) da BM&F Bovespa é um exemplo de Bolsa que possui foco na sustentabilidade empresarial. A cada ano existem revisões nos parâmetros para que a aferição do nível de sustentabilidade nas empresas listadas na Bovespa tenha credibilidade.

Segundo o ISE (2015), as propostas para a criação de um índice semelhante ao Dow Jones Sustainability da Bolsa de Nova York foram feitas por oito instituições (Abrapp, Anbid, Apimec, Bovespa, Instituto Ethos, IFC, IBGC e Ministério do Meio Ambiente). Algumas empresas consideradas não sustentáveis no seu cerne de negócios, como empresas de álcool, tabaco e armas, foram excluídas do índice. Segundo o ISE-Bovespa, o principal objetivo do índice é criar um ambiente de investimento compatível com as demandas de desenvolvimento sustentável da sociedade contemporânea e estimular a responsabilidade ética corporativa.

O índice também constitui ferramenta para a análise comparativa da performance das empresas listadas na Bovespa sob o aspecto da sustentabilidade corporativa, baseada na eficiência econômica, no equilíbrio ambiental, na justiça social e na governança corporativa. Um dado interessante que o ISE-Bovespa cita que 77% das empresas listadas em 2015 incorporaram os requisitos ambientais nos projetos de novos produtos/serviços, processos ou empreendimentos. A Folha de S.Paulo, colocou na sua matéria "Fundos e ações lucram com foco sustentável", de 27 de outubro de 2015, um infográfico mostrando quão rentável é este tipo de ação "mais sustentável" para as empresas que, por meio dos seus indicadores, conseguem controlar melhor suas ações, mitigam riscos, investem em produtos e serviços ambiental e socialmente responsáveis, entre outros.

Figura 2 – Sustentabilidade nos investimentos.

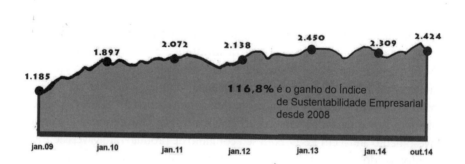

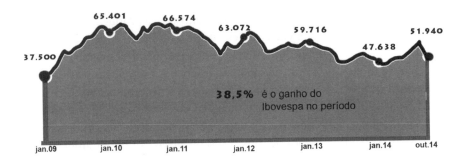

Fonte: SUSTENTABILIDADE nos investimentos (2015).

Entendemos até agora quanto a sustentabilidade é importante para os negócios, principalmente para a estratégia e para as ações das empresas. Senge (2009) coloca de maneira muito prática como trazer essa sustentabilidade para o dia a dia da organização com exemplos de atividades de economia e diferencial dessas empresas. Alguns dos exemplos são considerados Ecoeficiência e é fundamental para os ambientes disruptivos.

> **Como você pode aplicar os conhecimentos deste trecho do livro na sua empresa?**
> - Identifique quais impactos sociais e ambientais sua empresa possui.
> - Identifique quem são seus públicos de relacionamento que podem ser impactados social e ambientalmente.
> - Verifique o que seus concorrentes estão fazendo nas áreas de sustentabilidade e responsabilidade socioambiental.
> - Reavalie suas estratégias de negócios levando em consideração as questões éticas, ambientais e sociais.

3.6. A ecoeficiência

A palavra ecoeficência muitas vezes é utilizada de forma indevida, levantando questões somente ambientais, como se os seres humanos (a parte social) não fossem parte desse ambiente. A ecoeficiência é definida como a produção de bens e serviços, a preços competitivos, que satisfaçam as necessidades humanas e tragam qualidade de vida, ao mesmo tempo que, progressivamente, são reduzidos os impactos ambientais e o consumo de recurso naturais em todo o ciclo de vida, em consonância com a capacidade estimada do planeta em prover esses recursos e absorver os impactos (WBCSD, 2000).

Schaltegger et al. (2008) elencam três estratégias voltadas para a sustentabilidade corporativa: a eficiência, a consistência e a suficiência, o que tem tudo a ver com momentos disruptivos.

- As estratégias de eficiência incluem tanto a Ecoeficiência como a eficiência ecológica. Os autores continuam comentando que as estratégias de eficiência ecológica têm por objetivo reduzir o dano ambiental associado com a produção e o uso de cada produto em todo o seu ciclo de vida. Essa estratégia é resultado da relação entre a saída desejada do processo de produção e o impacto ambiental associado e requer um conhecimento dos fluxos de material do meio físico, por exemplo, o plástico feito de cana-de-açúcar que não utiliza petróleo e é de mais fácil decomposição.
- As estratégias ecoeficientes ou as estratégias econômico-ecológicas eficientes focam na relação entre o desempenho econômico e o impacto ambiental. As estratégias de consistência são baseadas na troca de substâncias perigosas por outras ambientalmente adequadas e nos fluxos de energia. Como exemplo temos as lâmpadas que evoluíram das incandescentes, que gastavam muita energia, para uma baseada em mercúrio, as fluorescentes, que eram muito econômicas, porém continham mercúrio, agente tóxico para o ser humano. Agora estamos indo para as lâmpadas de LED e evoluindo para as de OLED, que são orgânicas e se decompõem mais facilmente no meio ambiente.
- Já as estratégias de suficiência são comportamentais e focam no padrão de consumo dos indivíduos, reduzindo a demanda por produtos e, consequentemente, o seu impacto ambiental. É muito importante levar em consideração todos esses pontos para que a empresa consiga economizar e ter mais lucratividade. Um bom exemplo é a mudança das músicas, que antes necessitavam mídias, como a fita cassete, o CD, o DVD, e agora podem ser escutadas em mídias digitais e muitas vezes ficam na nuvem, não necessitando sequer de cartões de memória.

Para Almeida (2002, p. 63), a ecoeficiência é uma filosofia de gestão empresarial que incorpora a gestão ambiental, e seu principal objetivo é fazer a economia crescer qualitativamente, e não quantitativamente. Para o autor, a sustentabilidade é resultado da combinação da Ecoeficiência com a responsabilidade social das empresas na qual o conceito de resiliência antecede sua aplicação. Como cita o autor: "para ser ecoeficiente, a empresa precisa, antes de mais nada, conhecer o sistema natural em que opera. [...] ignorar a resiliência dos sistemas em que opera e no qual interfere é um risco mortal".

No Manual de boas práticas desenvolvimento sustentável em PME, no documento da AEP da Câmara de Comércio e Indústria de Portugal, documento cofinanciado pelo governo português e pela União Europeia em dezembro de 2010 (p. 47), a ecoeficiência é definida de forma simples: "produzir mais com menos". O Manual AEP (2010, p. 47) ainda mostra que uma gestão ecoeficiente dos processos de produção ou da prestação de serviços de uma empresa aumenta a sua competitividade, uma vez que:

- **reduz o consumo de matérias-primas:** uma grande empresa acabou de realizar a diminuição da embalagem de desodorante com a mesma eficiência, economizando assim 30% de alumínio e mantendo o mesmo preço do produto.
- **reduz o consumo de energia:** em tempos de crise energética, buscar o consumo de energia por meio de bombas e equipamentos mais eficientes é fundamental. Sistema de iluminação eficiente pode economizar até 20% na conta final de energia.
- **reduz a emissão de substâncias tóxicas** (assim como trata convenientemente dos resíduos produzidos): utilizar menos substâncias tóxicas requer inovação, porém a sua gestão

pós-consumo será muito mais fácil e barata. Empresas que vendem produtos como defensivos agrícolas são responsáveis pelo recolhimento de toda a embalagem após o uso pelo agricultor.

• **promove a valorização dos resíduos:** empresas estão faturando alto com a reciclagem e a gestão do seus resíduos. O Brasil é um dos primeiros países na reciclagem de latas de alumínio.

• **maximiza o uso sustentável de recursos renováveis:** o investimento em energias renováveis como a solar e a eólica estão sendo cada vez maiores. E o governo brasileiro inicia a diminuição de impostos para produtos e serviços como esses.

• **aumenta a durabilidade dos produtos:** utilizar substancias que duram mais e que sejam mais eficientes é o que algumas empresas estão buscando. Os consumidores não querem mais ter produtos que tenham data para acabar.

• **adiciona valor aos bens e aos serviços:** os consumidores estão entendendo cada dia mais o valor de empresas que cuidam de seus funcionários, têm produtos e serviços que não agridem a natureza e ao mesmo tempo ajudam na melhoria da sociedade.

Ainda segundo o documento da AEP (2010, p. 48), as empresas se tornarão mais competitivas à medida que souberem aproveitar as oportunidades que o tema apresenta, tais como:

• **Ajudas e subsídios:** existem muitos subsídio e ajudas nacionais e internacionais para que a empresa se desenvolva no tema da sustentabilidade. Existem até mesmo alguns bancos que oferecem créditos com juros mais baixos para melhorias ambientais.

• **Procura nos mercados, nacional e internacional, por produtos que impactem menos o meio ambiente:** pesquisas mostram que cada dia mais o consumidor busca empresas que impactem menos o meio ambiente; para exportar para alguns países da Europa, por exemplo, alguns produtos precisam ter o certificado ISO 14.001 do seu processo produtivo.

• **Proteção em relação à concorrência de países com sociedades menos exigentes em termos ambientais:** países com legislações ambientais mais brandas têm mais dificuldades de exportar produtos do que países com legislações mais críticas.

• **Aumento de estratégias empresariais orientadas para a redução de custos no consumo de recursos e energia.** Empresas como Unilever e Nestlé possuem em seus relatórios de sustentabilidade metas agressivas para redução desses temas.

• **Preparação para prevenir novas situações problemáticas e exigências ambientais:** as empresas sempre têm de acompanhar as discussões e as mudanças nas temáticas ambientais que podem afetar direta ou indiretamente sua operação.

• **Estabelecimento de uma garantia de segurança ambiental que aumente o valor das instalações, diminua prêmios de seguro, aumente a confiança de investidores e acionistas, etc.**

• **Melhoria das relações com as autoridades e com a comunidade:** fundamental para uma boa gestão dos *stakeholders*, sendo participativo na melhoria e na preservação do meio ambiente na qual a empresa está inserida.

• **Melhoria do ambiente de trabalho:** os funcionários também podem participar da temática por meio de comitês, de grupos voluntários e quem sabe até de campanhas para o meio ambiente na qual a empresa impacta e é impactada.

Contudo, o Manual AEP (2010, p. 48) enfatiza que a gestão ambiental da empresa com o foco em ecoeficiência contribui para a redução de riscos e possíveis problemas como:

• as crescentes exigências em matéria de legislação ambiental.

- o aumento dos custos ambientais, como o princípio do poluidor-pagador.
- o risco de acidentes ou situações que podem conduzir à paralisação ou ao fecho da empresa.
- as barreiras às exportações impostas por países com legislação ambiental mais exigente.
- a preferência, por parte de muitas empresas, por fornecedores com um correto comportamento ambiental.

Enfim, existem muitas vantagens para trabalhar com o foco da ecoeficiência e a gestão da sustentabilidade empresarial. A empresa se torna mais competitiva e diminui riscos, ficando mais segura em épocas disruptivas. Segundo Paulo Afonso Ferreira, diretor geral do IEL Nacional, em Instituto Euvaldo Lodi (2011, p. 9):

a ecoeficiência tem deixado de ser vista somente como a preocupação com a economia de recursos e prevenção da poluição para tornar-se um instrumento de inovação e competitividade em todos os setores industriais, onde o melhor desempenho competitivo é uma decorrência das melhorias ambientais. Entretanto, a transição para uma economia ecoeficiente requer, além das mudanças no comportamento das empresas e empresários, a inovação, principalmente através da transferência de tecnologias.

Este é muito pertinente, pois é fundamental que as empresas invistam tempo, recursos pessoais, conhecimento, pesquisa e desenvolvimento para resolver problemas e soluções focados na ecoeficiência.

3.7. Ferramentas da gestão ecoeficiente

Para uma gestão ecoeficiente, é necessário analisar vários pontos da gestão da sua empresa. Reeves, Zeng e Venjara (2015) afirmam que, na maioria das organizações, a visão e o modelo de negócio são eixos fixos ao redor dos quais o empreendimento gira. São frequentemente determinados pelos fundadores da empresa e, uma vez que se provem bem-sucedidos, raramente são alterados. Consequentemente, a estrutura, os sistemas, os processos e a cultura que os apoiam também permanecem estáticos por longos períodos. O que precisamos é ir além dos tradicionais indicadores de energia e água que a maioria das empresas começam a gerenciar. Dentro da gestão ecoeficiente existem outros tipos de ferramenta para trabalhar para minimizar os custos e as despesas, aumentar a receita e os lucros, principalmente em ambientes disruptivos:

a. Análise do ciclo de vida (ACV)

A análise do ciclo de vida (ACV) do produto ou do serviço é uma das principais formas de avaliar todo o processo de produção de um produto ou de fluxo de um serviço. Essa análise pode ser realizada em vários níveis e com o apoio de especialistas da área. O principal ponto dessa análise é verificar todos os impactos ambientais e os sociais na hora de produzir um produto ou no fluxo de processo de um serviço. Essa análise pode variar de acordo com o nível de aprofundamento que a organização queira realizar. Pode ser num primeiro nível, no qual faz internamente somente, sem agregar os fornecedores primários ou secundários. Mas, se a organização quiser aprofundar totalmente a análise, pode chegar à profundidade de analisar os fornecedores dos fornecedores, até chegar à matéria-prima. E no caso dos serviços até o nível de relacionamento com o fornecedor que quiser.

A ACV, segundo Queiroz & Garcia (2010), é uma técnica para avaliar o desempenho ambiental de determinado produto, incluindo a identificação e a quantificação da energia e das matérias-primas utilizadas no seu ciclo de fabricação. Também são analisadas as emissões para água, solo e ar decorrentes da produção, da utilização e da disposição final, avaliando-se o impacto ambiental associado ao uso dos recursos naturais (energia e matérias), emissões de poluentes e identificação de oportunidades para melhorar o sistema de forma a otimizar o desempenho ambiental do produto. Segundo o Portal Brasil (2013), existe no Brasil uma Rede Empresarial Brasileira de Avaliação de Ciclo de Vida, uma iniciativa do Instituto Akatu e da Associação Brasileira de Ciclo de Vida (ABCV). Empresas como Braskem, Danone, Embraer, GE, Grupo Boticário, Natura, Odebrecht, Oxiteno, Tetra Pak, entre outros, já aderiram à iniciativa que é aberta a todas as companhias interessadas em debater o tema. Atualmente coordenado pelo CEBDS, por meio de uma Câmara Temática denominada Rede ACV, coloca que o ACV é uma técnica que estuda os aspectos ambientais e os impactos potenciais (positivos e negativos) ao longo da vida de um produto ou serviço, desde a extração da matéria-prima até a destinação final. A ACV permite mensurar os aspectos de sustentabilidade e possibilita que os consumidores e as empresas façam suas escolhas conhecendo os impactos socioambientais dos produtos, o que permite integrar a sustentabilidade ao processo de decisão.

Figura 3 – Fluxograma Avaliação de Ciclo de Vida (ACV).

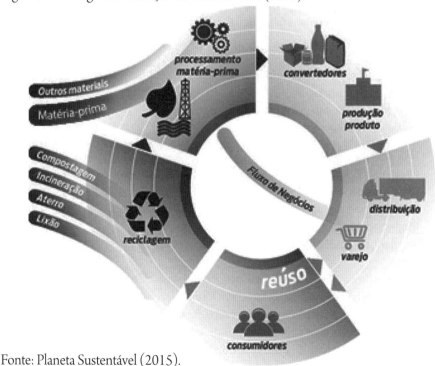

Fonte: Planeta Sustentável (2015).

Ottman (2012, p. 95) indica os principais pontos que são analisados em um ACV, os quais podem ser utilizados como um *check-list* para verificação e controle.

→ **Aquisição e processamento de matérias-primas:**
o   Conservação de recursos naturais;
o   Uso de recursos renováveis; uso sustentável de recursos;
o   Uso de materiais reciclados e recicláveis;
o   Proteção de habitat naturais e espécies em extinção;
o   Conservação da água;
o   Conservação de energia;
o   Redução do lixo e prevenção da poluição, especialmente o uso de elementos tóxicos e a liberação de toxinas no ar, na água e na terra;
o   Transporte.

→ **Fabricação e distribuição:**
o   Uso mínimo de materiais;
o   Redução do lixo e prevenção da poluição, especialmente o uso de elementos tóxicos e a liberação de toxinas no ar, na água e na terra;
o   Administração de resultados;
o   Conservação da água;
o   Conservação de energia.

→ **Uso e embalagem de produtos:**
o   Conservação de recursos naturais;
o   Eficiência energética;
o   Eficiência de água;
o   Saúde do consumidor e segurança do meio ambiente;
o   Eficiência da embalagem;
o   Conteúdo de embalagem reciclada;
o   Índice de reciclagem de embalagens.

→ **Pós-uso e descarte:**
o   Reciclabilidade; facilidade de reúso, remanufatura e reparo;
o   Redução de lixo;
o   Durabilidade;
o   Biodegradabilidade/compostabilidade;
o   Segurança quando incinerado ou aterrado.

No ACV geralmente as empresas conseguem verificar não só a questão ambiental mas também muitos processos ineficientes que muitas vezes acabam desperdiçando não só os recursos naturais, mas também os financeiros. Realizando o ACV, estabelecendo metas de melhoria, controlando e auditando, a empresa consegue potencializar ainda mais a sua ecoeficiência. E, mais do que isso, medir e ter resultados em momentos disruptivos.

> **Como você pode aplicar os conhecimentos deste trecho do livro na sua empresa?**
>
> - Identifique um ou dois produtos ou serviços da sua empresa para elaborar o *check-list* do ACV.
> - Identifique quais são os cinco tópicos mais importantes do *check-list* para o início do trabalho com o ACV.
> - Desenvolva, a partir do *check-list*, planos de ações de melhoria.
> - Envolva desde o começo uma equipe, um comitê ou um grupo para liderar o processo.
> - E, se possível, busque ajuda de profissionais da área.

b. Gestão de água

Apesar de já citada no tema anterior, é fundamental que haja na empresa a gestão de água, principalmente quando esta for um ativo que faça parte da produção direta ou indiretamente. Mesmo em locais e escritórios em que essa despesa é a menor comparativamente com as outras existente no fluxo de caixa, é importante que haja um controle e uma conscientização quanto ao seu uso. E esse fator não é somente uma questão financeira, mas sim de necessidade básica da existência dos seres humanos.

Segundo o WWF Brasil, no seu Programa Água para Vida com a aprovação da Política Nacional de Recursos Hídricos (Lei n. 9.433/97), criou-se uma nova, importante e moderna estrutura para a gestão desses recursos, com processos participativos e novos instrumentos econômicos para promover o uso eficiente da água. Em 2000, o governo federal instituiu a Agência Nacional de Águas (ANA), responsável, entre outras coisas, por implementar a nova lei.

Para as empresas, no dia a dia, o mais importante desse tópico é diagnosticar, medir, acompanhar e colocar metas de melhorias.

Iniciar com um diagnóstico de quanto está sendo gasto nas várias unidades, nos vários hidrômetros, enfim saber quanto efetivamente está sendo pago por cada metro cúbico de água. Se conseguir dividir as áreas, é melhor para o controle.

Acompanhar e medir, ter uma pessoa responsável por coletar essas informações e trabalhar com análises mensais, bimestrais, semestrais e anuais.

E depois de um tempo de análise, colocar metas, verificar pontos de melhoria e economia. Se possível, atrelados a gratificações ou punições. Sempre antes passando por um bom processo educativo dos funcionários.

Algumas dicas para o dia a dia, e para empresas de qualquer tamanho, baseadas na reportagem de Camila Ginesi para a revista Exame PME, determina para a economia de água:

- **Reformas no banheiro e na hidráulica.** As reformas podem ser feitas em toda a parte hidráulica, podendo diminuir o consumo de água e o gasto com esse recurso. As torneiras com sensores podem reduzir o consumo em até 40%. Para algumas áreas em que não é possível utilizar torneiras com sensores, como cozinhas e lavanderias, a solução é utilizar arejadores ou redutores de vazão. Os redutores são colocados na tubulação e podem diminuir o consumo pela metade. O arejadores são peças encaixadas no bico da torneira que misturam ar com a água, ficando com o efeito de chuveiro e a sensação de mais água. Essa economia chega a 75%. Nas privadas, além de colocar os botões de duplo acionamento, pode-se trocar as bacias antigas por mais modernas e econômicas. Nos mictórios pode-se instalar válvulas automáticas, sensores ou, ainda, peças que não utilizam água.

- **Separação de hidrômetros.** Em prédios e construções mais antigas, os hidrômetros (aparelhos que medem o consumo de água) são coletivos, não importando a quantidade de unidades ou apartamentos. Atualmente, em cidades como São Paulo e Rio de Janeiro, é obrigatória a construção de edificações com hidrômetros separados por unidade. Nas construções mais antigas, é fundamental fazer uma obra de separação. Empresas especializadas mostram que a diminuição pode chegar a 20%, pois, quando as pessoas que utilizam a água em conjunto não conseguem medir seu gasto, desperdiçam muito.

- **Inspeção de vazamentos.** Buscar vazamentos é fundamental para que não haja desperdício e para que a Ecoeficiência esteja sendo utilizada. Uma torneira pingando gasta 45 litros de água em um dia, por ano são 16 mil litros desperdiçados. Um cano da tubulação com um buraco do tamanho de uma cabeça de alfinete pode desperdiçar até 3.200 litros por dia. Empresas especializadas podem detectar esses tipos de vazamento, porém todos na empresa também precisam ficar de olho, pois uma mancha ou um barulho em uma parede próximo à tubulação ou qualquer alteração brusca na conta de água podem ser indicadores de vazamentos, desperdício e perda de dinheiro.

- **Reúso da água.** Para empresas maiores que utilizam muita água, uma das soluções pode ser construir uma ETA, estação de tratamento de água, e com isso reutilizar a sua água. Essa estação de tratamento pode ser construída de acordo com o tamanho da necessidade da empresa. E a água tratada pode ser utilizada para regar as plantas, lavar locais de grande trânsito, entre outros.

- **Lavagem a seco.** A lavagem a seco de automóveis é uma das soluções que algumas empresas estão oferecendo em momento de crise hídrica. O uso da mangueira para lavagem pode gastar até 500 litros em meia hora. Além dos produtos específicos para esse tipo de lavagem, existem várias empresas especializadas em lavagem de frotas.

- **Aproveitamento da chuva.** Em 2015, devido à crise hídrica na cidade de São Paulo, muitas empresas iniciaram o processo de armazenar água da chuva. Tonéis e caixas de água foram muito vendidas. Muitos utilizam essa água para lavar espaços dentro da empresa, para descargas de banheiro e para molhar plantas. Existem empresas que instalam esse tipo de cisterna para armazenamento da água com bomba ou somente com o efeito da capilaridade.

- **Programas de conscientização.** Fundamental em qualquer processo de Ecoeficiência, a conscientização dos funcionários para a economia de água é fundamental. O entendimento de que o gasto não é da empresa, e sim de todos que estão no espaço dela, é prioridade. As pessoas acham que a empresa ganha muito dinheiro e não precisa economizar com isso. Mas em momentos de falta de água é que se entende o espírito coletivo. Apresentar as boas práticas e mostrar como economizar pode ser um passo inicial dessa mobilização pela mudança de comportamento.

> **Como você pode aplicar os conhecimentos deste trecho do livro na sua empresa?**
> - Verifique o responsável pelo tema na empresa.
> - Monte um grupo ou um comitê ou determine responsáveis pelo tema na empresa.
> - Identifique o gasto mensal e o anual da sua empresa (pelo menos três anos).
> - Identifique o processo de compra, uso e descarte da água.
> - Busque possíveis melhorias no processo.
> - Eduque e comunique sobre ações de melhoria.
> - Analise e controle os resultados.
> - E, se possível, busque ajuda de profissionais da área.

c. Plano de minimização de resíduos

Os resíduos são um grande problema para as organizações. Historicamente era questão somente de pagar alguma outra empresa para retirar do espaço produtivo e pronto. Nos dias de hoje, com a Política Nacional de Resíduos Sólidos cada vez mais sendo implementado e cobrado pelas autoridades. Segundo o Ministério do Meio Ambiente, na Política Nacional de Resíduos Sólidos, 2010:

> A Lei n. 12.305/10, que institui a Política Nacional de Resíduos Sólidos (PNRS), é bastante atual e contém instrumentos importantes para permitir o avanço necessário ao País no enfrentamento dos principais problemas ambientais, sociais e econômicos decorrentes do manejo inadequado dos resíduos sólidos.
>
> Prevê a prevenção e a redução na geração de resíduos, tendo como proposta a prática de hábitos de consumo sustentável e um conjunto de instrumentos para propiciar o aumento da reciclagem e da reutilização dos resíduos sólidos (aquilo que tem valor econômico e pode ser reciclado ou reaproveitado) e a destinação ambientalmente adequada dos rejeitos (aquilo que não pode ser reciclado ou reutilizado).
>
> Institui a responsabilidade compartilhada dos geradores de resíduos: dos fabricantes, importadores, distribuidores, comerciantes, o cidadão e titulares de serviços de manejo dos resíduos sólidos urbanos.

Os resíduos podem se tornar não só um problema, mas uma fonte de receita da organização, desde que seja também separada, mensurada, controlada e auditada.

Ter também uma pessoa responsável por esse controle e essa mensuração é fundamental. Segundo o Manual de boas práticas desenvolvimento sustentável em PME, da AEP – Câmara de Comércio e Indústria de Portugal (2010, p. 72), para o estudo de minimização de resíduos podem ser realizadas as seguintes etapas de maneira simples.

Iniciar pela análise dos diferentes processos desenvolvidos pela empresa, indicando todos os fluxos de produção dos resíduos, o que deverá permitir obter os seguintes dados:

- Que resíduos se produzem e em que quantidades?
- Onde se produz cada um desses resíduos?
- Causas da produção dos resíduos.
- Composição física e química dos resíduos.
- Substâncias perigosas nesses resíduos.
- Características de periculosidade dos resíduos: toxicidade, corrosividade, inflamabilidade, etc.
- Problemas particulares que os resíduos gerados podem apresentar, como requisitos legais associados, impacto ambiental, infraestruturas necessárias, reclamações, etc.
- Sistema de tratamento utilizado atualmente.
- Custos associados a sua gestão.
- Relação entre os custos e as responsabilidades que podem vir de uma incorreta gestão de resíduos.

Não só a minimização, mas também a venda dos resíduos podem ser algo com que a empresa consiga ter retorno financeiro. Existem atualmente empresas e consultorias especializadas em compra e venda de lixo industrial, como, segundo o site de notícias G1 da Globo.com, a B2Blue, que é um site que relaciona mais de 10 mil indústrias participantes. A lista teve início em 2011 e, atualmente, vende mais de mil toneladas de resíduos por mês. Em 2014, a empresa faturou R$ 2 milhões na intermediação em comissões.

Como você pode aplicar os conhecimentos deste trecho do livro na sua empresa?

- Verifique o responsável pelo tema na empresa.
- Monte um grupo ou um comitê ou determine responsáveis pelo tema na empresa.
- Identifique o gasto mensal e o anual da sua empresa (pelo menos três anos) com os resíduos.
- Identifique o processo de compra, uso e descarte dos resíduos.
- Busque possíveis melhorias no processo.
- Eduque e comunique sobre ações de melhoria.
- Analise e controle os resultados.
- E, se possível, busque ajuda de profissionais da área.

---

d. Eficiência Energética e gestão

Eficiência energética é outro tópico que aparece também no ACV e em outros indicadores de ecoeficiência. Nesse tema existem vários especialistas e empresas que vendem produtos e serviços que diminuem o gasto de energia das empresas. Cada dia mais, essas empresas colocam a eficiência energética como um diferencial de mercado e muitas vezes como um investimento a ser realizado para uma economia em curto prazo, incluindo o cálculo de *payback* pelo investimento, com exemplos, motores mais eficientes, sistemas de iluminação e aparelhos de ar-condicionado mais eficientes, fontes renováveis de energia como fotovoltaica ou eólica.

O gasto de energia está ligado diretamente à emissão de gases de efeito estufa em todo o planeta, pois as principais fontes de energia são de energia não renovável. No Brasil, por mais que a maioria seja de fonte de hidrelétricas, ainda temos o problemas de falta de energia e muitas vezes o encarecimento desse recurso. Um estudo do Greenpeace de setembro de 2015, apresentado no site da Abesco, aponta que o mundo precisaria de um investimento adicional médio de US$ 1,03 trilhão ao ano até 2050 para conseguir reverter a matriz energética do uso de combustíveis fósseis para a geração de energia 100% renovável. Esse valor, segundo o Greenpeace, seria totalmente coberto pela economia pelo não uso dessas fontes fósseis na atividade e somaria US$ 1,07 trilhão no mesmo período.

Existe muitas oportunidades para o investimento em energias renováveis, porém é possível a minimização dos atuais gastos se for realizado diagnóstico, controle e acompanhamento, como nos recursos anteriormente citados. Para isso, o Manual de boas práticas desenvolvimento sustentável em PME, da AEP – Câmara de Comércio e Indústria de Portugal (2010, p. 73), lista as questões para uma boa gestão de energia:

- **Conhecer os consumos energéticos:**
  - Por que razão se consome a energia?
  - Como se consome a energia?
  - Onde se consome a energia?
  - Quanto se consome de energia?

- **Mensurar e seguir a evolução dos consumos de energia:**
Quem não acompanha não sabe se está evoluindo ou não. Mês a mês o consumo de energia pode mudar devido à sazonalidade da produção ou então ao aumento do uso do ar-condicionado, por exemplo. Historicamente, deve-se comparar mês a mês, ano a ano para verificar qual é a época para mais ações de economia ou de conscientização.

- **Dispor de dados para tomar decisões:**
Somente com esses dados e essas comparações o gestor poderá tomar a decisão de investir em alguma máquina mais eficiente, um ar-condicionado com menos consumo de energia ou até em energias alternativas como placas solares.

- **Agir para otimizar:**
A decisão sempre tem de estar baseada no impacto financeiro e no ambiental. Muitas vezes o investimento em máquinas mais eficientes, em iluminação mais econômica, pode ter um *payback* interessante. Mudanças como essas podem trazer até economia em momentos de crise energética, como ocorreu com algumas empresas em 2015 no estado de São Paulo. Outra ação é buscar outra fonte de energia; grandes empresas que consomem muita energia podem negociar diretamente com distribuidoras de energia e produtoras de energia e com isso conseguir descontos e vantagens econômicas.

- **Controlar o resultado das ações e dos investimentos realizados:**
Seja para o investidor, seja para o acionista, seja para você próprio, sempre é necessário verificar o resultado das ações, sejam elas um investimento em uma máquina mais eficiente, em uma ação de mobilização dos funcionários para economia de energia ou ainda uma

simples troca de iluminação. A mensuração pode ser feita pela conta de energia, pela motivação dos funcionários, pela economia financeira, enfim, por meio de vários indicadores.

Realizar uma auditoria energética também é importante, ou seja, verificar quanto se está gastando de energia, seja pela conta de energia, seja pelos medidores de energia. Essa ação se encaixa principalmente em uma organização que possui mais de uma unidade. Ter um responsável por esse tema na empresa mostra a priorização da economia de energia.

Algumas ações simples na nossa residência também podem ser implementadas na empresa.

A Exame.com apresenta quatro dicas simples para dar início à economia.

Dica 1. Envolver todos os funcionários na causa.

É necessário mostrar para todos os funcionários a importância da economia, por que economizar, o impacto direto na empresa, entre outros temas. Como exemplo, a matéria publicada na Exame.com mostra que a Unilever criou em 2010 um comitê específico formado por integrantes de várias áreas da empresa para repensar a estratégia de gestão energética. Esse comitê faz parte de um plano que busca dobrar até 2020 a operação, diminuindo pela metade o consumo de recursos naturais não renováveis. Alessandra Rondinelli, gerente de Safety, Health and Environment da Unilever, comenta na matéria que: "O crescimento sustentável deve estar no centro do nosso modelo de negócios". Como resultado de sucesso, em 2014, a Unilever já diminuiu em 21% o consumo de energia em seus escritórios em relação ao ano anterior.

Dica 2. Modernizar os equipamentos.

Buscar as melhorias nos equipamentos da empresa é outro ponto fundamental para essa economia. Na dica, a Exame.com mostra que na indústria brasileira 60% da energia consumida é usada para operar motores, segundo dados da Abesco. Dentre esses motores, cerca de 20% dos equipamentos têm mais de 25 anos. E, segundo a entidade, esses equipamentos antigos acabam gastando 40% mais energia do que um motor novo de alto rendimento. Na aquisição de um novo equipamento é possível ter retorno financeiro do investimento com a economia da energia.

Dica 3. Buscar apoio externo.

A Exame.com mostra que muitas empresas estão contratando serviços de consultorias especializadas em desenvolver projetos de eficiência energética, as Escos (Energy Saving Companies). Essas empresas ainda fazem auditorias independentes ou análise de viabilidade de fontes renováveis de energia.

Dica 4. Usar sistemas de automação e controle.

Implantar sistemas inteligentes que ajudam a controlar e economizar é o foco desta última dica da Exame.com. Com essa automação, a empresa consegue controlar o consumo e a intensidade da luz, regular a temperatura do ambiente e otimizar o uso do ar-condicionado, entre outras ações. Esses sistemas possuem hardwares e softwares específicos para que a empresa mensure e economize. Na matéria da Exame.com, a Celesc, maior comercializadora de energia de Santa Catarina, esclarece que sistemas de acionamento eletrônico instalados em todo tipo de equipamento permitem uma economia de energia de até 30%. Já detectores de presença podem representar uma redução de 10% a 20% no consumo, dependendo do modelo utilizado.

Eficiência energética é outro ponto muito importante da Ecoeficiência e, se bem trabalhado, poderá ajudar a economizar em momentos disruptivos.

> **Como você pode aplicar os conhecimentos deste trecho do livro na sua empresa?**
> - Verifique o responsável pelo tema na empresa.
> - Monte um grupo ou um comitê ou determine responsáveis pelo tema na empresa.
> - Identifique o gasto mensal e o anual da sua empresa (pelo menos três anos).
> - Identifique o processo de compra, uso e descarte de energia.
> - Busque possíveis melhorias no processo.
> - Eduque e comunique sobre ações de melhoria.
> - Analise e controle os resultados.
> - E, se possível, busque ajuda de profissionais da área.

e. Gestão ambiental, auditorias e certificação ambiental

A gestão ambiental, como pudemos perceber ao longo do capítulo, é fundamental para uma efetiva Ecoeficiência. Para os especialistas nessa área, o trabalho é realizado com muito controle e indicadores.

As auditorias e as certificações ambientais também são formas de garantir que a ecoeficiência permaneça na organização, pois, em muitos casos, programas, projeto e campanhas são realizados dentro da empresa, ações muitas vezes pontuais que não entram necessariamente no dia a dia dos processos. As auditorias e as certificações ajudarão na manutenção das ações e das atividades da Ecoeficiência.

O Manual de boas práticas desenvolvimento sustentável em PME, da AEP – Câmara de Comércio e Indústria de Portugal (2010, p. 84) –, descreve alguns tipos de auditoria para essa área, podendo elas ser auditorias externas e internas:

→ **Auditoria do sistema de gestão ambiental**

Processo de verificação sistemático, documentado, periódico e objetivo realizado para determinar se o sistema de gestão ambiental e o comportamento ambiental satisfazem as disposições previamente estabelecidas, se o sistema foi implementado de forma efetiva e se é adequado para alcançar a política e os objetivos ambientais da organização.

→ **Auditoria do cumprimento de objetivos ambientais**

Auditoria para determinar se os padrões ambientais estão em conformidade com os objetivos estabelecidos.

→ **Auditoria do cumprimento da legislação ambiental**

Auditoria para determinar se as práticas operativas e os controlos habituais cumprem os requisitos legais aplicáveis.

→ **Auditoria do cumprimento de critérios ecológicos**

Auditoria para determinar se o produto cumpre os critérios específicos para a obtenção de um rótulo ecológico.

As auditorias são a base para que seja implementado um sistema de gestão ambiental (SGA), baseado em critérios internacionais para o suporte básico à proteção do meio ambiente, além de servir de fator estratégico de competitividade das empresas. Por exemplo, algumas grandes empresas na Europa só compram ou revendem produtos e serviços que estejam adequados a leis e critérios ambientais rígidos.

O Manual de boas práticas desenvolvimento sustentável em PME, da AEP – Câmara de Comério e Indústria de Portugal (2010) –, explica que a conformidade e o desenvolvimento da normatização no campo ambiental materializaram-se com a publicação da família das normas ISO 14.000, que tem como objetivo determinar técnicas e ferramentas de gestão que contribuam para o estabelecimento de uma cultura de proteção e respeito ao meio ambiente.

Essa família de normas estabelece os fundamentos da Gestão Ambiental, define termos-chave e fornece orientações para a utilização dos princípios de implementação de um Sistema de Gestão Ambiental (SGA), ou seja, a parte do sistema de gestão de uma empresa utilizado para desenvolver e implementar sua politica ambiental e gerir os aspectos ambientais.

Além dessa certificação, existem programas criados na esfera governamental, segundo Tachizawa (2012, p. 10-13); na sequência as principais rotulagens:

- França – NF – Environment: o governo francês criou um programa nacional de rotulagem ambiental em 1991, com a instituição do Comitê de Rotulagem Ambiental. Concomitantemente, a França participa da implementação do selo comunitário da União Europeia.
- Países Baixos – Stichting Milieukeur: o ministério de Habitação, Planejamento Físico e Meio Ambiente para Assuntos Econômicos, junto a organizações industriais e varejistas e consumidores, criou em 1992 um programa de rotulagem ambiental.
- Japão – EcoMark: o programa de promoção de produtos ecologicamente corretos saudáveis, conhecido como EcoMark, foi criado em 1989 pela Associação Japonesa de Meio Ambiente, organização não governamental, sob a supervisão e a orientação do Ministério do Meio Ambiente. O selo concedido pelo Programa considera a análise do ciclo de vida e a participação pública da comunidade japonesa, além de conter descrição dos benefícios ambientais da categoria do produto.
- Índia – Ecomark Program: o programa de rotulagem ambiental foi criado em 1991 com a instituição de um esquema voluntário de rotulagem para produtos ambientalmente saudáveis.
- Brasil – ABNT – Qualidade ambiental: a primeira iniciativa para o estabelecimento de um selo verde brasileiro data de 1990, quando a ABNT propôs ao Instituto Brasileiro de Proteção Ambiental a implementação de uma ação conjunta. Após a Conferência do Rio, a Finep selecionou o Projeto de Certificação Ambiental para Produtos da ABNT. O objetivo do projeto era estabelecer um esquema voluntário de certificação ambiental a ser iniciado por um programa piloto aplicado a uma categoria de produto pré-selecionada.

O programa tem duas diretrizes básicas: ser desenvolvido de forma adequada à realidade brasileira, com vistas a desempenhar um papel de instrumento de educação ambiental para o mercado interno; e ser compatível com modelos internacionais, para que possa se transformar em instrumento de apoio aos exportadores brasileiros. A seguir, são apresentados os princípios definidos na norma ISO 14.042.

Os benefícios de ter uma gestão ambiental eficiente, auditorias e certificações são:

- minimização de riscos ambientais;
- eliminação de multas ambientais;
- maior confiança do investidor e do acionista na empresa;
- liderança perante os concorrentes;
- diferencial do produto ou do serviço no mercado;
- lealdade e preferência do consumidor e do cliente;
- maior engajamento dos funcionários que são envolvidos no tema;
- maior possibilidade de vendas no mercado exterior;
- referência para a sociedade e para o governo;
- maior controle de indicadores;
- economia financeira de custos e gastos.

Como você pode aplicar os conhecimentos deste trecho do livro na sua empresa?

- Verifique o responsável pelo tema na empresa.
- Veja quais certificações a empresa já recebeu, quando e a validade.
- Verifique quais outras auditorias e certificações seriam possíveis e necessárias.
- Faça o orçamento de possíveis auditorias e certificações.
- Analise a viabilidade e os retornos do investimento.
- Comunique o processo todo.
- Analise e controle os resultados.
- Se possível, busque ajuda de profissionais da área.

3.8. A sustentabilidade estratégica em ambientes turbulentos e disruptivos

Como se pode perceber a sustentabilidade não é somente economizar o copo plástico ou plantar árvores para diminuir sua pegada ecológica ou, ainda, economizar as folhas das impressões. Ela pode sim ser utilizada de forma estratégica para vantagem competitiva, economia de dinheiro, obtenção de mais lucro, diferenciação no mercado ou quem sabe para moldar o futuro da sua própria empresa.

Em ambiente turbulentos e disruptivos, a sustentabilidade também pode ser o motor de inovação para o crescimento. Todo esse olhar diferenciado pode ser aplicado em favor do negócio. E nesse momento não se trata somente de utilizar a Ecoeficiência ou buscar uma certificação para um diferencial, mas sim de pensar estrategicamente.

Um estudo de Nidumolu, Prahalad e Rangaswami (2009) mostra que as empresas podem passar por cinco estágios, conforme o ambiente em que elas estão inseridas e seu entendimento sobre sustentabilidade.

O primeiro estágio ocorre quando as leis do ambiente nas quais a empresa está enquadrada se modifica bruscamente, como se deu, por exemplo, com a Política Nacional de Resíduos Sólidos (PNRS); com isso a empresa precisa se adaptar ou estar de acordo com essas novas leis ou normas. E no Brasil as leis mudam constantemente. Nesse ambiente é necessário que a empresa garanta a conformidade das normas e das leis e que a transforme em oportunidade para inovação. Para isso, precisa ter competência para prever e influenciar regulamentações, capacidade de trabalhar com outras organizações e implementar soluções criativas; utilizar a conformidade para a empresa testar novos modelos, tecnologias, processos e materiais mais sustentáveis. Um bom exemplo é o refrigerante Guaraná Antarctica, que, com a questão da Política dos Resíduos Sólidos, começou a utilizar garrafas PET feitas 100% de plástico reciclado. E ainda utilizou uma propaganda para ironizar sua principal concorrente, a Coca-Cola.

No segundo estágio, segundo Nidumolu, Prahalad e Rangaswami (2009), não adianta tornar sua empresa mais sustentável; é preciso colocar toda a cadeia de valor nesse tema. Nesse estágio buscam-se fontes de matérias-prima e componentes que agridam menos o meio ambiente e as pessoas. Pode-se também utilizar a ferramenta do ACV para analisar todo o processo produtivo e seus principais componentes. Com certeza, em momentos turbulentos e disruptivos, buscar novos fornecedores que, além de serem mais sustentáveis, representem vantagens financeiras é fundamental. Incluir a sustentabilidade na cadeia produtiva, além de inovação na estratégia, é um forma de agradar os outros *stakeholders* como fornecedores, sócios, entre outros. Um bom exemplo deste estágio é quando as empresas de combustível sofrem com os aumentos do petróleo, tendo imediatamente de começar a buscar alternativas para elaboração de novos combustíveis, como o etanol e o biocombustível. Em algumas versões de biodiesel, são colocadas até mesmo o óleo de cozinha usado pelos empresas de *fast-food* e restaurantes, trazendo alternativas para o principal produto desse negócio.

No terceiro estágio, Nidumolu, Prahalad e Rangaswami (2009) mencionam a criação de produtos e serviços mais sustentáveis e, no quarto estágio, a criação de novos modelos de negócios. Nesses dois estágios, a ideia é inovar tanto no produto, na embalagem e no serviço como na forma de pensar o modelo de negócio. Não basta economizar água e energia, usar menos insumos nos produtos, mudar a imagem da marca, ter uma certificação ambiental, entre outros. É preciso ir além, mudar seu produto totalmente com os vieses ambiental e social, ou mudar o modelo de negócio. Um exemplo de novos modelos de negócios são aqueles de impacto social, como a Grameen Danone Foods Ltda., empresa que produz iogurte para pessoas que estão na linha da pobreza de Bangladesh. Imagina-se um ambiente totalmente turbulento e disruptivo, com milhares de crianças morrendo de desnutrição. Entender isso como uma oportunidade de negócio é a forma de pensar a verdadeira sustentabilidade, realizar um negócio e desenvolver um produto para resolver um problema do mundo, no caso um problema local. Foi assim que Muhammad Yunus e a Danone desenvolveram um iogurte fortificado com micronutrientes que, se a criança se alimentar com dois potes por semana, diminui sua chance de ficar desnutrido. O valor de cada pote de iogurte é totalmente acessível para esse público. Esta é a ideia, utilizar o momento disruptivo para criar novos modelos de negócios e produtos mais sustentáveis.

No último estágio, o quinto, os autores apresentam a ideia de criar plataformas para próximas práticas, questionar pela lente da sustentabilidade a lógica existente hoje na atividade empresarial. Esse estágio é mais avançado, e poucas empresas conseguem entendê-lo. Nesse estágio é preciso pensar em produzir máquinas de lavar roupa que não utilizam água, em momentos críticos de falta de água. Ou a empresa produzir energia mecânica ou cinética com os processos já existentes na própria fábrica, e não comprar de uma distribuidora. Realmente colocar a inovação em função da sustentabilidade. Esse estágio fica mais no mundo das ideias das empresas, mas serve como questionamento para as áreas de Pesquisa e Desenvolvimento.

A sustentabilidade como motor de inovação para as empresas utilizando como base os problemas do momento turbulento e disruptivo. Entender qual é o problema deste momento e procurar o meio de solucioná-lo. Pode parecer um pouco fora da realidade, porém a ideia é exatamente esta: desafiar para sair do status quo, do padrão e deste momento crítico. Sem criatividade e inovação não se sobrevive em ambientes disruptivos e turbulentos.

3.9. Considerações finais

As mudanças no planeta estão acontecendo numa velocidade cada vez maior e numa proporção gigantesca. As empresas não conseguem mais acompanhar todos os temas e discussões mundiais, gerando assim uma instabilidade macroeconômica que gera um ambiente disruptivo. Portanto, é necessário começar a pensar de forma estratégica e eficiente para poder atravessar esse ambiente.

Para questões ligadas à sustentabilidade, existem investimentos, gestão especializada, produtos e serviços que reforçam o conceito e principalmente pessoas que estão mudando seu modo de pensar em virtude desses problemas mundiais.

Os gestores das organizações também precisam alterar o modelo mental para acompanhar em tempo real todas as transformações, a escassez e as turbulências causadas pelas mudanças climáticas, pelo aquecimento global, pela falta de recursos naturais, pela poluição e pelos problemas sociais e econômicos globais. Esses novos gestores precisam monitorar não só os problemas financeiros e os das Bolsas de valores, mas também outras variáveis que influenciam mais e mais essas empresas em ebulição.

O desenvolvimento sustentável e a sustentabilidade empresarial vêm como temas para amenizar ou repensar, ou ainda inovar o modelo existente, no qual o financeiro é somente um dos pilares da organização. Existem agora o pilar social, que pensa nas pessoas, e o pilar ambiental, que leva em consideração o meio no qual a empresa está inserida. Até então, o meio ambiente estava à total disposição das empresas, e aos poucos se está percebendo que essa lógica não é vigente.

Algumas grandes organizações já entenderam essa máxima como cerne de seu planejamento estratégico e estão realizando ações direcionadas ao desenvolvimento sustentável; diminuindo custos e despesas, também diminuem riscos e multas e ainda ampliam o mercado. Esse é exatamente o trabalho da Ecoeficiência, uma ferramenta muito útil para ambientes turbulentos ou disruptivos e ainda motor de inovação para o crescimento.

Num futuro mais próximo, as empresas não somente trabalharão com esse tema como será um padrão obrigatório para todos os tamanhos de organizações. Será fundamental a transição da mentalidade e dos recursos tecnológicos que saem de um padrão de produção para um patamar de criação, no qual se diminuirá muito o uso dos recursos naturais e humanos. Uma era na qual recursos escassos poderão se multiplicar graças à inversão de valores e de tempos. Um novo tempo no qual as questões humanas serão levadas em consideração com as questões ambientais. E as questões financeiras não serão o fim, e sim o meio, para alcançar o equilíbrio empresarial.

Questões sobre o capítulo

1. Quais seriam, na sua perspectivas, as principais problemáticas do planeta como cita Lester Brown? Quais dessas problemáticas afetam diretamente quais tipos de segmento de empresa e tipos de empresa?
2. Como olhar a problemáticas do mundo como oportunidade de geração de negócios e solução de necessidades? Que tipo de empresa você abriria?
3. Como está sendo a evolução da sustentabilidade e da responsabilidade social das empresas? Quais estágios existem e o que acontece em cada um deles?
4. Quais são os benefícios concretos explicados por Peter Senge, para o investimento nas questões de sustentabilidade empresarial e sustentabilidade?
5. Qual é a importância do ISE, o Índice de Sustentabilidade Empresarial? Por que você acha que ele rompe alguns paradigmas baseados somente em ganhos financeiros a qualquer preço?
6. Qual é a importância da Ecoeficiência para a empresa? Como torná-la uma realidade no dia a dia da empresa?
7. Como a Ecoeficiência ajuda na empresa? Como podemos mensurar se ela está dando resultados?
8. Quais são as principais ferramentas da Ecoeficiência? Quais delas você já conhecia e já teve contato? Como foi a experiência? Relate.
9. Por que o ACV pode ser um ótima ferramenta para a gestão de uma empresa? Como essa ferramenta agrega valor ao negócio?
10. Quais são os benefícios da gestão ambiental, da auditoria e da certificação? Por que vale a pena investir nessas ferramentas de gestão?

Estudo de caso: Rede Resíduos

No Brasil, depois de duas décadas de um debate amplo, no dia 2 de agosto de 2010, foi promulgada a lei que criou a Política Nacional de Resíduos Sólidos (PNRS). Essa lei determina que a responsabilidade pelo gerenciamento ambientalmente adequado dos resíduos sólidos deve ser priorizada e compartilhada com todas as partes que participaram do ciclo de vida do produto. Ou seja, os setores públicos, os privados e a população são todos corresponsáveis, após o consumo, para que o produto retorne às indústrias, sendo o poder público responsável por estabelecer os planos de gerenciamento do lixo. Essa lei também coloca um viés social para a reciclagem, para estimular que catadores por meio de cooperativas participem do processo.

Para que seja realizada a logística reversa solicitada pela PNRS, todos os públicos envolvidos com o ciclo de vida do produto deverão contribuir para encaminhá-lo, no fim do seu ciclo, para a reciclagem ou a destinação ambientalmente correta. A lei abrange fabricantes, importadores, distribuidores e comerciantes de:

(1) agrotóxicos, seus resíduos e suas embalagens, assim como de outros produtos cuja embalagem, após o uso, constitua resíduo perigoso;
(2) pilhas e baterias;
(3) pneus;
(4) óleos lubrificantes, seus resíduos e suas embalagens;
(5) lâmpadas fluorescentes, de vapor de sódio e mercúrio e de luz mista;
(6) produtos eletroeletrônicos e seus componentes.

E determina que eles devem:
» Investir no desenvolvimento, na fabricação e na colocação no mercado de produtos aptos a reutilização, reciclagem ou outra forma de destinação ambientalmente adequada e cuja fabricação e uso gerem a menor quantidade de resíduos sólidos possível;
» Divulgar informações relativas às formas de evitar, reciclar e eliminar os resíduos sólidos associados a seus respectivos produtos;
» Assumir o compromisso de, quando firmados acordos ou termos de compromisso com o município, participar das ações previstas no plano municipal de gestão integrada de resíduos sólidos, no caso de produtos ainda não inclusos no sistema de logística reversa.

Atualmente, os vários órgãos governamentais, não governamentais, grupos empresariais, comércio, varejo, entre outros, estão trabalhando na implementação da PNRS por meio dos acordos setoriais.

Muitas empresas entenderam essa lei como um momento muito crítico, tendo de investir muito dinheiro para amenizar ou solucionar esse problema. Algumas indústrias se juntaram para inovar coletivamente, por exemplo, a Associação Brasileira da Indústria de Higiene Pessoal, Perfumaria e Cosmético (ABIHPEC) criou o projeto Dê a Mão para o Futuro para promover a coleta seletiva e ampliar a organização social de vários grupos de catadores em vários municípios no Brasil. E as indústrias eletroeletrônicas criaram a Associação Brasileira de Reciclagem de Eletroeletrônicos e Eletrodomésticos (Abree), para definir e organizar a gestão dos seus associados.

O engenheiro Isac Wajc entendeu esse momento turbulento e disruptivo como a oportunidade de trazer uma solução inovadora para a gestão desses resíduos. Percebeu que muitos dos problemas estavam na mensuração dos resíduos da empresa e, mais do que isso, na ligação de quem quer vender com quem quer comprar esses resíduos. Tudo era feito de forma informal e não muito profissional, mesmo dentro de grandes empresas. Com isso começou a pensar na Rede Resíduos, que cria redes facilitadoras de negócios para recicladores e geradores de resíduos que desejam comercializar ou destinar corretamente os rejeitos usando uma ferramenta de comercialização e leilão on-line. O negócio começou como um projeto no Centro de Inovação, Empreendedorismo e Tecnologia (Cietec), incubadora de empresas de base tecnológica do estado de São Paulo que fica na USP e começou a operar em 2011.

Segundo Vialli (2015), esse negócio rentável já retirou da rota do aterro mais de 1 milhão de toneladas de resíduos gerados, por exemplo, pela construtora Camargo Corrêa em quatro anos, gerando um ganho na venda de R$ 4,2 milhões com aquilo que seria lixo. A ferramenta piloto foi aplicada em três plantas da construtora levando o nome de Bolsa de Resíduos. Naquele momento inicial já houve aumento de receita com a comercialização dos rejeitos: alta de 54% da receita na venda dos materiais e de 80% no valor da sucata metálica. Só com o canteiro de obras da Usina Hidrelétrica de Jirau, em Rondônia, foi quantificado um aumento de 78% da receita com a venda dos resíduos.

A pequena empresa recebeu apoio da Fapesp e do CNPq, da Finep e da Apex. E atualmente, segundo Vialli (2015), o faturamento da Rede Resíduos está em R$ 400 mil/ano, trabalhando com oito funcionários e tendo como principais clientes Camargo Corrêa, Odebrecht Panamá, Urbam/ SJC/SP.

Francisco Biazini Filho, outro sócio da Rede Resíduos, sempre aponta que o objetivo da Rede Resíduos é chegar ao Lixo Zero, por isso participa muitas vezes do movimento Lixo Zero, que está em todo o Brasil.

Esse é um exemplo de empresa que, além de estimular a Ecoeficiência em outras empresas, faz com que todos ganhem no processo. São empresas do futuro que levam efetivamente a sustentabilidade no cerne de seu negócio.

Questões sobre o estudo de caso

1. Como os empreendedores conseguiram desenvolver a empresa? Qual era a principal demanda no mercado?
2. Por que as empresas não tinham muito conhecimento da quantidade de resíduos gerados? Qual é a melhor forma de buscar esses dados nas empresas?
3. Esse negócio pode ser multiplicado para outras área, mercados e países?
4. Se não tivesse a PNRS, as empresas estariam preocupadas com o tema? Por quê? Seria mais difícil fazer a venda do serviço?
5. Como sua empresa ou a empresa em que você trabalha pode seguir o exemplo do processo da Rede Resíduos? Como sua empresa pode trabalhar com os resíduos e os outros temas da Ecoeficiência?

Atividade

Após os conhecimentos adquiridos, faça a seguinte atividade:

1. **Escolha uma empresa e busque na internet, ou busque na sua empresa ou na empresa em que você trabalha, os seguintes dados:**
   a. Conta de energia: quais dados existem?
   b. Conta de água: quais dados existem?
   c. Conta de resíduos (ou descubra como o resíduo é descartado): quais dados existem?
   d. Existe Análise de Ciclo de Vida?
   e. Existe a ISO 14.000 ou outra certificação ou selo ambiental?
2. **Busque na internet três empresas que façam o relatório de sustentabilidade empresarial e selecione os dados referentes à Ecoeficiência abordados neste capítulo. Apresente essas informações a um colega.**

REFERÊNCIAS

ABESCO. *Mundo pode ter 100% de energia renovável até 2050, diz Greenpeace.* Disponível em: < http://www.abesco.com.br/novidade/mundo-pode-ter-100-de-energia-renovavel-ate-2050-diz-greenpeace/ >. Acesso em: 1° dez. 2015.

ACCENTURE; UNITED NATIONS GLOBAL COMPACT. The UN Global Compact – *Accenture CEO Study on Sustainability 2013: architects of a better world.* Chicago: Accenture Sustainability Services, 2013. Disponível em: < https://acnprod.accenture.com/~/media/Accenture/Conversion-Assets/DotCom/Documents/Global/PDF/Strategy_5/Accenture-UN-Global-Compact-Acn-CEO-Study-Sustainability-2013.pdf> Acesso em: 27 dez. 2015.

AEP – ASSOCIAÇÃO EMPRESARIAL DE PORTUGAL. *Manual de boas práticas desenvolvimento sustentável em PME.* Porto: Projecto Futur Compet – Competências Empresariais para o Futuro, 2010. Disponível em: < http://futurcompet.aeportugal.pt/Documentation/BoasPraticas_DesenvolvimentoSustentavel.pdf >. Acesso em: 12 nov. 2015.

ALMEIDA, F. *O bom negócio da sustentabilidade.* Rio de Janeiro: Nova Fronteira, 2002.

ARNT, Ricardo (Org.). *O que os economistas pensam sobre sustentabilidade.* São Paulo: Editora 34, 2010.

BOFF, Leonardo. A contribuição do Brasil. In: VIANA, Gilney; SILVA, Marina; DINIZ, Nilo (Org.). *O desafio da sustentabilidade: um debate socioambiental no Brasil.* São Paulo: Fundação Perseu Abramo, 2001.

BROWN, Lester R. Plan B 4.0. *Mobilizing to save civilization.* New York: W.W. Norton & Company, 2009.

CEBDS. Câmaras temáticas: Rede ACV. Cebds: *Conselho Empresarial Brasileiro para o Desenvolvimento Sustentável.* Disponível em: <http://cebds.org/camaras_tematicas/rede-acv/ >. Acesso em: 30 nov. 2015

CONTI, Diego de Melo. *Desenvolvimento social sustentável.* São Paulo: 131 p. Dissertação de Mestrado, Programa de Administração, PUC-SP, 2011.

DOWBOR, Ladislau. *Democracia econômica: alternativas para gestão social.* Petrópolis: Vozes, 2008.

EDELMAN, David C.; SINGER, Marc. *Competição na trajetória do consumidor.* Harvard Business Review Brasil, São Paulo, v. 93, n. 11, nov. 2015.

ELKINGTON, John. *Sustentabilidade, canibais com garfo e faca.* São Paulo: M. Books, 2012.

EXAME.COM. *4 dicas para economizar energia nas empresas.* Exame, 16 jul. 2015. Disponível em: <http://exame.abril.com.br/publicidade/siemens/conteudo-patrocina-

do/4-praticas-que-ajudam-empresas-a-economizar-energia >. Acesso em: 1o dez. 2015.

FRANCO, Marina. Rajendra Pachauri, presidente do IPCC: *este é o momento certo para um novo contrato social*. Planeta sustentável, São Paulo, 23 jun. 2012. Disponível em: <http://planetasustentavel.abril.com.br/blog/riomais20/2012/06/23/rajendra--pachauri-presidente-do-ipcc-este-e-o-momento-certo-para-um-novo-contrato-social/>. Acesso em: 16 nov. 2015.

G1. *Empresa fatura R$ 2 milhões ao ano com compra e venda de lixo industrial*. G1, 5 abr. 2015. Disponível em: < http://g1.globo.com/economia/pme/noticia/2015/04/empresa-fatura-r-2-milhoes-ao-ano-com-compra-e-venda-de-lixo-industrial.html>. Acesso em: 11 nov. 2015.

GINESI, Camilla. *7 dicas para economizar água em sua empresa*. Exame PME, São Paulo, 18 maio 2014. Disponível em: <http://exame.abril.com.br/revista-exame-pme/edicoes/73/noticias/para-nao-faltar >. Acesso em: 12 nov. 2015

ÍNDICE DE SUSTENTABILIDADE EMPRESARIAL (ISE). São Paulo: BM&F Bovespa. Disponível em: < http://isebvmf.com.br> . Acesso em: 15 nov. 2015.

INSTITUTO EUVALDO LODI. Núcleo Central. *Manual de transferência de tecnologias ecoeficientes: projeto de apoio à inserção internacional de pequenas e médias empresas*. Brasília: IEL/NC, 2011.

LAVILLE, Élisabeth. *A empresa verde*. São Paulo: ÓTE, 2009.

LOVINS, A.; LOVINS, L. H. *O capitalismo natural*. Exame, São Paulo, 30 abr. 2000. Disponível em: <http://exame.abril.com.br/revista-exame/edicoes/715/noticias/o-capitalismo-natural-m0053454> Acesso em: 27 dez. 2015.

MELO NETO, Francisco de Paulo de. *Empresas socialmente sustentáveis: o novo desafio da gestão moderna*. Rio de Janeiro: Qualitymark, 2004.

MORIN, Edgar. *O mundo não é preto e branco*. Ideia Socioambiental, mar. 2008, p. 76.

MINISTÉRIO DO MEIO AMBIENTE. *Política Nacional dos Resíduos Sólidos, 2010*. Disponível em: < http://www.mma.gov.br/pol%C3%ADtica-de-res%C3%ADduos-sólidos>. Acesso em: 1o dez. 2015.

NIDUMOLU, Ram; PRAHALAD, C. K.; RANGASWAMI, M. R. *Por que a sustentabilidade é hoje o maior motor da inovação?* Harvard Business Review Brasil, v. 87, n. 9, p. 26-34, set. 2009.

NIELSEN. *Report Doing Well by Doing Good*. Nova York: Nielsen, 2014. Disponível em: <http://www.nielsen.com/us/en/insights/reports/2014/doing-well-by-doing--good.html.>. Acesso em: 15 nov. 2015.

OTTMAN, Jacquelyn A. *As novas regras do marketing verde*. São Paulo: M. Books, 2012.

PLANETA SUSTENTÁVEL. *Análise de Ciclo de Vida (ACV): qual a importância deste termo para a vida do planeta?* Blog da Braskem, 5 fev. 2015. Disponível em: <http://planetasustentavel.abril.com.br/sustentabilidade-nas-empresas/braskem/2015/02/05/analise-de-ciclo-de-vida-acv-qual-a-importancia-deste-termo-para-a-vida-do-planeta/>. Acesso em: 30 nov. 2015.

PORTAL BRASIL. *Ciclo de vida dos produtos pode amenizar impactos ambientais*. Portal Brasil, meio ambiente, 1o nov. 2013. Disponível em: <http://www.brasil.gov.br/

meio-ambiente/2013/11/ciclo-de-vida-dos-produtos-pode-amenizar-os-impactos-ambientais>. Acesso em: 30 nov. 2015.

QUEIROZ, G. C.; GARCIA, E. E. C. *Reciclagem de sacolas plásticas de polietileno em termos de inventário de ciclo de vida.* Revista Polímeros, v. 20, p. 401-406, 2010.

REDE RESÍDUO. Disponível em: <http://rederesiduo.com/w1/index.php/quem-somos>. Acesso em: 28 dez. 2015.

REEVES, Martin; ZENG, Ming; VENJARA, Amin. *O empreendimento autoajustável.* Harvard Business Review Brasil, São Paulo, v. 93, n. 6, jun. 2015.

SCHALTEGGER, S. et al. *Environmental Management Accounting for Cleaner Production. Eco-efficiency in Industry an Science,* v. 24. Netherlands: Springer, 2008.

SENGE, Peter; SCHARMER, C. Otto; JAWORSKI, Joseph; FLOWERS, Betty Sue. *Presença: propósito humano e o campo do futuro.* São Paulo: Cultrix, 2007.

_____; SMITH, Bryan; KRUSCHWITZ, Nina; LAUR, Joe; SCHLEY, Sara. *A revolução decisiva: como indivíduos e organizações trabalham em parceria para criar um mundo sustentável.* Tradução de Afonso Celso da Cunha Serra. Rio de Janeiro: Elsevier, 2009.

SUSTENTABILIDADE nos investimentos. Folha de S.Paulo, São Paulo, 27 out. 2015. Mercado, p. B2.

TACHIZAWA, Takeshi; ANDRADE, R. O. B. de. *Gestão socioambiental: estratégias na nova era da sustentabilidade.* Rio de Janeiro: Elsevier, 2012.

VEIGA, José Eli da. *Desenvolvimento sustentável: alternativas e impasses.* In: KEINERT, Tania M. M. (Org.). *Organizações sustentáveis: utopias e inovações.* Belo Horizonte: Fapemig, 2007.

VIALLI, Andrea. *Caminho das pedras.* Página 22, n. 99, p. 52-53, nov.-dez. 2015.

WBCSD – *World Business Council for Sustainable Development. Eccoefficiency: Creating more Value With Less Impact.* Geneva: Switzerland, 2000.

WILHELM, Kevin. *Return on Sustainability: how business can increase profitability & ddaress climate change in an uncertain economy.* Indianapolis: Dog Ear Publishing, 2009.

WWF Brasil. *Programa Água para Vida.* Disponível em: <http://www.wwf.org.br/natureza_brasileira/reducao_de_impactos2/agua/>. Acesso em: 15. nov. 2015.

YUNUS, Muhammad. *Um mundo sem pobreza.* São Paulo: Ática, 2008.

ZYLBERSZTAJN, David; LINS, Clarissa (Org.). *Sustentabilidade e geração de valor.* Rio de Janeiro: Elsevier, 2010.

IV
PROCESSOS
PARA NEGÓCIOS

> Em vez de pensar em BPM como um processo de melhoria de processos, pense em BPM como um processo de transformação de processos. Isso porque a transformação vai além da melhoria, transformação implica repensar, inovar e mudar paradigmas. Transformar é liderar e construir novas formas de geração de valor para os clientes e para a sociedade.
> **(ABPMP BPM CBOK V3.0, 2013, p.1)**

Objetivos do capítulo
- Contextualizar gestão de processos de negócios na atualidade.
- Apresentar as principais características, métodos e ferramentas da gestão de processos de negócios.
- Ressaltar os benefícios decorrentes de uma efetiva gestão de processos de negócios, sobretudo num contexto de competitividade acirrada e mercados instáveis e disruptivos.

4.1. Introdução

O presente capítulo aborda diversos aspectos essenciais para as organizações, sobretudo para aquelas que pretendem não apenas sobreviver, mas, sim, planejar e crescer mesmo em tempos de crise e diante de um cenário de turbulências econômicas e políticas no âmbito nacional e de ambientes cada vez mais globalizados e competitivos, no âmbito mundial. Neste capítulo, pretende-se discutir a importância dos processos de negócios e a sua gestão. Os processos de negócios caracterizam o modelo escolhido pela organização para entregar valor aos seus clientes e obter maior retorno às partes interessadas. Portanto, a gestão dos processos de negócios é crucial para o alcance dos objetivos organizacionais.

4.2. Breve histórico

A gestão dos processos de negócios, ou *Business Process Management*, como é conhecida mundialmente, é um modelo de gestão que evoluiu desde os primórdios da administração.

Figura 1 – Gerenciamento de processos de negócios – linha do tempo.

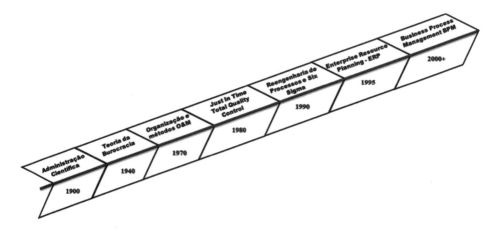

Os primeiros movimentos no sentido de buscar melhorias em processos organizacionais foram dados por Frederick W. Taylor (1856-1915). Seu trabalho baseou-se na análise das tarefas de cada operário, sua decomposição em movimentos e aferição do tempo. O foco era a divisão do trabalho, sua racionalização e o estabelecimento do tempo-padrão. Seus estudos, publicados em 1911 sob o título Princípios de Administração Científica, postulavam a racionalização do trabalho e tinham como característica principal a ênfase nas tarefas buscando aumentar a eficiência operacional. À época, a gestão de negócios baseava-se numa estrutura hierárquica funcional com linha de controle e comando bem definidos. O modelo era a linha de montagem com foco na especialização do trabalho e no aumento da produtividade por meio da mecanização e da padronização.

O desenvolvimento do capitalismo provoca o crescimento dos negócios e o aumento da complexidade, exigindo modelos organizacionais mais robustos para tratar todas as variáveis envolvidas, que vão além da linha de montagem ou da produção. Nesse contexto, os estudos de Max Weber (1864-1920), publicados na primeira e na segunda décadas de 1900, fundamentaram a teoria burocrática traduzida por um modelo de organização humana baseada na racionalidade com a adequação dos meios aos objetivos pretendidos e com grande ênfase na eficiência. Suas características mais marcantes eram: a) legalidade das normas e dos regulamentos e formalidade das comunicações; b) competência técnica, meritocracia e profissionalização dos participantes; c) impessoalidade nas relações funcionais e hierarquia da autoridade; d) racionalidade e divisão do trabalho; e) definição clara de rotinas e procedimentos e padronização e previsibilidade do funcionamento.

Referência importante entre as décadas de 1970 e 1980, a função de Organização e Métodos – O&M realizava estudos organizacionais que incluíam manuais, organogramas, estudos de layout, execução de tarefas, entre outros. A metodologia de trabalho envolvia um processo cíclico (levantamento, análise, melhoria e implementação) focada no aprimoramento de métodos de trabalho e em sistemas administrativos, buscando maior agilidade, eliminação de duplicidades ou retrabalho e solução de problemas.

Na década de 1980, surgiu o "Just in time & Total Quality Control", modelo de gestão da produção "por demanda" com controle de qualidade realizado durante as fases produtivas. Desenvolvido no Japão pela Toyota Motor Corporation, esse modelo de produção flexível envolvia total reorganização do ambiente produtivo visando à eliminação de estoques e produtos defeituosos com consequente redução de custos e proporcionando melhor posição competitiva.

O aumento da competitividade fomentou o surgimento de outras metodologias focadas no desempenho dos processos de negócios. Por volta de 1990, por meio de um artigo intitulado "Re-engineering Work: Don't Automate, Obliterate", Michael Hammer pregou a necessidade do redesenho total dos processos antes da sua automação. Surgiu, assim, a Reengenharia dos Processos de Negócios, ou Business Process Reengineering, que foi amplamente desenvolvida no livro Reengineering the Corporation: A Manifesto for Business Revolution, publicado em 1993, por Michael Hammer e James Champy. Nessa obra, os autores defendiam mudanças radicais e bruscas, em contraposição à melhoria contínua e incremental, visando a ganhos significativos de desempenho em serviços, tempo e custos.

A par da Reengenharia de Processos, outra metodologia de forte impacto denominada Seis Sigma foi desenvolvida na década de 1980 pela Motorola e popularizada na década seguinte pelo então presidente da GE, John Welch. A metodologia consiste na diminuição da variabilidade dos processos e na consequente redução de defeitos e não conformidades por meio da aplicação de métodos estatísticos e controle de qualidade. O Seis Sigma é uma referência que equivale a 3,4 defeitos por milhão, constituindo-se um elemento de caráter quantitativo para medir os esforços de qualidade atingido pela organização.

Com o ingresso na era da informação, uma tendência importante é a crescente integração entre a tecnologia da informação e os processos de negócios. A integração entre dados, processos e todas as áreas da organização por meio da automação e da otimização de todo o fluxo operacional é a proposta dos sistemas de informação conhecidos como Enterprise Resource Planning – ERP. Esses sistemas se caracterizam por sua modularidade, sua padronização, sua integração e a possibilidade de interfaces com outras aplicações. A implantação de um sistema ERP é um projeto complexo, com profundo impacto nos processos da empresa e desdobramentos na cultura organizacional.

Na virada do milênio, a gestão dos processos de negócios evoluiu para um modelo de gestão auxiliado por ferramentas tecnológicas com foco na melhoria dos processos de negócios alinhados aos objetivos estratégicos da organização. Conhecido como Business Process Management – BPM, esse modelo de gestão é resultado das experiências das ondas anteriores, e os softwares utilizados para auxiliar nas atividades de identificação, modelagem, controle e medição são denominados *Business Process Management Suites* – BPMS.

Na atualidade, o *Business Process Management* – BPM é encarado como uma disciplina que apresenta áreas de conhecimento que exigem o desenvolvimento de competências organizacionais tanto para sua implementação como para o atingimento do grau de maturidade requerido para atingir vantagens competitivas.

Conforme a terceira versão do Corpo Comum de Conhecimento em BPM da *Association of Business Process Management Professionals* (ABPMP, 2013, p. 9), as áreas de conhecimento em BPM são:

- Gerenciamento de Processos de Negócio;
- Modelagem de Processos;
- Análise de Processos;
- Desenho de Processo;
- Gerenciamento de Desempenho de Processos;
- Transformação de Processos;
- Organização do Gerenciamento de Processos;
- Gerenciamento Corporativo de Processos;
- Tecnologias de BPM.

Como você pode aplicar os conhecimentos deste trecho do livro na sua empresa?

- Identifique o modelo de gerenciamento de processos adotado pela sua organização a partir dos insumos oferecidos nesta introdução.

- Qual é o grau de conhecimento dos gestores sobre o gerenciamento de processos de negócios como disciplina?

4.3. Processo de negócio

Conforme o Guia para o Gerenciamento de Processos de Negócio Corpo Comum de Conhecimento ABPMP BPM CBOK V3.0 (2013, p. 35), no contexto de BPM, um "processo de negócio" é um trabalho que entrega valor aos clientes ou apoia/gerencia outros processos. Esse trabalho pode ser entendido como um conjunto de etapas ou ações executadas a partir de insumos ou entradas recebidas e sua transformação e agregação de valor, gerando saídas (produtos ou serviços) para atender aos clientes ou ao mercado. Esse conjunto de etapas é formado por atividades executadas segundo uma lógica sequencial e de forma sincronizada, obedecendo a requisitos, normas de qualidade e regras de negócio, na sua maioria, apoiada por infraestrutura tecnológica de informação. Portanto, o processo de negócio é uma representação de como a empresa produz seus produtos ou serviços.

4.4 Cadeia de valores

Uma forma bastante usual de representar os processos de negócios de uma organização é a cadeia de valores.

Conforme Porter (1990, p. 31):

> A cadeia de valores desagrega uma empresa nas suas atividades de relevância estratégica para que se possa compreender o comportamento dos custos e as fontes existentes e potenciais de diferenciação. Uma empresa ganha vantagem competitiva, executando estas atividades estrategicamente importantes de uma forma mais barata ou melhor do que a concorrência.

Depreende-se do conceito elaborado por Porter que a cadeia de valores, além de representar os processos de negócios da organização, pode ser utilizada como ferramenta de análise estratégica para o exame das atividades, o modo como são executadas, a interação, os custos envolvidos, os riscos decorrentes, entre outros fatores passíveis de análise e mensuração, gerando os insumos para a definição de estratégias competitivas em custos, diferenciação ou enfoque, este último quando envolve um público-alvo específico.

Figura 2 – Cadeia de valores genérica de Porter.

Fonte: PORTER (1990, p. 35).

A representação da cadeia de valores genérica de Porter permite uma visão abrangente da estrutura do negócio escolhido pela organização. Essa estrutura é segregada em atividades primárias e atividades de apoio. As atividades primárias são aquelas envolvidas na produção de valor ou na criação do produto ou serviço, contemplando ainda sua entrega e a assistência pós-venda. Conforme o modelo de Porter, as atividades primárias são representadas por: logística interna; operações; logística externa; marketing e vendas e serviços.

Tabela 1 – Cadeia de valores genérica – atividades primárias.

Atividade	Descrição
Logística interna	Atividades que envolvem o recebimento dos insumos, seu armazenamento e sua distribuição para o ciclo de operações.
Operações	Atividades que agregam valor aos insumos transformando-os em produto final.
Logística externa	Atividades que se referem ao armazenamento e à distribuição dos produtos aos clientes.
Marketing & Vendas	Atividades associadas ao relacionamento com o público-alvo e a destinação do produto ou serviço.
Serviços	Atividades executadas para intensificar ou manter o valor do produto e a fidelização do cliente.

As atividades de apoio são aquelas que dão suporte às atividades primárias, e sua divisão, representada por linhas tracejadas, expressa sua associação e sua interação com essas atividades. No modelo de Porter, as atividades de apoio são: aquisição; desenvolvimento de tecnologia; gerência de recursos humanos e infraestrutura da empresa.

Tabela 2 – Cadeia de valores genérica – atividades de apoio.

Atividade	Descrição
Aquisição	Atividades que se referem à aquisição dos insumos diretos e indiretos utilizados na cadeia de valor.
Desenvolvimento de tecnologia	Nesse caso, a tecnologia deve ser entendida como o conjunto de conhecimentos, procedimentos e métodos desenvolvidos ou adquiridos que são utilizados em todos os processos.
Gerência de recursos humanos	Apoia todos os processos da cadeia de valor na gestão dos recursos humanos necessários para o desenvolvimento das atividades.
Infraestrutura da empresa	Caraterizados como processos de gestão que envolvem toda a organização como o planejamento estratégico, a gestão financeira, contábil, jurídica e da qualidade, entre outros.

Por se tratar de um modelo genérico, a representação da cadeia de valores proposta por Porter pode e deve ser adaptada conforme as características e as peculiaridades de cada organização. Não obstante as adaptações necessárias, a cadeia de valores, conforme sugerida por Porter, pode ser considerada a representação dos processos de negócios em seu nível mais estratégico.

> **Como você pode aplicar os conhecimentos deste trecho do livro na sua empresa?**
> - A partir da representação da cadeia de valores genérica de Porter, elabore a cadeia de valores da sua organização.
> - Identifique os processos primários e de apoio e as interações existentes.

4.5. Hierarquia de processos

O aprofundamento da análise da cadeia de valores pode exigir o desdobramento dos processos de negócios em outros níveis, conforme a necessidade e a peculiaridade de cada organização cuja representação é feita por meio de diagramas hierárquicos que indicam as relações existentes entre os níveis.

Figura 3 – Hierarquia de processos.

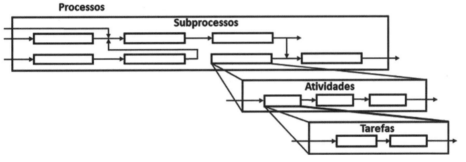

Fonte: HARRINGTON (1993, p. 34).

Segundo Harrington (1997 apud Villela, 2000, p. 32) e Davis e Weckler (1997 apud Villela, 2000, p. 32), a estratificação dos processos pode ser realizada utilizando-se a seguinte nomenclatura:
- **Macroprocesso:** geralmente envolve mais de uma função da estrutura organizacional, e sua operação tem impacto significativo no modo como a empresa funciona.
- **Processo:** conjunto de atividades sequenciais (conectadas), relacionadas e lógicas, que tomam um input com um fornecedor, acrescentam valor a este e produzem um output para o consumidor.
- **Subprocesso:** é a parte que, inter-relacionada de forma lógica com outro processo, realiza um objetivo específico em apoio ao macroprocesso e contribui para a missão desse.
- **Atividades:** é o que ocorre dentro dos processos e dos subprocessos. São geralmente desempenhadas por uma unidade (pessoa ou departamento) para produzir um resultado particular.
- **Tarefas:** é uma parte específica do trabalho, o menor microenfoque do processo, podendo ser um único elemento e/ou um subconjunto de uma atividade.

Importante ressaltar que a hierarquia ou a arquitetura de processos é uma abordagem utilizada para estratificar os níveis que se pretende analisar. Na prática, toda execução ocorre no nível das atividades ou das tarefas que, no seu conjunto, podem ser agrupadas em subprocessos, processos e macroprocessos.

> **Como você pode aplicar os conhecimentos deste trecho do livro na sua empresa?**
> - Elabore um diagrama para representar a hierarquia de processos dentro do departamento em que atua.
> - Discuta-o com seus colegas, buscando validá-lo com base nas percepções de sua clareza e sua completude.

4.6. Gerenciamento de processos de negócios

O gerenciamento de processos de negócios baseia-se numa lógica que pode ser expressa da seguinte maneira: os objetivos organizacionais devem ser formulados e alcançados com base na entrega de valor aos clientes por meio dos produtos e serviços gerados pelos processos de negócios que compõem a cadeia de valor da organização. Portanto, os objetivos organizacionais podem ser alcançados mediante um gerenciamento focado em processos de negócios.

> Gerenciamento de Processos de Negócio (BPM – *Business Process Management*) é uma disciplina gerencial que integra estratégias e objetivos de uma organização com expectativas e necessidades de clientes, por meio do foco em processos ponta a ponta. BPM engloba estratégias, objetivos, cultura, estruturas organizacionais, papéis, políticas, métodos e tecnologias para analisar, desenhar, implementar, gerenciar desempenho, transformar e estabelecer a governança de processos. (ABPMP BPM CBOK v 3.0 2013, p.40).

A partir da definição da *Association of Business Process Management Professionals* (ABPMP), podemos entender que o gerenciamento de processos de negócios é uma ponte entre as estratégias e os objetivos organizacionais e as expectativas e as necessidades dos clientes por meio da orientação focada em processos. Preconiza ainda o estabelecimento de um modelo de governança de processos em que se consideram as estratégias, os objetivos, a cultura, as estruturas organizacionais, os papéis, as políticas, os métodos e as tecnologias para analisar, desenhar, implementar e gerenciar desempenho. Esse gerenciamento deve ser realizado de forma contínua para garantir sua integridade e o desenvolvimento de capacidades e propiciar a sua transformação ao longo de uma curva de aprendizado e maturidade.

Como disciplina gerencial a gestão de processos de negócios é um corpo de conhecimentos que agrega princípios e práticas que orientam a utilização dos recursos organizacionais na implementação das estratégias e no atingimento dos objetivos almejados. Esses princípios e práticas podem ser aplicados mediante uma metodologia que considera as seguintes etapas dentro de um ciclo de maturidade.

Figura 4 – Gerenciamento de processos de negócio – metodologia.

A metodologia proposta tem um caráter genérico ou de referência que pode ser adaptado a cada situação específica. As etapas indicadas serão abordadas nos itens seguintes.

> **Como você pode aplicar os conhecimentos deste trecho do livro na sua empresa?**
> - Faça um levantamento dos critérios adotados pela organização para o estabelecimento dos objetivos organizacionais em seu planejamento estratégico.
> - Avalie o alinhamento existente entre os objetivos organizacionais e os objetivos estabelecidos para os processos de negócios.
> - Verifique como os requisitos dos clientes são considerados nos objetivos dos processos de negócios.

4.7. Mapeamento de processos
As principais características do mapeamento de processos são:

a) Conceito
É o conjunto de atividades que consiste na captura e no levantamento das informações inerentes ao processo em estudo, bem como a sua representação de forma simples e visual, permitindo sua compreensão por todos os interessados.

b) Função
Registro e documentação, sob a forma de uma linguagem padrão e representação gráfica, de todos os componentes do processo.

c) **Objetivos**
- Garantir a gestão do conhecimento por seu registro e sua padronização;
- Fomentar o aprendizado organizacional;
- Subsidiar a análise crítica;
- Avaliar o grau de eficiência e eficácia;
- Apurar as oportunidades de melhorias;
- Subsidiar a implantação de novas tecnologias.

d) **Principais consequências**
- Redução de custos;
- Melhor alocação de recursos;
- Construção de vantagens competitivas.

4.7.1. Captura e levantamento das informações

A etapa de captura e levantamento busca identificar os principais contornos e o escopo do processo pela definição do seu objetivo; a sequência das suas atividades; os recursos envolvidos; os insumos utilizados e as saídas geradas; seus fornecedores e seus clientes; as interfaces com outros processos e sistemas, entre outros.

4.7.2. Técnicas de mapeamento

As técnicas mais comuns para a obtenção das informações sobre o processo que se pretende mapear são:

- entrevistas, oficinas e reuniões;
- questionários;
- observação de campo;
- análise documental e de sistemas informatizados;
- coleta de evidências.

As diferentes técnicas possibilitam diferentes enfoques e podem ser utilizadas individualmente ou em conjunto.

É importante determinar as principais informações a serem levantadas no mapeamento inicial do processo escolhido.

Tabela 3 – Informações básicas do processo.

Informações do processo	Descrição
Nome do processo	→ O nome do processo define o que ele faz. → Pode ser descrito com o verbo no infinitivo mais complemento. → Não utilizar gerúndio ou verbo no passado.

Objetivo, propósito ou finalidade do processo	→ É a razão de existência do processo e traduz sua finalidade. → Deve esclarecer o valor agregado dentro da cadeia de valor. → É o alvo ou fim que se quer atingir com o processo. → Na descrição do objetivo podem-se agregar os requisitos da qualidade que se pretendem alcançar, por exemplo: • níveis de qualidade do produto ou serviço; • índices de satisfação de clientes; • grau de eficiência, entre outros. → A descrição dos requisitos da qualidade propicia a definição de métricas de desempenho e a identificação de oportunidades de melhoria.
Início e fim do processo	→ São os pontos de início e fim do fluxograma do processo. → Indicam as fronteiras do processo. → Alguns processos possuem múltiplas entradas e saídas.
Entradas (*inputs*)	→ São os "gatilhos" necessários para dar início ao processo. Essa definição é importante na medida em que permite distinguir os demais insumos utilizados durante o processo, devendo ser considerados insumos fornecidos pelos processos de apoio na cadeia de valores. → São os fatos, os insumos ou a informação que provocam o início do processo. → Insumos também podem ser caracterizados por demandas ou necessidades de *stakeholders* internos ou externos por informações, materiais, etc.
Fornecedores	→ Indivíduo, ente, processo, função, sistema ou fonte (externo ou interno) que fornece as entradas para o processo. → Um fornecedor pode ser cliente do mesmo processo.
Saídas (*outputs*)	→ Refere-se ao resultado do processo. Pode ser caracterizado como produtos, serviços ou informações. → Importante descrever claramente a saída gerada, e não o meio em que é entregue. Por exemplo: num processo administrativo um relatório ou um ofício são meios, e não saídas.
Clientes	→ Indivíduo, ente, processo, função, sistema ou destino (externo ou interno) que recebe as saídas geradas pelo processo. → Um cliente pode ser fornecedor do mesmo processo.
Sistemas e métodos utilizados	Descrever os sistemas corporativos e outros aplicativos e métodos utilizados na execução do processo e suas funções específicas.
Registros de qualidade	→ São os registros que fornecem evidência da qualidade requerida ou do cumprimento da conformidade com os requisitos do processo. → Esses registros podem ser encontrados em relatórios de inspeção ou auditoria, certificados de análise, atas de verificação, análise crítica de dados, entre outros. → Os manuais de qualidade devem estabelecer procedimento documentado sobre os controles necessários para a identificação, o meio de armazenamento, o tempo de guarda ou retenção, a proteção, a recuperação, a disposição de registros e o destino após retenção.

Padrões de trabalho	→ Manuais internos; procedimento operacional padrão – POP; guias de trabalho, etc.; → Fluxogramas; → Controles utilizados: quantitativos (volumes recebidos e tratados) e qualitativos (informações sobre a situação).
Fatores críticos de gestão	São os fatores que exigem maior dedicação de gestão visando à fluidez do processo e à prevenção de retrabalho ou solução de continuidade.
Indicadores utilizados e finalidade	Descrever os indicadores utilizados e sua utilização.
Interfaces existentes	Interações e interdependências de entradas, saídas, recursos e atividades entre os processos mapeados.
Comunicação	Como é a comunicação interna/externa na execução do processo.
Ciclo de produção	Prazos e períodos críticos de produção.
Formulários	Relatórios, mapas, planilhas ou outros modelos de documento que estejam associados às atividades.

A partir das informações levantadas, inicia-se a etapa de construção da representação gráfica dos processos.

4.7.3. Representação dos processos

A etapa de representação dos processos consiste na definição e na elaboração de uma linguagem padrão e da construção gráfica contemplando os elementos essenciais do processo mapeado.

4.7.4. Ferramentas de representação de processos

Há diversos tipos de ferramentas utilizadas para a representação de processos. Entre as mais conhecidas e utilizadas estão:
- SIPOC;
- Fluxograma.

4.7.4.1. SIPOC

Acrônimo das palavras Suppliers; Input; Process; Output e Customers, o SIPOC é uma das ferramentas utilizadas no âmbito da estrutura do Seis Sigma. Busca descrever todos os elementos relevantes de um processo fornecendo uma visão das suas inter-relações, suas interfaces e sua contribuição para agregar valor aos produtos e serviços gerados. Nesse aspecto, o SIPOC pode ser considerado uma ferramenta que possibilita o desdobramento, num segundo nível, dos processos representados pela cadeia de valores da organização. A partir da coleta das informações necessárias, a elaboração do SIPOC é simples e rápida. Sua representação em colunas facilita o entendimento da sequência lógica da cadeia de valor.

Tabela 4 – Detalhamento dos campos do SIPOC.

S	Suppliers	Fornecedores	São os entes que fornecem os insumos para o processo. Na visão de processos, um fornecedor pode ser também cliente do mesmo processo.
I	Inputs	Entradas	São os insumos, os fatos, os documentos, as requisições, as solicitações, os materiais ou a informação que provocam o início do processo.
P	Process	Processo	Refere-se às atividades que transformam os insumos recebidos em saídas.
O	Outputs	Saídas	É o resultado da agregação de valor do processo materializado em produtos, serviços ou informações.
C	Customers	Clientes	São os entes que recebem as saídas geradas pelo processo. Na visão de processos, um cliente pode ser também fornecedor do mesmo processo.

Figura 5 – Exemplo SIPOC: processo de planejamento estratégico.

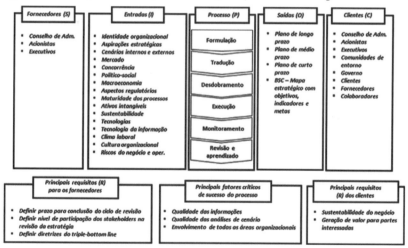

Fonte: FNQ (2015, p. 17).

Figura 6 – Exemplo SIPOC: análise de sinistro de automóvel por uma companhia seguradora.

S	I	P	O	C
Fornecedor	Entrada	Processo	Saída	Cliente
Segurado	Comunicação de sinistro – colisão de automóvel – perda total	Análise de Sinistros	Pagamento autorizado Pagamento indeferido	Segurado

O SIPOC retrata uma visão de alto nível do processo, identificando suas fronteiras sob dois aspectos: de um lado, os fornecedores do processo e seus insumos e, do outro lado, os produtos/serviços e seus respectivos clientes, permitindo aprofundar o estudo sobre os requisitos de qualidade exigidos para o recebimento das entradas e os requisitos de qualidade exigidos pelos clientes.

Além das fronteiras, o SIPOC permite que se avalie o processo visando encontrar oportunidades de melhorias por meio do desdobramento das suas etapas mediante a utilização do fluxograma.

4.7.4.2. Fluxograma

Segundo Oliveira (2002, p. 257), fluxograma é a representação gráfica que apresenta a sequência de um trabalho de forma analítica, caracterizando as operações, os responsáveis e/ou as unidades organizacionais envolvidas no processo. Para D'Ascenção (2001, p. 110), um fluxograma "é uma técnica de representação gráfica que se utiliza de símbolos previamente convencionados, permitindo a descrição clara e precisa do fluxo ou sequência de um processo".

Portanto, um fluxograma padrão propicia uma visão detalhada do processo, explicitando a sequência das atividades e as áreas envolvidas.

Figura 7 – Desdobramento de um processo por meio do fluxograma..

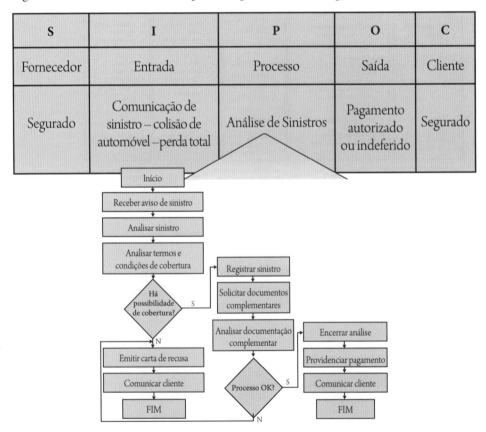

A simbologia American National Standards Institute (ANSI) é um dos padrões mais utilizados e permite uma análise mais adequada das interações e dos detalhes de cada etapa de um processo.

Figura 8 – Simbologia padrão ANSI para a construção de fluxogramas.

símbolo	símbolo	observações
	início ou fim do processo	No interior desse símbolo normalmente é colocada a palavra "INÍCIO" ou "FIM". Pode-se colocar o setor fornecedor ou cliente do processo
	setor ou pessoa responsável	É utilizado apenas em fluxos complexos com participação de vários responsáveis
	passo ou operação	Cada atividade realizada no processo é colocada no interior deste símbolo. Pode ter o responsável descrito (2º desenho)
	processo pré-definido	Subprocessos ou atividades necessárias que podem ser detalhadas em outro fluxograma
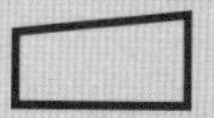	materiais	Matéria-prima, insumos, etc.
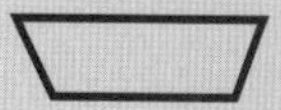	operação manual	Atividade executada exclusivamente por processo manual, como distribuição de documentos
	ponto de decisão	Descreve eventos condicionais, onde sim/não definem a continuidade do processo
	ponto de parada ou espera	Paradas obrigatórias do processo, como o tempo de descanso de uma massa ou composto químico, aguardo de uma resposta, etc
	ponto de inspeção	Paradas para verificação e/ou liberação para a continuidade do processo
	documento(s)	Documentos necessários e/ou resultantes do processo. Quando houverem mais vias, use o 2º símbolo
	informação (contato) verbal ou cópia (documentos)	Use para representar contatos telefônicos, por exemplo
	transporte / movimentação	Cargas, pacotes, etc. Convém que o destino esteja descrito com clareza.
	armazenagem temporária ou arquivo temporário	Estoque de material no setor, por exemplo, ou documentos que devam ficar reservados por algum motivo
	conector	Usado para conectar-se a outro fluxograma

Fonte: RODRIGUES (2008, p. 13).

Exemplificando a utilização da simbologia ANSI na descrição de uma atividade de atendimento telefônico ao cliente.

Figura 9 – Exemplo de fluxograma – padrão ANSI.

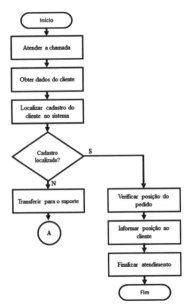

4.7.4.2.1. Fluxograma vertical

Utilizado para representar atividades executadas em determinada área ou setor. Descreve a execução das tarefas executadas por uma pessoa ou mais de forma sequencial. Os símbolos representam as tarefas executadas, ao passo que as linhas descrevem a sua sequência. As demais colunas são preenchidas geralmente com dados referentes ao executor, à descrição da tarefa e ao tempo de execução.

Figura 10 – Exemplo de fluxograma vertical.

F L U X O G R A M A V E R T I C A L	1	○	○	□	△	A	Prepara o grampo de sustentação	3,50
	2	○	○	□	△	A	Encaixa o grampo na peça principal	0,50
	3	○	○	□	△	A	Verifica se o encaixe está firme	0,50
	4	○	○	□	△	A	Envia o pivotador	2,00
	5	○	○	□	△	A	Coloca o pivô no grampo de sustentação	1,50
	6	○	○	□	△	A	Envia ao bandeiro	2,00
	7	○	○	□	△	A	Insere a banda lateral no pivô	1,50
	8	○	○	□	△	A	Parafusa a banda lateral na peça principal	1,50
	9	○	○	□	△	A	Envia ao instalador	2,00
	10	○	○	□	△	A	Parafusa o mecanismo eletrônico	1,50
	11	○	○	□	△	A	Faz as ligações elétricas nos pontos A e B	3,50
	12	○	○	□	△	A	Faz o teste final do produto	3,00

Fonte: Chiavenato (2007, p.180)

4.7.4.2.2 Fluxograma horizontal

Utilizado para descrever atividades que envolvam mais de uma área ou pessoa.

Figura 11 – Exemplo de fluxograma horizontal.

		Gerente	Controlador	Comprador	Conferente	Apontador	Supervisor de transporte	Gerente	Almoxarife	Expedidor	Conferente
1	Recebe o pedido de material										
2	Verifica o estoque do material										
3	Realiza a tomada de preços										
4	Aprova a compra										
5	Elabora o pedido de compra										
6	Recebe o material comprado										
7	Confere o material comprado										
8	Remete o material ao almoxarifado										
9	Recebe o material comprado										
10	Arruma o material comprado										
11	Envia o material aos solicitantes										
12	Confere o material a enviar										

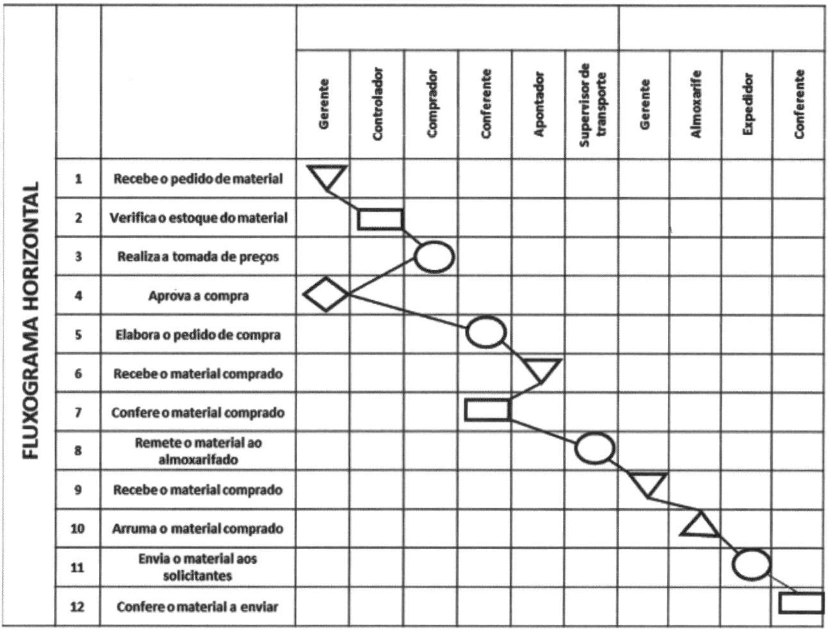

Fonte: CHIAVENATO (2007, p.181).

> **Como você pode aplicar os conhecimentos deste trecho do livro na sua empresa?**
> - Escolha um processo sobre o qual tenha acesso às informações necessárias e elabore o respectivo SIPOC.
> - Em seguida, elabore o fluxograma das etapas do processo escolhido.
> - Discuta com seus colegas os resultados obtidos com a elaboração do SIPOC e do fluxograma, visando avaliar o grau de acerto e buscar o aprimoramento na representação de processos.

4.8. Modelagem de processos de negócio

Conforme o BPM CBOK 3.0 (2013, p. 72):

> Modelagem de processos de negócio é o conjunto de atividades envolvidas na criação de representações de processos de negócio existentes ou propostos. Pode prover uma perspectiva ponta a ponta ou uma porção dos processos primários, de suporte ou de gerenciamento. O propósito da modelagem é criar uma representação do processo de maneira completa e precisa sobre seu funcionamento. Por esse motivo, o nível de detalhamento e o tipo específico de modelo têm como base o que é esperado da iniciativa de modelagem. Um diagrama simples pode ser suficiente em alguns casos, enquanto um modelo completo e detalhado pode ser necessário em outros.

Portanto, a modelagem de processos de negócios implica a construção de modelos por meio de uma representação abstrata em forma gráfica e expresso por uma linguagem de modelação composta de uma notação ou um conjunto padronizado de símbolos e regras.

Tabela 5 – Padrão de notação em modelagem de processos.

Notação	Descrição
BPMN (Business Process Model and Notation)	Padrão criado pelo *Object Management Group*, útil para apresentar um modelo para públicos-alvo diferentes.
Fluxograma	Originalmente aprovado como um padrão ANSI (*American National Standards Institute*), inclui um conjunto simples e limitado de símbolos não padronizados; facilita entendimento rápido do fluxo de um processo.
EPC (Event-driven Process Chain)	Desenvolvido como parte da estrutura de trabalho ARIS, considera eventos como "gatilhos para" ou "resultados de" uma etapa do processo; útil para modelar conjuntos complexos de processos.
UML (Unified Modeling Language)	Mantido pelo *Object Management Group*, consiste em um conjunto padrão de notações técnicas de diagramação orientado à descrição de requisitos de sistemas de informação.
IDEF (Integrated Definition Language)	Padrão da *Federal Information Processing Standard* dos Estados Unidos que destaca entradas, saídas, mecanismos, controles de processo e relação dos níveis de detalhe do processo superior e inferior; ponto de partida para uma visão corporativa da organização.
Value Stream Mapping	Do *Lean Manufacturing*, consiste em um conjunto intuitivo de símbolos usado para mostrar a eficiência de processos por meio do mapeamento de uso de recursos e elementos de tempo.

Fonte: ABPMP CBOK V3.0 (2015, p. 79).

Atualmente, a modelagem de processos dispõe de soluções tecnológicas com a utilização de banco de dados e referenciais metodológicos que, na maioria, adotam a notação BPMN (*Business Process Model and Notation*). A BPMN é uma notação gráfica composta de um conjunto de elementos para representar as atividades, os relacionamentos, a precedência e os fluxos de controle estruturados em um diagrama de processo de negócio denominado BPD (*Business Process Diagram*). Os referidos elementos são agrupados em quatro categorias básicas:

- Objetos de fluxo;
- Objetos de conexão;
- Swimlanes;
- Artefatos.

Tabela 6 – BPMN: Elementos de modelagem básica.

Elemento / Objeto	Descrição	Notação / Figura
Evento	É algo que acontece no decurso de um processo. Esses eventos afetam o fluxo do processo e têm geralmente uma causa (*trigger*) ou um impacto (*result*). Os eventos são círculos abertos que permitem indicadores internos para distinguir diferentes gatilhos ou resultados. Há três tipos de evento que podem afetar o fluxo: Iniciar, Intermediário e Final.	○ ○ ○
Atividade	Denomina um trabalho executado em um processo. Os tipos de atividade são: tarefas e subprocessos. O subprocesso é distinguido por uma pequena cruz no centro inferior da figura.	▢
Gateway	Usado p/ controlar a divergência e a convergência da sequência de um fluxo. Assim, determinará decisões tradicionais, como ramificação, bifurcação, fusão e união de caminhos.	◇
Fluxo de sequência	É usado para mostrar a ordem (sequência) com que as atividades serão realizadas em um processo.	→
Fluxo de mensagem	É usado para mostrar o fluxo de mensagens entre dois participantes diferentes que emitem e recebem.	o----▶
Associação	É usada para associar dados, informações, textos e outros artefatos com os objetos de fluxo ou elementos gráficos BPMN. As associações são usadas para mostrar as entradas e as saídas das atividades.	-----▷
Pool	A piscina (*pool*) representa um participante em um processo. Ele atua como um contêiner gráfico para dividir um conjunto de atividades de outros *pools*, geralmente no contexto de situações de B2B.	[Name]
Lane	Uma pista (lane) é uma subdivisão dentro de uma piscina (pool) usado para organizar e categorizar as atividades.	[Name/Name]
Objeto de dados	É um mecanismo que fornece informações para mostrar como os dados são requeridos ou produzidos por atividades. Pode representar um único objeto ou uma coleção de objetos. São conectados às atividades com as associações.	🗎 Name [State]
Mensagem	Uma mensagem é usada para representar o conteúdo de uma comunicação entre dois participantes.	✉
Grupo	Um grupo é um conjunto de elementos gráficos e é representado por um retângulo. Pode ser usado para finalidades de documentação ou de análise.	⬚
Anotações	As anotações são mecanismos para fornecer informações adicionais ao leitor de um diagrama BPMN.	[Text Annotation Allows a Modeler to provide additional information

Fonte: OMG BPMN v.2.0 (2011, p.29-30) adaptado pelo autor.

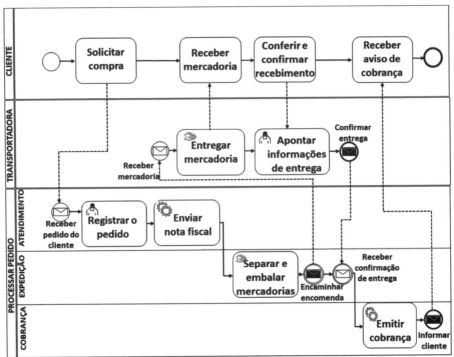

Figura 12 – Exemplo de fluxo com raias padrão BPMN.
Fonte: ABPMP CBOK V3.0 (2015, p.82).

Como você pode aplicar os conhecimentos deste trecho do livro na sua empresa?

- Avalie a metodologia utilizada pela sua organização para a modelagem de processos.

- Verifique o tipo de notação de modelagem de processos adotado pela sua empresa e a solução tecnológica utilizada.

4.9. Análise de processos

A análise de processos é uma etapa do gerenciamento de processos de negócio que busca conhecer a situação atual (AS IS) dos processos e da sua capacidade de atender aos objetivos pretendidos. O objetivo dessa etapa é criar um entendimento comum e compartilhado de como o trabalho é realizado e propiciar *insights* para sua melhoria. Oportunidades de melhoria podem ser identificadas mesmo durante a etapa de levantamento e captura de informações e a modelagem dos processos, por exemplo:
- Ambiguidade em regras de negócio;
- Atividades não normatizadas;
- Duplicidade de atividades;
- Ausência de controles;

– Falhas na definição de requisitos de entradas e saídas, entre outros.

Por esse motivo, é importante que a organização adote critérios de priorização dos processos a ser analisados, objetivando maior grau de eficiência nessa atividade. Esses critérios devem estar alinhados aos objetivos organizacionais e nortear a seleção dos processos que serão objeto de análise. Os critérios de seleção devem considerar aspectos importantes para a estratégia organizacional, tais como:
- agregação de valor para o cliente (prazo, qualidade, novas funcionalidades);
- aumento da produtividade;
- redução de custos;
- imagem da organização;
- mitigação de riscos operacionais, etc.

4.9.1. Metodologias de análise de processos

As metodologias mais conhecidas e utilizadas para a análise de processos são: o ciclo PDCA; a MASP e o Seis Sigma.

4.9.1.1. O ciclo PDCA

Criado por volta de 1920, por Walter A. Shewhart e disseminado por William Edward Deming, o PDCA se constitui no principal método utilizado no sistema de gerenciamento pela Qualidade. Segundo Moura (1997, p. 90), o PDCA é "uma ferramenta que orienta a sequência de atividades para se gerenciar uma tarefa, processo, empresa, etc.". Para Campos (1996, p. 262), "o PDCA é um método de gerenciamento de processos ou de sistemas. É o caminho para se atingirem as metas atribuídas aos produtos dos sistemas empresariais".

Figura 13 – Ciclo PDCA de gerenciamento de processos.

Fonte: CAMPOS (1992, p. 30).

O PDCA possui um ciclo de quatro movimentos:
- *Plan* (planejar): é o primeiro movimento do ciclo, em que se definem as metas, os resultados, os prazos, as estratégias, os métodos, as ferramentas e as técnicas para o proces-

so abordado, que pode ser o planejamento estratégico; a implantação de um novo sistema; o redesenho de processos organizacionais; o desenvolvimento de novos produtos, etc.

– *Do* (executar): no segundo movimento ocorre a execução do que foi planejado, envolvendo o treinamento dos envolvidos, a execução das tarefas e a coleta de dados para análise.

– *Check* (verificar): o objetivo principal é comparar os resultados obtidos com as metas estabelecidas na fase de planejamento e, por meio dos dados coletados, detectar possíveis falhas e erros não previstos na fase de planejamento com os resultados obtidos.

– *Act* (agir): corrigidas as falhas, inicia-se novamente o ciclo, buscando a melhoria contínua da qualidade.

Por se caracterizar como um ciclo, o método PDCA pode ser utilizado para manter o grau de qualidade atingido ou buscar sua melhoria contínua pela conjugação dos ciclos PDCA.

Figura 14 – Ciclo PDCA de manutenção e melhoria.

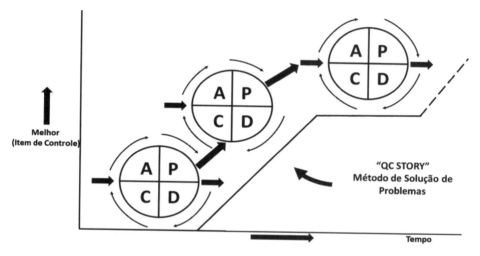

Fonte: CAMPOS (1992, p. 34).

4.9.1.2 Metodologia de Análise e Solução de Problemas – MASP

> O método de solução de problemas é uma peça fundamental para que o controle da qualidade possa ser exercido. Como controle da qualidade via PDCA é o modelo gerencial para todas as pessoas da empresa. Este método de solução de problemas deve ser dominado por todos. Todos nós precisamos ser exímios solucionadores de problemas. O domínio deste método é o que há de mais importante no TQC. (CAMPOS, 1992, p. 207).

A MASP é um desdobramento do método PDCA em oito etapas, constituindo-se de uma forma estruturada para analisar e solucionar problemas na rotina diária.

Tabela 7 – Método de análise e solução de problemas e PDCA.

PDCA	FLUXOGRAMA	FASE DO MASP	OBJETIVO
P	1	Identificação do problema	Definir o problema e verificar sua importância.
P	2	Observação	Investigar as características do problema.
P	3	Análise	Descobrir as causas fundamentais.
P	4	Plano de Ação	Conceber um plano para as causas fundamentais.
D	5	Execução	Aplicar o plano para bloquear as causas.
C	6	Verificação	Verificar se o bloqueio foi efetivo.
C	?	Bloqueio foi efetivo?	
A	7	Padronização	Prevenir contra o reaparecimento do problema.
A	8	Conclusão	Recapitular o processo de solução de problemas para trabalhos futuros.

Fonte: CAMPOS (1994, p. 114) adaptado pelo autor.

Cada uma das fases da MASP requer uma série de atividades quando da sua execução.

Tabela 8 – Fases da MASP e suas respectivas atividades.

Etapa 1 – Identificação do problema

- Escolher o problema é a tarefa mais importante, pois 50% do problema se resolve com sua correta identificação;
- Levantar o histórico do problema, identificando a frequência e como ele ocorre;
- Mostrar as perdas atuais e os ganhos viáveis, utilizando um histograma, por exemplo;
- Fazer a análise de Pareto, priorizando temas e estabelecendo metas numéricas viáveis. Nessa tarefa, deve-se buscar somente os resultados indesejáveis. A causa faz parte da Etapa 3;
- Nomear a pessoa responsável ou nomear o grupo responsável e o líder, propondo uma data limite para ter o problema solucionado.

Etapa 2 – Observação

- Descobrir as características pela coleta de dados. O problema deve ser observado de vários pontos de vista: tempo, local, tipo, sintoma e indivíduo. Coletar opiniões e utilizar o gráfico de Pareto com as perguntas do "5W2H" (O que, quem, quando, onde, por que e como) para coletar os dados;
- Descobrir as características do problema por meio da observação no local;
- Estimar um cronograma para referência, atualizado a cada processo;
- Estimar um orçamento e definir uma meta a ser atingida.

Etapa 3 – Análise

- Definir as causas influentes, utilizando o *brainstorming* para colher o maior número possível de causas, a fim de construir o diagrama de causa-efeito;
- Escolher as causas prováveis com base nas informações colhidas na Etapa 2 (observação);
- Fazer a verificação de hipóteses, confrontando dados e opiniões e utilizando Pareto para priorizar, o histograma para avaliar a dispersão e gráficos para verificar a evolução;
- Fazer o teste de consistência da causa fundamental e verificar a possibilidade de bloqueio. Se for impossível, pode ser que a causa determinada ainda não seja a causa fundamental, mas um efeito dela;
- Em decorrência da tarefa anterior, deve-se transformar a causa num novo problema e perguntar outro "por que" voltando ao início do fluxo do processo.

Etapa 4 – Plano de ação

- Elaborar a estratégia de ação, certificando-se de que as ações serão tomadas com base nas causas fundamentais, e não em seus efeitos;
- Elaborar o plano de ação para o bloqueio e revisar o cronograma e o orçamento final pelo "5W2H";
- Determinar a meta a ser atingida e os itens de controle e verificação dos diversos níveis envolvidos.

Etapa 5 – Ação

- Divulgar o plano a todos os envolvidos;
- Apresentar claramente as tarefas e a razão delas;
- Certificar-se de que todos entenderam e concordaram com as medidas propostas;
- Executar a ação, registrando todos os resultados bons ou ruins e a data em que foram tomados.

Etapa 6 – Verificação

- Comparar os resultados utilizando os dados coletados antes e após a ação de bloqueio para verificar a efetividade da ação e o grau de redução dos resultados indesejáveis;
- Fazer uma listagem dos efeitos secundários;
- Verificar a continuidade ou não do problema. Se os efeitos continuarem a ocorrer, significa que a solução apresentada foi falha;
- Verificar se o bloqueio foi efetivo. Se a solução foi falha, retomar a etapa 2 (observação).

Etapa 7 – Padronização

- Estabelecer o novo procedimento operacional ou rever o antigo pelo "5W2H";
- Incorporar, sempre que possível, um mecanismo *fool-proof*, ou à prova de bobeira;
- Fazer a comunicação de modo a evitar possíveis confusões: estabelecer data de início da nova sistemática, quais áreas serão afetadas para que a aplicação do padrão ocorra em todos os locais necessários ao mesmo tempo e por todos os envolvidos;
- Efetuar a educação e o treinamento, certificando-se de que todos os funcionários estão aptos a executar o procedimento operacional padrão;
- Fazer um acompanhamento periódico da utilização do padrão.

Etapa 8 – Conclusão

- Relacionar os problemas remanescentes e também os resultados acima do esperado (são indicadores importantes para aumentar a eficácia nos futuros trabalhos);
- Reavaliar os itens pendentes, organizando-os para uma futura aplicação do método de solução de problemas;
- Analisar as etapas executadas da MASP nos seguintes aspectos:

1. Cronograma – Houve atrasos significativos ou prazos folgados demais? Quais foram os motivos?
2. Elaboração do diagrama causa-efeito – Foi superficial?
(Isso dará uma medida de maturidade da equipe envolvida. Quanto mais completo o diagrama, mais habilidosa a equipe);
3. Houve participação dos membros? O grupo era o melhor para solucionar aquele problema? As reuniões eram produtivas? O que melhorar?
4. As reuniões ocorreram sem problemas (faltas, brigas, imposição de ideias)?
5. A distribuição de tarefas foi bem realizada?
6. O grupo ganhou conhecimentos?
7. O grupo melhorou a técnica de solução de problemas, usou todas as técnicas?

- Refletir cuidadosamente sobre as próprias atividades da solução de problemas.

Fonte: CAMPOS (1992, p. 212-218) adaptado pelo autor.

Cada fase da MASP requer a utilização de ferramentas específicas para a sua execução.

Figura 15 – Ferramentas da MASP/PDCA.

PDCA	Fase do MASP	Ferramentas	
		Fatos e dados existentes	Fatos existentes
P	Estudo do processo	Dados históricos; Análise de Pareto e Fluxograma	*Brainstorming e Brainwriting*
	Identificação do problema	Folha de Verificação e Diagrama de Pareto	Votação de Pareto
	Observação	Análise de Pareto	4Q1POC
	Análise	Diagrama de Ishikawa; Lista de Verificação; Análise de Pareto; Histograma e Gráficos	Diagrama de Ishikawa e Matriz GUT
	Plano de Ação	4Q1POC	Votação de Pareto e Diagrama de Árvore
D	Execução	4Q1POC e Reuniões participativas	4Q1POC e Reuniões participativas
C	Verificação	Análise de Pareto; Histograma	Lista de Verificação e Diagrama de dispersão
	Bloqueio foi efetivo?		
A	Padronização	4Q1POC e Diagrama de Árvore	4Q1POC e Diagrama de Árvore
	Conclusão	4Q1POC e Gráficos	4Q1POC e Gráficos

Fonte: ENAP (2015, p. 8).

As principais ferramentas utilizadas na metodologia MASP/PDCA são apresentadas a seguir.

4.9.1.2.1. Diagrama de causa efeito, ou Ishikawa

> O diagrama de causa e efeito, devido a sua forma, é conhecido também como espinha de peixe. Este diagrama busca identificar todas as causas potenciais para a reincidência de um defeito ou uma falha (DAVIS, AQUILANO e CHASE, 2001, p. 163).

Segundo Oakland (1994, p. 226), o diagrama de Ishikawa é a maneira mais útil de analisar as falhas e os defeitos que afetam a qualidade; dessa forma, o efeito ou incidente que está sendo investigado aparece na ponta da flecha, facilitando a localização dos defeitos ou das falhas.

Um aspecto importante da utilização do diagrama de causa efeito é a participação coletiva tanto na fase da exploração das causas como na elaboração do diagrama, propiciando o envolvimento e o comprometimento da equipe na busca de soluções para o problema analisado.

Figura 16 – Diagrama de causa-efeito para análise de tôner da Hewlett-Packard.

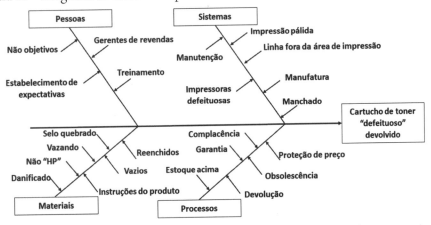

Fonte: SLACK, CHAMBERS, HARLAND, HARRISON e JOHNSTON (1997, p. 611).

4.9.1.2.2. Técnica "5W2H" (também conhecida como "4Q1POC")

A técnica "5W2H" é utilizada principalmente na elaboração de planos de ação, sendo capaz de orientar as diversas ações que deverão ser implementadas.

> Uma ferramenta de caráter gerencial que se aplica à realidade das equipes de aprimoramento no planejamento e condução de suas atividades identificando as ações e as responsabilidades de forma organizada para sua execução. (OLIVEIRA, 1996, p. 113).

Tabela 9 – Elementos da técnica "5W2H".

Elementos		Descrição
What	O quê?	O que deve ser feito? Quais são as ações, as atividades ou as etapas necessárias para alcançar o objetivo?

Why	Porquê?	Qual é o motivo para realizar a ação? A resposta a essa pergunta valida ou justifica a ação.
Who	Quem?	Define o responsável pela ação. Não necessariamente aquele que a executa, mas quem deve responder pela sua realização.
When	Quando?	Define o tempo para a realização da tarefa. Pode ser expressa por um intervalo de tempo (data inicial e data final) ou apenas pela data de conclusão da ação. O mais importante é distribuir o tempo entre as ações respeitando o prazo final estabelecido para o alcance do objetivo.
Where	Onde?	Delimita o local ou o espaço onde deve ser realizada a ação.
How	Como?	Define o método ou a melhor maneira de realizar cada uma das ações previstas.
How much	Quanto custa?	No caso de haver algum custo ou necessidade de investimento.

Tabela 10 – Modelo de plano de ação ("5W2H").

Plano de ação – "5W2H"					
Objetivo estratégico:					
O que deve ser feito? (*What*)	Por que deve ser feito? (*Why*)	Como será feito? (*How*)	Quem fará? (*Who*)	Quando deverá ser feito? (*When*)	Onde será feito? (*Where*)

O plano de ação também pode ser estruturado como um diagrama de árvore.

Figura 17 – Plano de ação ("5W2H").

Fonte: OLIVEIRA (1996, p. 114).

4.9.1.2.3. Diagrama de Pareto

A análise de Pareto é conhecida como uma técnica que analisa dados para identificar os principais problemas do processo. Quando são identificadas ou registradas causas de produtos defeituosos ou de algum outro efeito, é possível determinar qual porcentagem pode ser atribuída a cada uma das causas, isto é, o resultado provável é que a maior parte dos erros, perdas ou efeitos seja originada de poucas causas (OAKLAND, 1994, p. 225).

Portanto, referida técnica permite focar as causas que apresentam maior frequência, propiciando uma ação gerencial mais eficiente por meio da priorização e da melhor alocação de recursos.

Figura 18 – Diagrama de Pareto.

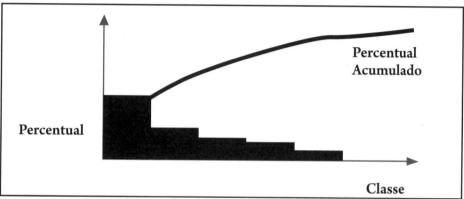

Fonte: DAVIS, AQUILANO e CHASE (2001, p. 162).

4.9.1.2.4. Matriz GUT

Marshall, Cierco, Rocha, Mota e Leusin (2006, p. 107) consideram a matriz GUT uma representação de problemas ou riscos potenciais. Essa técnica busca estabelecer prioridades para abordá-las, visando minimizar os impactos.

Tabela 11 – Matriz GUT

Problemas	G	U	T	GxUxT
1. Concepção do imóvel em não-conformidade com as expectativas do mercado.	5	4	1	20
2. Demora na formação do grupo de investidores.	5	5	4	100
3. Retração dos investidores por tendências macroeconômicas.	4	3	3	36
4. Desistência de 25% dos investidores durante a execução da obra.	5	5	2	50
5. Esfriamento do mercado imobiliário.	4	3	3	36
6. Mão-de-obra adequada não disponível no momento requisitado.	5	5	3	75
7. Planejamento de custos inconsistente com incorrência em gastos não-orçados.	4	3	3	36
8. Planejamento de compras inconsistente.	5	3	2	30
9. Aumento do preço de insumos básicos e de acabamento.	5	5	4	100
10. Longos períodos de chuvas.	4	3	2	24

Fonte: MARSHALL, CIERCO, ROCHA, MOTA e LEUSIN (2006, p. 107).

4.9.1.2.5. Folha de verificação

Para Oakland (1994, p. 220), a folha de verificação "se constitui em uma ferramenta para reunir dados e também um ponto lógico para iniciar a maioria dos controles de processo ou dos esforços para a solução de problemas".

Tabela 12 – Modelo de folha de verificação.

Hotel Lake Queen		
Folha de verificação		
Reclamação dos clientes		
Fonte: questionários disponibilizados nos apartamentos		
Período analisado: jan.-mar./2015		
Tipos de reclamação	**Verificação**	**Quantidade**
Luz de leitura	|||||	5
Tomadas	||	2
Canais pagos na TV	|||	3
Serviço de despertador	|	1
Limpeza e higiene dos quartos	||||| ||||| |||||	15
Telefonia e internet	|||	3
Excesso de barulho	||||| ||||| |||||	15
Estacionamento	||	2
Restaurante	|	1
Café da manhã	||	2
Serviço de reservas	||||| ||||| ||||| ||||| |||||	25
Espaço de convivência	|	1
Serviço de quarto	|	1
Check-in e *check-out*	||||| ||||| |||||	15
Total	91	
Responsável		

4.9.1.2.6. Histograma

Um Histograma é um gráfico de barras no qual o eixo horizontal é subdividido em vários pequenos intervalos, apresentando os valores assumidos por uma variável de interesse. Para cada um destes intervalos é construída uma barra vertical. A área de cada barra vertical deve ser proporcional ao número de ocorrências do valor associado a cada um dos intervalos (WERKEMA, 1995, p. 52).

O histograma é uma ferramenta utilizada para a representação e a análise de dados quantitativos, propiciando um entendimento rápido e claro da centralização, da variação da distribuição, da amplitude e da simetria dos dados coletados.

Figura 19 – Histograma

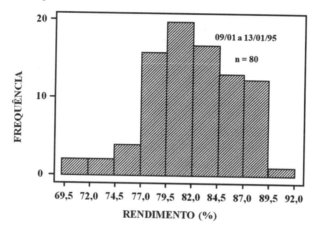

Fonte: WERKEMA (1995, p. 52).

4.9.1.2.7. Diagrama de dispersão

Segundo Werkema (1995, p. 44), "É a representação gráfica que permite visualizar o relacionamento entre duas variáveis que podem ser duas causas, uma causa e um efeito ou dois efeitos de um processo".

Figura 20 – Histograma – tipos de correlação entre duas variáveis.

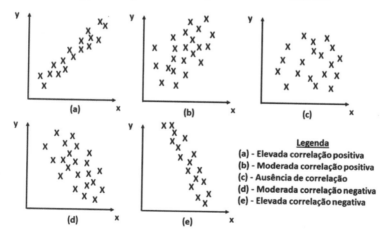

4.9.1.2.8. Diagrama de árvore

Para Paladini (1997, p. 81), o diagrama árvore "é uma ferramenta que detalha a programação de atividades requeridas para que uma meta seja atingida, procurando-se determinar como este objetivo pode ser alcançado".

Segundo Ballestero-Alvarez (2001, p. 192):

> O diagrama em árvore – Dar – é usado para, com base em um objetivo principal, elaborar seu desmembramento em objetivos menores ou meios necessários, de forma sucessiva, respondendo sempre às questões "o quê" e "como", até que se chegue a uma tarefa, ou série delas, que, implementadas, proporcionem o alcance do objetivo.

Figura 21 – Diagrama de árvore.

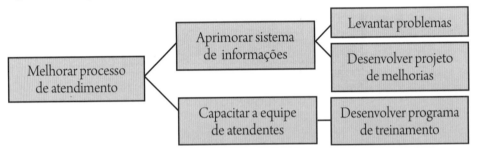

4.9.1.2.9. Estratificação

Conforme Campos (1992, p. 201), estratificar é dividir um problema em "estratos" (camadas) de problemas de origens diferentes. A estratificação é uma "análise de processo", pois é um método para ir em busca da origem do problema.

Tabela 13 – Estratificação relativa a 1.000 casos de pagamento que geraram 700 casos de atraso (dados simulados).

Estratos	Frequência
1. Falta de recursos em caixa	20
2. Nota fiscal errada	50
3. Cobrança indevida	150
4. Nota fiscal atrasada	350
5. Problemas do setor de tesouraria	80
6. Outros	50

Fonte: CAMPOS (1992, p. 202).

4.9.1.2.10. Carta de controle ou controle estatístico do processo

Para Siqueira (1997, p. 9):

> A carta de controle é uma ferramenta extremamente útil para identificar se as variações observadas num processo são decorrentes de causas comuns de variação e, portanto, de pequena significância, ou decorrentes de causas especiais de variação e, portanto, de grande significância que necessitam ser identificadas e eliminadas do processo.

Ramos (1997, p. 192) comenta que os gráficos de controle possuem três objetivos básicos:

a) Verificar se o processo estudado é estatisticamente estável, ou seja, se não há presença de causas especiais de variação.

b) Verificar se o processo estudado permanece estável, indicando quando é necessário atuar sobre ele.

c) Permitir o aprimoramento contínuo do processo, mediante a redução de sua variabilidade.

Figura 22 – Exemplo de gráficos de controle por grupos.

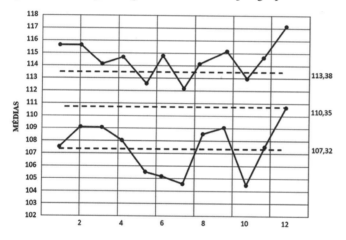

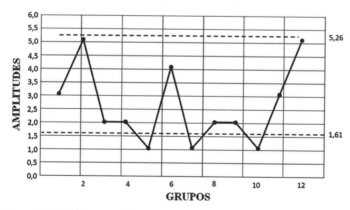

Fonte: RAMOS (2004, p. 5-6).

4.9.1.2.11. Brainstorming

De acordo com Costa (1991, p. 129), "o *brainstorming* é uma rodada de ideias, destinada à busca de sugestões através do trabalho de grupo, para inferências sobre causas e efeitos de problemas e sobre tomada de decisão".

Importante ressaltar que o *brainstorming* deve ser um processo participativo, sem críticas ou restrições que possam inibir a criatividade e a espontaneidade do grupo.

Conforme Behr, Moro e Estabel (2008, p. 35), podemos seguir esta sequência para realizar o *brainstorming*:

a. introdução: onde se apresenta a questão a ser pensada;

b. criação de ideias: a tempestade propriamente dita;

c. revisão: momento em que se listam as ideias e se retira qualquer dúvida sobre o entendimento das palavras;

d. seleção: momento em que se hierarquizam as palavras e se eliminam as que, em consenso, não sejam adequadas.

e. ordenação: onde é feita a priorização das ideias. Para este momento também podemos utilizar outras técnicas auxiliares [...], como, por exemplo, a matriz GUT.

4.9.1.2.12. Programa 5 S

O programa deve ser administrado de forma participativa com o objetivo de melhorar o ambiente de trabalho, proporcionando qualidade de vida, bem como facilidade na implantação de outros programas de melhoria.

> Todas as empresas que desejam melhorias de qualidade têm que começar pelos aspectos básicos, ou seja, pelos 5S's, uma campanha dedicada a organizar o ambiente de trabalho, e conservá-lo arrumado e limpo, manter as condições padrão e a disciplina necessária para a execução de um bom trabalho. (OSADA, 1992, p.203).

Figura 23 – 5 S.

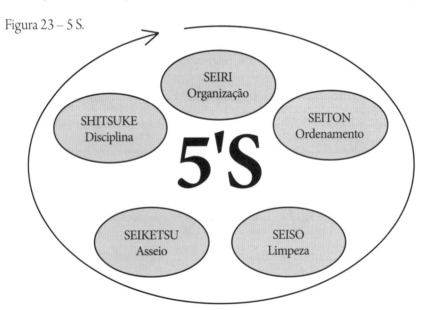

Segundo Silva (1994, p. 14-15):

> Os 5S's foram interpretados como "sensos" não só para manter o nome original do programa, mas porque refletem melhor a ideia de profunda mudança comportamental. É preciso "sentir" a necessidade de fazer. Assim, adotou-se: senso de utilização, para seiri; senso de ordenação, para seiton; senso de limpeza, para seisou; senso de saúde, para seiketsu; e senso de autodisciplina, para shitsuke. Outros termos encontrados na literatura com certa frequência são: organização, arrumação ou seleção, para seiri; ordenação, arrumação, organização e sistematização, para seiton; higiene, asseio ou padronização para seiketsu; e disciplina, educação e comprometimento para shitsuke. Limpeza tem sido adotada sem variações para seisou.

Tabela 14 – 5 S.

Senso	Detalhamento
Seiri **Organização**	Organizar é separar as coisas necessárias das que são desnecessárias, dando um destino àquelas que deixaram de ser úteis para aquele ambiente.
Seiton **Ordenamento**	Ordenar é guardar as coisas necessárias, de acordo com a facilidade de acessá-las, levando em conta a frequência de utilização, o tipo e o peso do objeto, como também uma sequência lógica praticada, ou de fácil assimilação. Quando se tenta ordenar as coisas, necessariamente o ambiente fica mais arrumado, mais agradável para o trabalho e, consequentemente, mais produtivo.
Seiso **Limpeza**	Limpar é eliminar a sujeira, inspecionando para descobrir e atacar as fontes de problemas. A limpeza deve ser encarada como uma oportunidade de inspeção e de reconhecimento do ambiente. Para tanto, é de fundamental importância que a limpeza seja feita pelo próprio usuário do ambiente.
Seiketsu **Asseio**	Manter o asseio é conservar a higiene, tendo o cuidado para que os estágios de organização, ordem e limpeza já alcançados não retrocedam. Isso é feito pela padronização de hábitos, normas e procedimentos.
Shitsuke **Disciplina**	Ser disciplinado é cumprir rigorosamente as normas e tudo o que for estabelecido pelo grupo. A disciplina é um sinal de respeito ao próximo.

Fonte: RIBEIRO (1994, p. 18-19) adaptado pelo autor.

> **Como você pode aplicar os conhecimentos deste trecho do livro na sua empresa?**
> - Quais são os critérios utilizados para priorizar os processos a serem submetidos à análise em sua organização?
> - Verifique a metodologia aplicada para a análise de processos e as ferramentas utilizadas.
> - Dentre as ferramentas apresentadas, avalie a possibilidade de utilizar algumas nos processos de sua organização e verifique a pertinência dos resultados.
> - Como são documentados e arquivados os trabalhos de análise e especificação das soluções visando à gestão do conhecimento?

4.9.1.3. Seis Sigma

> Sigma é a letra grega que representa a unidade estatística de medição que define o desvio-padrão de uma população. Mede a variabilidade ou distribuição dos dados. (CONE, 2001, p. 31).

Na ciência estatística, a letra minúscula sigma (σ), originária do alfabeto grego, representa o desvio-padrão, isto é, a variação que ocorre em um conjunto de dados.

Na gestão da qualidade, a análise do desvio-padrão em processos produtivos e administrativos permite avaliar o grau de conformidade com o padrão estipulado ou o desempenho esperado.

A busca de um padrão de excelência, desde os primórdios da administração científica, iniciou com a inspeção direta, passando pelo controle estatístico, até o controle da qualidade total. A evolução do controle da qualidade total permitiu o surgimento do conceito "zero defeito" como um padrão para a eliminação do desperdício, o aumento da eficiência, a melhoria da operação e a prevenção de erros.

Essa evolução dos controles de produção era muito evidente no segmento operacional das organizações. Era um movimento caracterizado como *bottom up*, isto é, de baixo para cima. No entanto, carecia de uma abordagem mais ampla, uma filosofia que permeasse todos os níveis da organização, sobretudo os níveis estratégico e gerencial. É nesse contexto que surge a abordagem denominada Seis Sigma, como uma estratégia gerencial apoiada em métodos estatísticos e enfoque rigoroso na busca de variação em todos os processos críticos da organização, com vistas à melhoria da qualidade e o consequente aumento da satisfação dos clientes e a maximização do valor ao acionista.

> O Seis Sigma é uma estratégia gerencial disciplinada e altamente quantitativa, que visa aumentar a lucratividade das empresas através da otimização de produtos e processos, com o consequente incremento da satisfação de clientes e consumidores. (WERKEMA, 2006, p. 12).

A visão do Seis Sigma como uma filosofia gerencial é apresentada por Harry (1997, p. 2-10):

– Nós estamos no negócio para ganhar dinheiro;

Marketing para ambientes *dis*ruptivos

- Fazemos dinheiro satisfazendo necessidades;
- Estamos aptos a satisfazer necessidades fazendo;
- Cada par necessidade/fazer é uma interação;
- O objetivo do foco no cliente é a interação de melhorias de necessidades/fazer;
- A repetição da mesma ação constitui um processo;
- A melhoria de nosso negócio significa melhoria de nossos processos;
- Necessidades de produtos/serviços de clientes no prazo, com zero defeitos, ao mais baixo custo;
- Fornecedores criam processos para gerar os produtos necessários;
- Assim que a capabilidade dos processos melhora, aumenta a qualidade dos produtos;
- Assim que aumenta a qualidade, os custos e os tempos de ciclos diminuem;
- Os atributos da satisfação dos clientes devem ser medidos, se necessitam ser melhorados;
- Para melhorar significa que precisamos estar aptos a predizer e prevenir, não detectar e reagir;
- Predição é associada à certeza;
- A maximização da certeza é dependente da capabilidade do processo de medição;
- A capabilidade do processo é mais bem entendida e relatada usando estatísticas;
- Estatísticas são dependentes de dados;
- Dados devem ser coletados de um processo de acordo com um plano;
- Análise estatística é usada para transformar "dados crus" em informações significativas e sumarizadas;
- Informação estatística é usada para relatar, melhorar e controlar o processo;
- A base da estatística é a média e o desvio-padrão;
- A média registra a centralização do processo;
- O desvio-padrão registra a extensão da variação ou "desvio" em relação à média;
- Combinando a média com o desvio-padrão, o "sigma" de um processo pode ser calculado;
- O "sigma" de um processo nos diz quanto ele é capaz;
- O sigma do processo pode ser usado para comparar processos similares ou não similares;
- Essa comparação de processos é denominada "*benchmarking*";
- "*Benchmarking*" é uma ferramenta competitiva para descobrir o que fazemos bem-feito e aquilo que não é tão bom;
- Uma vez que as competências e as deficiências são conhecidas, ações corretivas podem ser tomadas;

- Ações corretivas conduzem à redução de defeitos, tempos de ciclo e custos;
- A redução de defeitos, tempo de ciclos e custos conduzem ao aumento da satisfação de clientes;
- Assim que aumenta a satisfação de clientes, a probabilidade de fazer negócios aumenta;
- Assim que os negócios aumentam, nós (como indivíduos) crescemos e prosperamos.

No âmbito do programa Seis Sigma são utilizadas métricas que permitem a classificação das empresas em relação à variabilidade e à consequente geração de defeitos. Entre elas, ressalta-se "DPMO" – defeitos por milhão de oportunidades.

A métrica DPMO demonstra a possibilidade de surgimento de defeitos em relação a cada requisito de qualidade que necessita ser atendido. Portanto, quanto maior o número de requisitos, maior a probabilidade de surgimento de defeitos.

A expressão Seis Sigma designa uma taxa de variação de 3,4 falhas por milhão ou 99,99966% de qualidade total.

Tabela 15 – Conversão de DPMO para a escala sigma.

Escala Sigma	Defeitos por milhão DPMO	Quantidade de defeitos admissível	Rendimento percentual livre de defeitos	Custo da não qualidade (% do faturamento da empresa)
1	691.462	69,1%	30,9%	---
2	308.538	30,9%	69,1%	Não se aplica
3	66.807	6,7%	93,3%	25% a 40%
4	6.210	0,62%	99,38%	15% a 25%
5	233	0,023%	99,977%	5% a 15%
6	3,4	0,00034%	99,99966%	<1%

Fonte: WERKEMA (2013, p. 5); MAXIMIANO (2009, p. 650) adaptado pelo autor.

A implementação da filosofia Seis Sigma nas organizações depende de um esforço importante dos seus executivos, o que pode ser apresentado pelos seguintes fatores:

Tabela 16 – Fatores críticos de sucesso na implementação do Seis Sigma.

Comprometimento da alta administração na implantação da metodologia Seis Sigma	Para as organizações que implantaram e praticaram o Seis Sigma, o fator mais importante foi o contínuo apoio e suporte da alta administração (HENDERSON & EVANS, 2000, p. 260-281).
Mudança da cultura organizacional	Preparar e promover uma estratégia de rompimento na cultura de gerenciamento organizacional para integrar toda a infraestrutura, valores, pensamentos ao Seis Sigma (CORONADO & ANTONY, 2002, p. 92-99).
Funções e tarefas	As transformações culturais devem incluir a redefinição de funções e tarefas (BLAKESLEE, 1999, p. 486-496).
Comunicação	Um plano de comunicação deve envolver as pessoas com a metodologia Seis Sigma, mostrando como o programa trabalha, como se relaciona com suas atividades e quais são os benefícios (HENDERSON & EVANS, 2000, p. 260-281).
Divulgação de resultados	Os resultados de sucesso e de insucesso de projetos Seis Sigma devem ser publicados para evitar que os mesmos enganos sejam cometidos (CORONADO & ANTONY, 2002, p. 92-99).
Treinamento	É um dos elementos-chave para a condução do Seis Sigma. A formação de especialistas por meio de treinamentos técnicos apropriados que serão responsáveis pela promoção das mudanças nas organizações (HENDERSON & EVANS, 2000, p. 260-281); (CORONADO & ANTONY, 2002, p. 92-99).

4.9.1.3.1. A formação das equipes Seis Sigma

Comumente, a equipe de especialistas formadas para a implantação do Seis Sigma é formada por quatro níveis.

Tabela 17 – Equipe Seis Sigma.

Nível	Papel	Atribuições
Champions Campeões	Liderança executiva	Apoiar e facilitar o desenvolvimento dos projetos.
Master Black Belts Mestres Faixas Pretas	Especialistas no mais alto grau de proficiência técnica e organizacional	Seleção e coordenação de projetos em sintonia com os Champions. Treinamento e orientação dos Black Belts e dos Green Belts. Desenvolvimento e adaptação de ferramentas e métodos estatísticos. Dedicação em tempo integral
Black Belts Faixas pretas	Líder de projeto	Devem apresentar habilidades gerenciais e técnicas. São os responsáveis pelas metas previstas. Dedicação integral ao projeto.
Green Belts Faixas Verdes	Executores do projeto	Implementação das técnicas do Seis Sigma e condução de projetos de melhoria em menor escala dentro de suas respectivas áreas de atuação.

Fonte: HARRY & SCHROEDER (2000, p. 188-200) adaptado pelo autor.

4.9.1.3.2. A metodologia do Seis Sigma

O Seis Sigma utiliza uma metodologia que consiste num ciclo de melhoria em cinco fases conhecida como DMAIC (acrônimo das palavras "define"; "measure"; "analysis"; "improve" e "control").

Tabela 18 – Metodologia DMAIC.

Fases	Descrição	Ferramentas mais utilizadas
Define Definição	Busca definir com clareza e precisão o escopo do projeto, o problema ou a oportunidade a ser explorada	– Fluxograma; – Mapa do processo; – Lista de verificação; – Indicadores de desempenho; – Desdobramento da função qualidade (QFD); – Análise de valor (AV); – Project Charter; – Métricas do Seis Sigma; – Gráfico sequencial; – Carta de controle; – Análise de séries temporais; – Análise econômica; – Voz do cliente – VOC (*Voice of the customer*); – SIPOC; – Mapeamento do fluxo de valor (VSM).

Measure Medição	Objetiva a definição das práticas e dos instrumentos de mensuração e sua confiabilidade e a elaboração de um plano de coleta de dados	– Histograma; – Gráfico de controle; – Capacidade do processo – Cp e Cpk; – Diagrama de Pareto.
Analysis Análise	Determina a origem ou as causas de cada problema ou oportunidades de melhoria	– Diagrama de dispersão; – *Brainstorming*; – Diagrama de causa e efeito; – Análise de modos de falhas e efeito (FMEA).
Improve Melhoria	Elabora, propõe e implementa soluções para cada problema.	– Matriz de priorização; – Análise de modos de falhas e efeito (FMEA); – Ferramentas *Lean Manufacturing* (Just In Time - JIT); Kaizen; Kanban; 5S; Poka Yoke, entre outras); – *Benchmarking*.
Control Controle	Monitora e previne recorrência dos problemas visando garantir o desempenho alcançado.	– Diagrama de Pareto; – Gráfico de controle; – Histograma; – Poka Yoke; – Sistemas de medição.

Fonte: WERKEMA (2006, p. 25-26) adaptado pelo autor.

Como você pode aplicar os conhecimentos deste trecho do livro na sua empresa?

- Nem todas as empresas utilizam a metodologia Seis Sigma. Levante o grau de conhecimento sobre a referida metodologia junto aos demais pares.
- Avalie em conjunto com os referidos pares a viabilidade de utilização da metodologia na sua organização.
- Rodas de diálogo são ferramentas importantes para disseminação e compartilhamento de conhecimento.

4.10. Desenho de processos

Inicialmente, é importante distinguir a diferença entre o conceito de "desenho de processos" dos conceitos de "mapeamento e modelagem de processos".

Na etapa de mapeamento e modelagem, a preocupação é conhecer os processos em sua situação atual (AS IS) e, eventualmente, solucionar questões pontuais e de curto prazo dentro de uma área funcional.

Conhecida a situação atual (AS IS) e após a realização da etapa de análise dos processos, a organização estará em condições de implementar a transformação do modelo com as melhorias necessárias ou mesmo mudanças mais radicais conforme cada situação.

O desenho de processos aborda aspectos mais abrangentes e de longo prazo (TO BE) buscando uma mudança organizacional mais ampla e de maior impacto em relação às metas e aos objetivos organizacionais.

4.10.1. Fluxo do processo e fluxo de trabalho

O mapeamento de processos e sua modelagem revelam dois aspectos importantes: o fluxo de trabalho e o fluxo do processo.

Segundo a ABPMP (2013, p. 143): "Fluxo de trabalho é uma agregação de atividades em uma área funcional com foco em eficiência e a modelagem mostrará o trabalho como um fluxo que descreve o relacionamento de cada atividade com as demais atividades executadas na área funcional". Portanto, o fluxo de trabalho decorre de uma visão intrafuncional, isto é, representa o conjunto de atividades realizadas dentro de uma área funcional e suas interconexões. É nesse nível que ocorrem as mudanças de curto prazo para solucionar questões pontuais.

Já o fluxo do processo parte de uma visão interfuncional representando o conjunto de todas as atividades componentes do processo mapeado independentemente das suas áreas executoras. A etapa de desenho de processos trabalha com a perspectiva do fluxo do processo, seu entendimento ponta a ponta, as áreas funcionais envolvidas e suas respectivas atividades.

Em outras palavras, o desenho de processos adota uma visão sistêmica do conjunto de atividades que compõem o processo e das áreas funcionais envolvidas enquanto o mapeamento e a modelagem de processos se preocupam com a visão funcional representada pelo conjunto de atividades dentro de uma área funcional específica.

Daí decorre que mudanças efetuadas em uma área funcional, sem a visão do fluxo do processo, podem comprometer a eficiência em outras áreas funcionais envolvidas com o mesmo processo. Contudo, mudanças em nível do processo também podem afetar a eficiência dentro de determinada área funcional. No entanto, a diferença está na amplitude de visão. Na visão intrafuncional, as mudanças buscam impactar de forma positiva apenas a área funcional sem considerar os impactos que provocará em outras áreas ou níveis funcionais. Na visão interfuncional, as mudanças necessárias são avaliadas a partir de uma visão do todo, propiciando que o "desenho de processos" considere todas as áreas e níveis funcionais envolvidos e assegure o melhor arranjo que deve beneficiar a todos, sobretudo o cliente.

Resumindo, o desenho de processos é a etapa que busca compreender e implementar o melhor ordenamento das atividades e das funções (TO BE) com toda a plataforma de suporte necessária, com implicações tanto no desenho lógico (as atividades executadas e sua sequência) quanto no desenho físico (onde e como as atividades são executadas).

4.10.2. Atividades do desenho de processos

A ABPMP (2013, p. 154-155) recomenda a observação de algumas atividades-chave, independentemente da abordagem de desenho a ser utilizada. São elas:
- Desenho do novo processo nos diversos níveis de detalhe apropriados;
- Definição de atividades internas ao novo processo e identificação do fluxo de trabalho e dependências;
- Definição de cenários de operação de negócio e modularização em torno desses cenários;
- Definição das necessidades de dados;
- Definição de regras que controlam atividades;
- Definição de *handoffs* (passagem do controle de atividades) de processos entre áreas funcionais;
- Definição de valor para o cliente a partir da mudança e da vinculação à medição do sucesso;
- Definição de métricas desejadas no novo processo;
- Definição e desenho de reportes de desempenho;
- Comparações com análises existentes;
- Criação de requisitos e especificações de mudança de sistemas técnicos e de negócio;
- Criação de desenho físico;
- Análise e desenho de infraestrutura de tecnologia da informação;
- Simulação de modelo, teste e aceitação;
- Desenho e construção de interfaces para dados e sistemas legados;
- Geração ou construção de aplicativos de suporte;
- Teste de atividades de negócio com suporte a aplicativos, interfaces com o legado e regras;
- Criação e execução de um plano de implementação.

4.10.3. Metodologia do desenho de processos

O pressuposto básico da etapa de desenho de processos é de que a situação atual (AS IS) deve ser desafiada e o processo melhorado. Nesse contexto, todas as etapas do processo devem ser objeto de questionamento e reflexão visando à busca de oportunidades de melhoria em todas as dimensões: qualidade, custos, produtividade e inovação. Esse trabalho deve ser sistemático e ordenado por meio de uma abordagem crítica envolvendo os responsáveis pelo desenho do processo e seus executores. As sessões de avaliação realizadas com técnicas de questionamento e *brainstorming* podem ser orientadas por perguntas que contemplem a perspectiva de agregação de valor para os clientes e os acionistas, bem como o alinhamento com as estratégias e os objetivos organizacionais.

Entre os aspectos a serem questionados, podem ser listados, por exemplo:
- O propósito do processo (finalidade);
- Os objetivos do processo (resultados esperados);
- As conexões com o fluxo de trabalho e as áreas afetas;
- Os problemas identificados na fase de mapeamento
  e modelagem relacionados com a qualidade,
  a governança, os riscos, a eficiência e a eficácia;
- Paradigmas, limitações, padrões não atendidos;
- Etapas não automatizadas;
- Ausência de controles e monitoramento;
- Ciclos de execução, prazos, recursos utilizados.

Definidas as mudanças ou as melhorias a serem implementadas, há a necessidade de observar alguns procedimentos visando garantir o resultado esperado. Entre os procedimentos estão:
- Plano de implantação e gerenciamento da mudança;
- Definição ou atualização das regras de negócio;
- Descrição dos requisitos de dados e aplicações
  de suporte de tecnologia de informação;
- Layout dos novos formulários;
- Requisitos de interface entre processos, sistemas e áreas funcionais;
- O modelo de gestão do desempenho;
- A gestão dos documentos (prazos de guarda e
  descarte) envolvendo a segurança da informação;
- Fonte e captura de dados;
- Aspectos de sustentabilidade: redução de insumos, desperdícios,
  descarte e reaproveitamento de materiais e resíduos, etc.

Como você pode aplicar os conhecimentos deste trecho do livro na sua empresa?

- Descreva a sequência das atividades-chave utilizadas pela organização quando do desenho de processos (criação, otimização, alteração).

- Como é definida a estrutura de responsabilidades em relação à criação, à implementação e ao acompanhamento dos resultados dos processos de negócios da organização?

4.11. Desempenho dos processos

A fase de desempenho dos processos refere-se ao gerenciamento do rendimento ou da performance em relação aos resultados esperados ou definidos na etapa de planejamento. Nesse caso, é fundamental a definição das informações que serão utilizadas para a análise crítica do desempenho dos processos e o encaminhamento dos resultados dessa análise para a tomada de decisão. Essas informações são conhecidas como indicadores de desempenho e resultam, no seu conjunto, numa arquitetura de medição que deve demonstrar o grau de eficiência, eficácia e competitividade dos processos em sua nova configuração (TO BE).

A estrutura de indicadores definida deve permitir a verificação sobre a validade das hipóteses assumidas a partir dos resultados obtidos.

4.11.1. Eficiência

Um dos vetores de desempenho que devem ser constantemente monitorados é a eficiência dos processos de negócios. A partir de uma visão de processo, entende-se eficiência como a melhor relação possível entre os produtos (bens e serviços) gerados por uma atividade e os respectivos custos dos insumos ou dos recursos empregados em determinado período de tempo. Dessa forma, a eficiência deve ser entendida como uma medida do uso econômico dos recursos consumidos pelas atividades.

Uma das metodologias muito utilizadas para esse monitoramento é conhecida como o método ABC.

4.11.1.1. Custeio baseado em atividades (ABC – Activity-Based Costing)

Nakagawa (1995, p. 39) cita que "os recursos de uma empresa são consumidos por suas atividades, e não pelos produtos que ela fabrica". A aplicação do conceito defendido por Nakagawa é justificada quando se entende os processos de negócio como uma coleção de atividades interligadas e interdependentes e que, no seu conjunto, geram produtos ou serviços.

Para Kaplan e Cooper (2000, p. 107), as atividades são unidades básicas de acúmulo de custos nos sistemas ABC. Portanto, cada atividade pode ser codificada e mensurada, e os resultados agregados deverão corresponder ao custo total de execução de um processo de negócio.

Portanto, os processos podem ser entendidos como uma coleção ou uma sequência de atividades básicas que consomem recursos, quando da sua execução, com a finalidade de gerar produtos e/ou serviços. Conhecidos os custos de cada atividade, é possível aferir o custo total de um processo a partir da agregação dessas mesmas atividades.

Os custos podem ser agrupados por tipos, conforme sugerem Kaplan e Cooper (2000, p. 110-112):

> Geradores de transação, como o número de preparações, recebimentos e produtos sustentados, avaliam a frequência com que uma atividade é executada. [...] são os mais baratos, mas podem ser os menos precisos, pois pressupõem que a mesma quantidade de recursos é necessária todas as vezes que a atividade é executada. Geradores de duração representam o tempo necessário para executar uma atividade. [...] devem ser usados quando existe variação significativa no volume de atividade necessário para diferentes produtos. Os geradores de intensidade afetam diretamente os recursos utilizados todas as vezes que a atividade é executada. [...] são mais precisos, embora sua implementação seja a mais cara.

Como todo método, o ABC apresenta vantagens e desvantagens que devem ser consideradas para a sua implementação.

Tabela 19 – Vantagens e desvantagens do método ABC.

Vantagens	Desvantagens
– Fornece informações gerenciais mais precisas; – Minimiza a necessidade de rateios dos custos indiretos; – Permite mapear os custos incidentes sobre as atividades;	– Possui alto custo de implantação; – Exige reorganização de procedimentos e controles; – Quanto maior o número de atividades, maior o grau de dificuldade para sua implementação; – Necessita de revisão constante; – Apresenta problemas na integração entre áreas;
– Permite dimensionar os custos da não qualidade; – Subsidia a tomada de decisão quanto à melhoria, à redução ou à eliminação de atividades; – Identifica os produtos ou os segmentos de clientes mais lucrativos; – Apoia o sistema de contabilidade financeira; – Qualifica o sistema de informações da organização; – O método pode ser adaptado a qualquer organização.	– Os ciclos de apuração são demorados; – Exige alto grau de comprometimento das equipes envolvidas; – Quanto maior o grau de detalhamento requerido, maior o grau de complexidade.

Fonte: CREPALDI (2010, p. 323-324) adaptado pelo autor.

Kaplan e Cooper (2000, p. 98) sugerem a implementação de sistemas ABC em série de quatro etapas:

(a) desenvolver o dicionário de atividades; (b) determinar quanto a organização está gastando em cada uma das atividades; (c) identificar produtos, serviços e clientes da organização; e (d) selecionar geradores de custo da atividade que associam os custos das atividades aos produtos, serviços e clientes da organização.

Tabela 20 – Etapas de implementação de sistemas ABC.

Etapa	Descrição	Detalhamento
1	Dicionário de atividades	É o catálogo formado pelas atividades mapeadas pela organização, devidamente conceituadas e classificadas
2	Custos das atividades	Refere-se à apuração das despesas referentes aos recursos consumidos pelas atividades, bem como a forma como são consumidos e a escolha dos direcionadores de custos que serão alocados às atividades
3	Identificação dos produtos, dos serviços e dos clientes da organização	São os destinatários finais das atividades desenvolvidas pela organização
4	Associação dos geradores de custos das atividades a produtos, serviços e clientes da organização	Os geradores de custos das atividades, classificados de forma quantitativa, são atribuídos aos produtos, aos serviços e aos clientes

Fonte: KAPLAN E COOPER (2000, p. 98) adaptado pelo autor.

A implementação e a utilização da metodologia ABC requer um trabalho de customização para cada tipo de organização, envolvendo planejamento, implementação de controles e mudança de paradigmas que exigem tempo e esforço e com impactos importantes nos procedimentos, nos sistemas de informação e na cultura organizacional.

4.11.2. Eficácia

Na dimensão estratégica podemos entender que a aferição da eficácia organizacional é realizada mediante a comparação dos resultados obtidos com os padrões estabelecidos no PE quando da definição dos objetivos e das metas (resultados planejados).

Na visão de processos pode-se argumentar que a eficácia se refere ao grau de atendimento aos requisitos dos produtos, dos serviços e dos clientes. De forma mais abrangente, as organizações têm considerado outras perspectivas de desempenho envolvendo *stakeholders* considerados importantes para seu negócio, por exemplo, fornecedores, colaboradores e sociedade.

Apresenta-se a seguir uma tabela com exemplos genéricos de indicadores de desempenho segundo as perspectivas mencionadas.

Tabela 21 – Indicadores genéricos de eficácia.

Perspectivas	Indicadores de desempenho
Econômico-financeiro e socioambiental	– Receitas; – Lucratividade; – Retorno sobre o patrimônio líquido; – Valor econômico agregado; – Índice de liquidez; – Lucro líquido; – Geração de caixa; – Redução de custos operacionais; – Valorização da ação no período; – Imagem junto à comunidade; – Porcentagem da receita investida em ações sociais; – Índice de rejeitos; – Nível de poluição; – Número de não conformidades ambientais; – Quantidade de sanções ambientais; – Volume de recursos doados; – Indicadores relativos a ações de combate ao desperdício e à preservação do meio ambiente.
Mercadológica	– *Market share*; – Nível de satisfação dos clientes; – Índice de fidelidade/retenção de clientes; – Lucratividade de clientes; – Novos clientes; – Participação no volume de compras dos clientes.

Cadeia de processos e fornecedores	– Produtividade; – Tempo de ciclo de manufatura; – Tempo de atendimento de um pedido; – Entregas no prazo; – Atraso médio de entrega; – Conformidade em processos; – Porcentagem de não conformidades em auditorias; – Retrabalho; – Qualidade dos produtos; – Atendimento aos requisitos estabelecidos para o serviço/produto; – Índice de reclamações; – Lançamentos de novos produtos no ano; – Variabilidade na produção; – Porcentagem de pedidos prontamente atendidos em relação ao total de pedidos; – Expedição de pedidos no prazo; – Desempenho de produção (produção realizada × produção planejada); – Acuracidade de estoques; – Custos de suprimentos (total dos custos de compras mais suprimentos × valor líquido das vendas); – Custo de distribuição (total dos custos de distribuição × valor líquido das vendas); – Qualidade dos insumos adquiridos; – Porcentagem de não conformidade nas entregas de insumos adquiridos; – Recebimento de insumos no prazo em porcentagem; fora do prazo em porcentagem; – Participação dos fornecedores nas economias obtidas pela organização; – Nível de satisfação das parcerias com fornecedores.
Aprendizado, crescimento e inovação	– Quantidade de ideias transformadas em produtos; – Tempo médio de desenvolvimento de novos produtos; – Horas de treinamento; – Escolaridade, em porcentagem; – Rodízio das funções de trabalho; – Clima organizacional; – Porcentagem de novas tecnologias empregadas.

4.11.3. Competitividade

A análise comparativa por meio de informações sobre concorrentes diretos ou mesmo do setor permite a identificação de diferenciais positivos e negativos, favorecendo uma avaliação mais realista do posicionamento da organização em seu mercado, podendo influenciar a revisão de suas estratégias ou suas metas em busca de vantagens competitivas.

Segundo Costa (2003, p. 27):

> Os indicadores de desempenho globais possuem um caráter mais agregado e visam a demonstrar o desempenho de uma empresa ou setor em relação ao ambiente em que se insere e, portanto, tem um caráter mais homogêneo para permitir a comparação. Esses indicadores podem ser voltados à empresa ou podem ser setoriais, para avaliar o desempenho do setor como um todo.

As informações comparativas podem ser obtidas por meio da literatura especializada disponível, de estudos elaborados por entidades governamentais e de associações de classe e, até mesmo, de empresas reconhecidas pela excelência na gestão de pesquisas públicas ou premiações oficiais.

A título de exemplo, na tabela 22, encontra-se um rol de indicadores do setor de autopeças nacional publicados em 2015 pelo Sindicato Nacional da Indústria de Componentes para Veículos Automotores (Sindipeças) e pela Associação Brasileira da Indústria de Autopeças (Abipeças).

Tabela 22 – Indicadores do setor de autopeças nacional.

Amplitude do setor
Desempenho do setor de autopeças
Produção física industrial
Estrutura dos custos de produção
Variação dos custos de produção
Composição do faturamento e do investimento
Distribuição das empresas conforme faturamento
Distribuição das empresas conforme investimento
Distribuição das empresas conforme participação estrangeira
Distribuição geográfica das 624 unidades empresariais
Distribuição das empresas de acordo com o número de empregados
Distribuição geográfica dos empregados por estado
Distribuição geográfica das empresas por estado

Distribuição geográfica das unidades empresariais (fábricas/escritórios) das empresas
Empresas em processo de certificação ou certificadas
Participação das vendas por faixa de faturamento
Distribuição do faturamento, número de empregados, unidades empresariais

Fonte: SINDIPEÇAS & ABIPEÇAS (2015, p. 3-4).

Figura 24 - Estrutura dos custos de produção – 2006/2014.

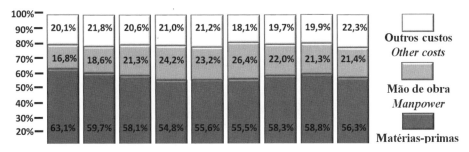

Fonte: SINDIPEÇAS & ABIPEÇAS (2015, p. 10).

A implementação desse tipo de análise comparativa entre o desempenho da organização e as informações do *benchmark* escolhido, setor ou mercado requer um conjunto de procedimentos:

– Definição dos resultados considerados mais importantes para efeito de comparação;
– Definição dos referenciais comparativos a serem utilizados;
– Definição da forma de obtenção dessas informações envolvendo a coleta, a consolidação, a utilização e a atualização.

Por fim, no caso da escolha de uma organização que servirá como referencial comparativo, devem ser consideradas algumas características que garantam a viabilidade do processo, como: similaridade de processos, perfil organizacional e facilidade na obtenção de informações.

Como você pode aplicar os conhecimentos deste trecho do livro na sua empresa?

- Verifique se sua organização utiliza indicadores de desempenho focados nos processos de negócios.

- Avalie se a arquitetura de indicadores utilizada pela sua organização contempla os fatores: eficiência, eficácia e competitividade.

4.12. Transformação de processos

Mudanças organizacionais sempre foram praticadas pelas empresas. Algumas de forma mais conservadora como a automação ou a racionalização de procedimentos com baixo grau de risco e retorno modesto. Outras, de forma mais radical e abrangente, envolvem reengenharia ou mudança de paradigmas que comportam grandes retornos combinados com alto grau de riscos.

Figura 25 – Mudanças organizacionais: riscos × retorno.

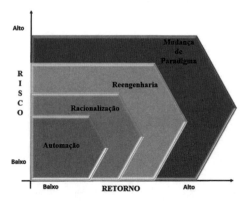

A taxa de velocidade das mudanças no mundo dos negócios atualmente é maior do que nossa capacidade de absorvê-las e integrá-las. Mercados outrora aparentemente estáveis hoje se encontram volatizados, formando cenários instáveis e disruptivos. Nesse ambiente, melhorias incrementais e progressivas não conseguem responder satisfatoriamente às necessidades impostas às organizações. Entretanto, as melhorias radicais carregam um alto grau de riscos e grandes chances de insucesso.

Dessa forma, deve-se tratar da transformação de processos como um componente importante dentro de um modelo de gerenciamento de processos de negócios aplicado à organização cuja prática precisa ser contínua e disciplinada, evitando apostas focadas em tendências sem a devida avaliação ou a inércia decorrente de uma visão restrita e voltada para dentro do negócio.

A decisão de implementar a transformação de processos acarreta impactos em diversos níveis e dimensões da organização cujo grau dependerá do tamanho e da intensidade da transformação.

4.12.1. Pontos críticos de gestão na transformação de processos

A transformação de processos deve ser precedida por práticas de gestão que garantam o sucesso de sua implementação e sua sustentabilidade. Entre as práticas mais importantes, destacam-se:

4.12.1.1. Patrocínio e compromisso gerencial

O apoio incondicional dos gestores é fundamental na medida em que a transformação provoca mudanças na cultura organizacional e pode gerar inseguranças e conflitos que necessitam de mediação e orientação, sobretudo uma liderança atuante e comprometida com as mudanças.

O planejamento das etapas, a implementação e a coordenação, a disponibilidade dos recursos e da infraestrutura necessárias e um plano de comunicação eficiente permitirão a condução da transformação com o mínimo de ruptura possível e sem os ruídos de comunicação indesejáveis.

Uma prática importante nesse contexto é a definição clara das entregas, dos prazos e dos benefícios que serão proporcionados, garantindo a aceitação das lideranças executivas e, consequentemente, o seu patrocínio.

4.12.1.2. Gestão de mudança e expectativas

O compartilhamento de uma visão sobre a necessidade da transformação, os objetivos que se pretende atingir e os benefícios decorrentes para a organização como um todo são práticas importantes para assegurar que a mudança não sofrerá solução de continuidade devido à criação de obstáculos e resistências por parte da força de trabalho.

As mudanças impactam principalmente as pessoas, e são elas que podem contribuir com o sucesso ou o fracasso da transformação. O envolvimento das pessoas antes da transformação, colaborando com a busca de soluções e inovação, bem como na fase da sua implementação, tem se revelado uma prática importante para garantir o comprometimento e a dissipação de expectativas negativas sobre o processo.

Portanto, além de administrar aspectos como a estratégia, a tecnologia e os recursos, o tratamento em relação ao fator humano é decisivo para uma transformação bem-sucedida.

4.12.1.3. Avaliação do desempenho do novo processo

A transformação de processos é um bom momento para prover uma cultura de desempenho ou rever a cultura existente. Importante é que os indicadores e as avaliações realizados possam agregar valor ao processo como um todo. A construção dos novos fluxos de trabalho e de gestão é um momento propício para a revisão ou a implementação das técnicas e dos instrumentos de monitoramento do desempenho.

O desempenho pessoal deve estar devidamente alinhado aos objetivos e aos alvos do novo processo. Portanto, a clareza na definição das metas de desempenho, aliada a um processo de reconhecimento e meritocracia, é fundamental para o processo.

4.12.1.4. Evolução dos processos

Os grandes desafios que se impõem aos gestores após a implementação da transformação de processos são a manutenção do desempenho esperado e a capacidade de adaptação às novas realidades impostas pelo mercado.

A avaliação do desempenho é pré-requisito para a tomada de decisão, seja ela necessária para enfrentar a volatilidade do mercado, sejam fatores internos que necessitam de ajustes. Essa prática requer uma postura proativa que parte do pressuposto de que sempre é possível melhorar os processos.

Resumindo, as mudanças são constantes e decorrem de fatores ou variáveis externas que devem ser tratados, se possível, com antecipação. Em contrapartida, a evolução é uma opção que depende dos gestores da cada organização, sintonizados com as necessidades do mercado e dos demais *stakeholders*, agindo de forma a buscar a constante melhoria ou mesmo a mudança radical, quando necessária, por meio da transformação dos processos.

> **Como você pode aplicar os conhecimentos deste trecho do livro na sua empresa?**
> - Como são realizadas as mudanças nos processos da sua organização?
> - Verifique os critérios e as providências adotados nas mudanças realizadas.
> - Certifique se há um planejamento contemplando os pontos críticos mencionados neste item.

4.13. Conclusão

A ausência de um modelo de gestão efetivo dos processos de negócios cria um cenário pouco favorável para as organizações na medida em que:

- impede que se explore todo o potencial dos processos de negócios;
- não permite uma adequada estratégia de custos;
- fragiliza a dimensão da qualidade no que diz respeito ao pleno atendimento dos requisitos dos produtos e serviços, bem como a excelência na satisfação dos clientes;
- cria embaraços que afetam a agilidade e a adaptação às mudanças ambientais;
- restringe a visão ponta a ponta dos processos ensejando ações e melhorias pontuais com repercussões sistêmicas negativas;
- prejudica o alinhamento dos processos de negócios aos objetivos estratégicos da organização;
- compromete a sustentabilidade no longo prazo.

Urge, portanto, o desenvolvimento de uma postura proativa na direção de um gerenciamento dos processos de negócios que reverta essas variáveis negativas, transformando-as em vantagens competitivas e garantindo, assim, a sobrevivência das organizações num mundo altamente competitivo de amplitude global e com fortes tendências à instabilidade e à disrupção.

Estudo de caso

I. A organização

O Sicredi é uma instituição financeira cooperativa que promove o desenvolvimento econômico e social dos associados e das comunidades onde atua. As cooperativas do Sicredi estão organizadas em quatro Cooperativas Centrais, que são acionistas da Sicredi Participações (SicrediPar) e contam com o suporte técnico da Confederação, da Fundação, do Banco Cooperativo e das empresas controladas. O Conselho de Administração da SicrediPar é composto dos presidentes das Centrais, de um presidente de cooperativa por Central e de dois conselheiros externos, que não ocupam cargo executivo internamente.

Figura 26 – O sistema Sicredi.

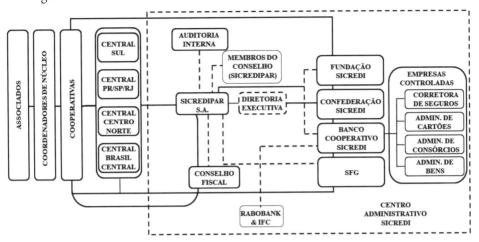

Fonte: Sicredi Relatório de Sustentabilidade (2015, p. 40).

Os associados do Sicredi, agrupados em núcleos ligados às unidades de atendimento, exercem o direito e o dever de planejar, de acompanhar e de decidir os rumos da cooperativa nas assembleias.

II. O início
Os primeiros passos para a implantação de um gerenciamento de processos de negócios no Sicredi foram direcionados para:
- definição das bases metodológicas;
- seleção das ferramentas a serem utilizadas na modelagem;
- automação de processos de negócio;
- definição dos papéis e das responsabilidades do escritório de processos.

Paralelamente, algumas iniciativas de melhoria de processos foram conduzidas diretamente pela equipe do escritório de processos em conjunto com os donos dos processos. Além do ganho de eficiência trazido por esses projetos, eles incentivaram a adesão de outras áreas/produtos à dinâmica de gestão de processos.

III. O modelo de atuação do escritório de processos
Com o intuito de ampliar as iniciativas de processos e ao mesmo tempo manter uma reduzida equipe no escritório de processos, optou-se pela existência de modeladores nas áreas/donos de processos. Em decorrência, houve um grande movimento na capacitação de líderes de processos, em diversas áreas, na metodologia e nas ferramentas institucionais de modelagem e na revisão de processos. Esses treinamentos foram desenvolvidos em formato presencial e a distância (EAD). Foram instituídos padrões de qualidade a serem seguidos na modelagem de processos e também um processo de avaliação.

IV. O alinhamento com as metas estratégicas

Com o começo da execução de um novo ciclo no planejamento estratégico corporativo, realizou-se uma priorização de processos, com a consciência de que não se pode fazer tudo ao mesmo tempo, o que foi referência para a definição de escopo, orçamento e sequenciamento dos investimentos.

Igualmente, teve início um período de grande crescimento na base de processos modelados e no número de donos de processos envolvidos.

Ao mesmo tempo, estabeleceu-se um *framework* para iniciativas de melhoria de processos, de forma a criar aceleradores e garantir uma visão abrangente para esse tipo de ação, o qual está estruturado em três fases:

- planejamento do projeto de melhoria;
- mapeamento e diagnóstico;
- plano de ação.

Figura 27 – Esquema geral e comunicação.

Fonte: CUNHA & MARINO (BPM em foco, ano I – edição 3, p. 35).

Entre as iniciativas de melhoria de processos conduzidas com sucesso no Sicredi, algumas resultaram em projetos de automação de processos com a utilização de softwares de BPMS. Além do desafio em si de criar essas soluções utilizando essas novas tecnologias e fazer as devidas interações com os sistemas legados, a gestão de mudanças tornou-se peça fundamental, pois foi necessário difundir uma nova forma de trabalho e de relacionamento dos usuários com os processos.

V. Arquitetura de processos

Recentemente, apesar da contínua evolução da gestão de processos no Sicredi, fez-se necessário uma fase de refinamento de objetivos e atualização metodológica, em que, dentre outros quesitos, foram revisadas a granularidade (nível de detalhamento) e a estrutura dos processos existentes. Essa fase culminou com a criação de um portal e de um catálogo de processos, com a definição de uma arquitetura de processos estruturada em quatro camadas e com a materialização da visão do Sicredi para aumento da maturidade de processos.

Figura 28 – Visão do Sicredi para aumento da maturidade de processos.

Fonte: CUNHA & MARINO (BPM em foco, ano I – edição 3, p. 36).

O portal de processos, disponibilizado na intranet a todos os colaboradores do Sicredi, nasceu sobretudo para possibilitar a colaboração dos usuários diretamente com os donos dos processos, servindo de ferramenta para seu contínuo aprimoramento, mas também com o intuito de apoiar a disseminação de boas práticas em gestão de processos e na divulgação de *cases* de sucesso.

VI. Evolução

Atualmente uma transição está em curso no Sicredi, em que os temas planejamento estratégico, gestão de projetos, gestão de processos e arquitetura empresarial estão sendo integrados em uma única superintendência.

Dessa integração, surgem boas oportunidades de sinergia, dentre as quais podemos elencar:

- análise do impacto em processos decorrentes de projetos;
- monitoramento dos resultados em processos relativos aos projetos finalizados;
- melhor definição do escopo de projetos com a abordagem de processos.

Outra perspectiva animadora dessa integração é, por meio da vinculação com o planejamento estratégico e com o PMO (Project Management Office – Escritório de Gerenciamento de Projetos), temas que em nossa realidade já possuem um protocolo de acompanhamento executivo bem definido, criar ferramentas que aprimorem a visão que os executivos têm dos processos, facilitando a obtenção de patrocínio da alta direção para as novas iniciativas de processos.

Questões

- Quais foram os critérios adotados pela organização para a implantação de um gerenciamento dos seus processos de negócios?
- Qual estratégia foi utilizada para atrair outras áreas e incorporá-las a esse movimento?
- Como o escritório de processos conseguiu multiplicar a capacidade de produção do trabalho sob sua responsabilidade?
- Quais ações foram desenvolvidas para garantir esse objetivo?
- No caso da organização em estudo, alguns projetos de automação de processos implicaram a utilização de novas tecnologias e a interface com sistemas legados. Esse tipo de solução acarreta uma série de repercussões. Na sua avaliação, quais seriam essas repercussões e como deveriam ser administradas?

Atividade proposta: melhorando o desempenho de processos

O desempenho em processos pode sofrer queda em virtude de locais e circunstâncias em que os problemas costumam se desenvolver, por exemplo:
- Pontos de contato com clientes;
- Fila ou fluxo de atendimento;
- *Handoffs*;
- Conexão com outros processos;
- Dependência de insumos de apoio;
- Zona de complexidade;
- Pontos críticos em virtude de tempo, entre outros.

Escolha um processo para estudo e, após identificar os pontos críticos de perda de desempenho, comprovados ou em potencial, verifique:
- a existência de indicadores ou controles que indiquem situações de perda de tempo, retrabalho ou outros problemas decorrentes;
  - a especificação de medidas contingenciais para adoção nessas situações;
  - a possibilidade de intervenção por meio de melhoria contínua sob esses pontos críticos de forma a minimizar os problemas potenciais.

Após a análise da situação, discuta com os demais colaboradores e busque definir um plano de ação para essa intervenção.

REFERÊNCIAS

ASSOCIATION OF BUSINESS PROCESS MANAGEMENT PROFESSIONALS. *Guia para o gerenciamento de processos de negócio corpo comum de conhecimento* ABPMP BPM CBOK V3.0, ABPMP, 2013. Disponível em: <http://c.ymcdn.com/sites/www.abpmp.org/resource/resmgr/Docs/ABPMP_CBOK_Guide__Portuguese.pdf>. Acesso em: 18 mar. 2016.

BALLESTERO-ALVAREZ, Maria Esmeralda. *Administração da qualidade e da produtividade: abordagens do processo administrativo.* São Paulo: Atlas, 2001.

BEHR, A.; MORO, Eliane Lourdes da Silva.; ESTABEL, Lizandra Brasil. *Gestão da biblioteca escolar: metodologias, enfoques e aplicação de ferramentas de gestão e serviços de biblioteca.* Ci. Inf., Brasília, v. 37, n. 2, p. 35, maio/ago. 2008. Disponível em: <http://www.scielo.br/pdf/ci/v37n2/a03v37n2>. Acesso em: 2 abr. 2016.

BLAKESLEE, J. A. *Achieving quantum leaps in quality and competitiveness: Implementingthe six sigma solution in your company.* In: ASQ´s 53th Annual Quality Congress Proceeding, 1999.

CAMPOS, Vicente Falconi. *TQC: controle da qualidade total (no estilo japonês).* Apêndice 2. Belo Horizonte: Fundação Christiano Ottoni, Escola de Engenharia da UFMG, 1992.

_____. *TQC: gerenciamento da rotina do trabalho do dia a dia.* Belo Horizonte; Rio de Janeiro: UFMG e Fundação Christiano Ottoni; Bloch, 1994.

_____. *Gerenciamento pelas diretrizes.* Belo Horizonte: Fundação Christiano Ottoni Escola de Engenharia da UFMG, 1996.

CERQUEIRA NETO, Edgard P. *Reengenharia do negócio.* São Paulo: Pioneira, 1994.

CHIAVENATO, Idalberto. *Administração: teoria, processo e prática.* Rio de Janeiro: Campus/Elsevier, 2007.

CONE, G. *6-Sigma, um programa em ascensão.* HSM Management, São Paulo, n. 4, jan-fev. 2001.

CORONADO, R. B.; ANTONY, J. *Critical success factors for the successful implementation of six sigma projects in organizations.* The TQM Magazine, v.14, n. 2, 2002.

CORRÊA, H. L.; GIANESI, I. G. N.; CAON, M. *Planejamento, programação e controle da produção: MRP II / ERP: conceitos, uso e implantação.* São Paulo: Atlas, 1997.

COSTA, Moacir Lisboa. *Como imitar os japoneses e crescer (sem frescuras).* Florianópolis: EDEME, 1991.

COSTA, Dayana Bastos. *Diretrizes para concepção, implementação e uso de sistemas de indicadores de desempenho para empresas de construção civil.* 2003. 176 f. Dissertação (Mestrado) – Programa de Pós-Graduação em Engenharia Civil, Universidade Federal do Rio Grande do Sul, Porto Alegre, 2003.

CREPALDI, Silvio Aparecido. *Curso básico de contabilidade de custos.* 5. ed. São Paulo: Atlas, 2010.

CUNHA, P. R. M.; MARINO, R. D. *Gestão de processos no Sicredi. BPM em foco,* ano

I – edição 3. Disponível em: <http://www.bpmglobaltrends.com.br/revistas/>. Acesso em: 30 abr. 2016.

D'ASCENSÃO, Luiz Carlos M. *Organização, sistemas e métodos:* análise, redesenho e informatização de processos administrativos. São Paulo: Atlas, 2001.

DAVENPORT, T. *Reengenharia de processos: como inovar na empresa através da tecnologia da informação.* Rio de Janeiro: Campus, 1994.

DAVIS, M. M.; AQUILANO, N. J.; CHASE, R. B. *Fundamentos da administração da produção.* Porto Alegre: Artmed, 2001.

FUNDAÇÃO ESCOLA NACIONAL DE ADMINISTRAÇÃO PÚBLICA. *Análise e melhoria de processos – Metodologia MASP.* Brasília: ENAP, 2015. Disponível em: <http://repositorio.enap.gov.br/bitstream/handle/1/2174/MASP%20-%20M%C3%B-3dulo%20(1).pdf?sequence=1&isAllowed=y>. Acesso em: 1o mar. 2016.

FUNDAÇÃO NACIONAL DA QUALIDADE. *Gestão por processos. ebook. FNQ,* 2015. Disponível em: < http://www.fnq.org.br/informe-se/publicacoes/e-books>. Acesso em: 26 mar. 2016.

HAMMER, Michael. *Reengineering Work: Don't Automate, Obliterate. Harvard Business Review, July-Aug.* 1990. Disponível em <https://hbr.org/1990/07/reengineering-work-dont-automate-obliterate#>. Acesso em: 16 mar. 2016.

HAMMER, Michael; CHAMPY, James. *Reengineering the Corporation: A Manifesto for Business Revolution.* London: Nicolas Brealey Publishing, 1993.

_____. *Reengenharia: Revolucionando a Empresa.* 30. ed. Rio de Janeiro: Campus, 1994.

HARRINGTON, James. *Aperfeiçoando processos empresariais.* São Paulo: Makron-Books, 1993.

HARRY, M. *The Vision of Six Sigma: A Roadmap for Breakthrough.* 5. ed. Phoenix: Sigma Consultants, LLC, 1997.

HARRY, M.; SCHROEDER, R. *Six Sigma: The Breakthrough Management Strategy Revolutionizing the World's Top Corporations.* 13. ed. New York: Doubleday, 2000.

HENDERSON, K.; EVANS, J. *Successful implementation of six sigma: benchmarking General Electric Company. Benchmarking and International Journal,* v. 7, n. 4, p. 260-281, july 2000.

KAPLAN, R. S.; COOPER, R. *Custo & desempenho: administre seus custos para ser mais competitivo.* 2. ed. São Paulo: Futura, 2000.

MARSHALL JUNIOR, I.; CIERCO, A. A.; ROCHA, A. V.; MOTA, E. B.; LEUSIN, S. *Gestão da qualidade.* 8. ed. Rio de Janeiro: FGV, 2006.

MONDEN, Yasuhiro. *Sistema Toyota de produção. Uma abordagem integrada ao just-in-time.* 4. ed. Porto Alegre: Bookman, 2015.

MOURA, L. R. *Qualidade simplesmente total: uma abordagem simples e prática da gestão da qualidade.* Rio de Janeiro: Qualitymark, 1997.

NAKAGAWA, M. *ABC: custeio baseado em atividades.* São Paulo: Atlas, 1995.

OAKLAND, J. S. *Gerenciamento da qualidade total.* São Paulo: Nobel, 1994.

OLIVEIRA, S. T. *Ferramentas para o aprimoramento da qualidade.* 2. ed. São Paulo: Pioneira, 1996.

OLIVEIRA, Djalma de Pinho Rebouças. *Sistemas, organização & métodos: uma abordagem gerencial.* 13. ed. São Paulo: Atlas, 2002.

_____. *Sistema, organização & métodos*. 14. ed. São Paulo: Atlas, 2004.

OMG – Object Management Group. *Business Process Model and Notation (BPMN)*. Version 2.0. 2011. Disponível em: <http://www.omg.org/spec/BPMN/2.0> Acesso em: 15 mar. 2016.

OSADA, T. Housekeeping, 5 *"S"*: *seiri, seiton, seiso, seiketsu, shitsuke*. São Paulo: Instituto IMAM, 1992.

PALADINI, Edson Pacheco. *Qualidade total na prática – implantação e avaliação de sistema de qualidade total*. 2. ed. São Paulo: Atlas, 1997.

PEREZ, Wilson Mário. *Seis Sigma: compreendendo o conceito, as implicações e os desafios*. Rio de Janeiro: Qualitymark, 1999.

PORTER, Michael E. *Vantagem competitiva: criando e sustentando um desempenho superior*. Rio de Janeiro: Campus, 1990.

RAMOS, Alberto Wunderley. *Controle estatístico de processo*. In: CONTADOR, José Celso et al. *Gestão de operações: a engenharia de produção a serviço da modernização da empresa*. 2. ed. São Paulo: Edgard Blucher, 1997.

_____. *Gráfico de controle para máquinas com múltiplas posições*. São Paulo: Departamento de Engenharia de Produção. Escola Politécnica da Universidade de São Paulo – EPUSPC, 2004. Disponível em: http://www.vanzolini.org.br/download/Gr%-C3%A1fico%20para%20Grupo.pdf. Acesso em: 2 abr. 2016.

RIBEIRO, Haroldo. *5S: um roteiro para uma implantação bem-sucedida*. Salvador: Casa da Qualidade, 1994.

RODRIGUES, Ronaldo Costa. *Fluxograma de processos*. [s.l.]: Qualiblog, 2008.

SICREDI. *Relatório de Sustentabilidade 2015*. Disponível em: <https://www.sicredi.com.br/html/>. Acesso em: 30 abr. 2016.

SIQUEIRA, Luiz Gustavo Primo. *Controle estatístico do processo*. Equipe Grifo. São Paulo: Pioneira, 1997.

SILVA, João Martins da. *5S: o ambiente da qualidade*. 3. ed. Belo Horizonte: Fundação Christiano Ottoni, 1994.

SINDIPEÇAS, *Sindicato Nacional da Indústria de Componentes para Veículos Automotores*; ABIPEÇAS, Associação Brasileira da Indústria de Autopeças. Desempenho do setor de autopeças 2015. Disponível em: <http://www.virapagina.com.br/sindipecas2015/>. Acesso em: 24 abr. 2016.

SLACK, N.; CHAMBERS, S.; HARLAND, C.; HARRISON, A.; JOHNSTON, R. *Administração da produção*. São Paulo: Atlas, 1997.

TAYLOR, Frederick Wislow. *Princípios de administração científica*. 8 ed. São Paulo: Atlas, 1990.

TRAD, Samir.; MAXIMIANO, Antônio Cesar Amaru. *Seis Sigma: fatores críticos de sucesso para sua implantação*. Curitiba: RAC, v. 13, n. 4, art. 7, pp.647-662, out/dez. 2009. Disponível em: <http://www.scielo.br/pdf/rac/v13n4/a08v13n4.pdf>. Acesso em: 9 mar. 2016.

VILLELA, Cristiane Silva Santos. *Mapeamento de processos como ferramenta de reestruturação e aprendizado organizacional*. Florianópolis: Universidade Federal de Santa Catarina, 2000. Disponível em <https://repositorio.ufsc.br/bitstream/handle/123456789/78638/171890.pdf?sequence=1>. Acesso em: 18 mar. 2016.

WEBER, Max. *Os fundamentos da organização burocrática: uma construção do tipo ideal*. In: CAMPOS, Edmundo. Sociologia da burocracia. 4. ed. Rio de Janeiro: Zahar, 1978.

_____. *Ensaios de sociologia*. 2. ed. Rio de Janeiro: Zahar, 1971.

WERKEMA, Maria C. C. *Ferramentas estatísticas básicas para o gerenciamento de processos*. v. 2. Belo Horizonte: Fundação Christiano Ottoni, Escola de Engenharia da UFMG, 1995.

WERKEMA, Cristina. *Seis Sigma – criando a cultura Seis Sigma. Série Seis Sigma*. v. 1. Werkema Editora, 2006. Disponível em: <http://www.werkemaeditora.com.br/arquivos/ccss.pdf>. Acesso em: 9 abr. 2016.

_____. *Métricas do Seis Sigma,* 2013. p. 5. Disponível em: <http://agente.epse.com.br/banasqualidade/qualidade47471111474747.PDF>. Acesso em: 8 abr. 2016.

V

INDICADORES

DE GESTÃO

"O que não é medido não é gerenciado"
(Kaplan e Norton, 1997, p. 21)

Objetivos do capítulo

- Contextualizar a importância da gestão do desempenho para a sustentabilidade da organização.
- Demonstrar a visão de processo do desempenho organizacional e suas etapas de desenvolvimento.
- Apresentar os critérios para elaboração de um modelo de gestão do desempenho baseado nas expectativas dos *stakeholders*.
- Descrever os tipos de indicador e seus requisitos.
- O *Balanced Scorecard* como metodologia para a gestão do desempenho organizacional.
- Correlacionar os vetores de desempenho discutidos na presente obra e as perspectivas do *Balanced Scorecard*.
- Apresentar os principais indicadores dentro de cada um dos vetores de desempenho discutidos.

Cláudio Teramoto

5.1. Introdução

Nos capítulos anteriores foram apresentadas as metodologias, as ferramentas e as estratégias de marketing voltadas ao crescimento e à internacionalização, mesmo em tempos de grandes turbulências, bem como a importância do adequado dimensionamento da logística e suas variáveis internas e externas; os investimentos na infraestrutura considerando o tripé pessoas/processos/sistemas e as questões relacionadas à sustentabilidade, sobretudo nas perspectivas ambiental e social.

No capítulo posterior, pretende-se discutir a importância e a necessidade da implementação de um processo de governança corporativa para garantir o atendimento às expectativas de todos os *stakeholders*.

O presente capítulo pretende demonstrar a importância da medição e da avaliação do desempenho como um processo de gestão vital para as organizações.

Dessa forma, a presente obra oferece uma visão ampla dos aspectos principais na condução das organizações em ambientes globalizados, competitivos e disruptivos.

5.1.1. Medição e avaliação do desempenho organizacional

A gestão do desempenho por meio de indicadores de gestão devidamente escolhidos e implementados é um processo fundamental para a sobrevivência das empresas num cenário de extrema competitividade e inovação constantes.

Adequadamente implementado, esse processo propicia o aprendizado, garantindo o questionamento, a validação e o fomento da melhoria e da inovação dos processos organizacionais objetivando o alcance da excelência, a maximização do capital dos investidores e a satisfação dos requisitos dos demais *stakeholders*.

Cada organização deve estabelecer uma arquitetura de medição baseada em indicadores relevantes para seu negócio. A maturidade do processo de gestão do desempenho aliada a uma arquitetura de indicadores relevantes constitui-se em fator crítico de sucesso para as organizações.

5.2. O processo de gestão do desempenho organizacional

A gestão do desempenho organizacional deve estar fundamentada num processo devidamente estruturado. Tabela 1 – Estrutura do processo de gestão do desempenho organizacional.

Fases	Descrição	Ferramentas
– Padrões de desempenho arbitrados no planejamento estratégico e expressos em termos de quantidade, qualidade, tempo e custo; – Resultados obtidos através dos indicadores; – Informações qualitativas de todas as áreas e processos de negócios; – Variáveis externas.	– Validação: confirmação da confiabilidade e da qualidade da informação obtida; – Integração: existência de conexões, interações e dependências entre várias informações; – Agregação de valor: criar utilidade para o usuário da informação.	– Produtos (relatórios) formatados a partir dos requisitos do público-alvo (interno ou externo); – Resultados das análises; – Recomendações pertinentes.

Finalmente, há a fase de entrega dos produtos pelos meios de comunicação adequados a cada público para subsidiar a tomada de decisão conforme se observa no diagrama representativo das fases do processo na Figura 1.

Figura 1 – As fases do processo de gestão do desempenho organizacional.

A visão da análise do desempenho como um processo de gestão requer sua avaliação contínua em termos de eficiência e eficácia focada no aprendizado e na melhoria contínuos.

> **Como você pode aplicar os conhecimentos deste trecho do livro na sua empresa?**
> - Como está estruturado o processo de avaliação do desempenho na sua organização?
> - Busque retratar as fontes de informação, o ciclo de apuração, o tratamento das informações apuradas e a consolidação dos resultados por meio do painel de indicadores e sua divulgação.

5.3. O modelo de gestão do desempenho organizacional

A definição do modelo de gestão do desempenho mais adequado a cada organização, além da estruturação de processos e tecnologia da informação, depende da definição das dimensões e dos atributos a serem avaliados, que, no seu conjunto, representem um mapa das estratégias definidas e o alinhamento organizacional.

Essa definição exige competências e conhecimentos num grau de complexidade bastante elevado. Essa exigência decorre da multiplicidade de fatores ou dimensões componentes do desempenho que, embora complementares, também podem ser conflitantes na medida em que pretendem atender a interesses diversos, nesse caso, dos *stakeholders*.

5.3.1. Stakeholders

É de suma importância a análise dos *stakeholders* para compreender fatores que podem influenciar o desempenho da organização e, dessa forma, criar subsídios para a tomada de decisão.

Figura 2 – Mapa dos *stakeholders*.

A identificação dos *stakeholders* deve ser seguida da análise de três aspectos básicos:
a) Identificar os tipos de relação existentes;
b) Identificar os interesses que motivam os diversos tipos de relação identificados;
c) Analisar as implicações decorrentes para a organização.

A tabela a seguir ilustra a avaliação que uma organização pode realizar em relação a determinado *stakeholder*.

Tabela 2 – *Stakeholder*: análise das relações, dos interesses e das implicações.

		ORGANIZAÇÃO	STAKEHOLDER CLIENTES
R E L A Ç Õ E S	MARKETING	Divulgação	Conhecimento
	ATENDIMENTO	Informação	Dirimir dúvidas
	COMERCIAL	Venda	Compra
	LEGAL	Conformidade à lei	Garantias e cidadania
	FINANCEIRA	Financiamento, crédito e cobrança	Descontos, prazos e taxas acessíveis
	PÓS-VENDA	Pesquisa de satisfação e assistência técnica	Direito à opinião e Reparo e manutenção
I N T E R E S S E S	MARKETING	Inspirar desejo	Suprir necessidades
	ATENDIMENTO	Persuasão	Convencimento
	COMERCIAL	Conclusão do negócio	Aquisição do produto ou serviço
	LEGAL	Evitar ações judiciais e prejuízos à imagem	Garantir direitos
	FINANCEIRA	Aumento da receita	Economia
	PÓS-VENDA	Controle de qualidade e fidelização do cliente	Produtos de qualidade e empresas confiáveis
		ADOÇÃO DE PRÁTICAS DE GESTÃO PELA ORGANIZAÇÃO (EXEMPLOS)	
I M P L I C A Ç Õ E S	MARKETING	Gestão de marketing	
	ATENDIMENTO	Orientação ao cliente; gestão de pessoas, operações, treinamentos, etc.	
	COMERCIAL	Exigências fiscais e legais: Nota fiscal, garantias, etc.	
	LEGAL	Expertise legal e jurídica.	
	FINANCEIRA	Fluxo de caixa, aplicações, investimentos, etc.	
	PÓS-VENDA	Qualidade total; gestão de processos, sistemas de informação.	

As relações existentes guardam interesses mútuos que implicam a adoção pela organização de práticas de gestão adequadas e necessárias para a manutenção daquelas relações. Essas práticas, devidamente implantadas, necessitam de monitoramento constante do seu desempenho. Assim, uma organização pode compor seu modelo de gestão do desempenho a partir da análise de sua rede de *stakeholders*, seus interesses e suas demandas.

> **Como você pode aplicar os conhecimentos deste trecho do livro na sua empresa?**
>
> - Como os gestores procedem para identificar os *stakeholders* mais relevantes para a organização?
> - Que canais são utilizados para a manutenção dos relacionamentos com esses *stakeholders* em nível satisfatório?

5.3.2. Indicadores de desempenho

O emprego de indicadores de desempenho é a forma mais utilizada pelas organizações para a análise do desempenho organizacional, subsidiando as tomadas de decisão estratégicas. Na prática, os indicadores representam o resultado da aplicação de uma ou mais medidas sobre o objeto que se pretende medir: processo, produto, serviço, gestão, entre outros. Pode ser representado por um número, uma percentagem ou uma razão que afere um aspecto do desempenho.

Takashina e Flores (1996, p. 19) postulam que indicadores "são formas de representação quantificáveis das características de produtos e processos. São utilizados pela organização para controlar e melhorar a qualidade e o desempenho dos seus produtos e processos ao longo do tempo". Já para Oliveira (2007, p. 151-152), os indicadores "são parâmetros e critérios previamente estabelecidos e devem ser utilizados para uma avaliação e verificação de atividades, processos ou do próprio negócio de uma empresa".

Os indicadores dimensionam o comportamento de um processo demonstrando seus resultados e permitindo, assim, sua comparação com os padrões estabelecidos no planejamento estratégico. O comportamento de um processo pode ser avaliado por meio de algumas características, como rapidez, clareza, qualidade, quantidade, entre outras. Têm-se como exemplos:

- Tempo;
- Número de atendimentos;
- Quantidades produzidas;
- Média de homens/hora por produto;
- Número de erros, etc.

Portanto, as informações sobre o desempenho de uma organização são, na sua essência, comparativas, uma vez que devem ser confrontadas com os padrões estabelecidos no planejamento estratégico ou comparadas com resultados de períodos anteriores, dando origem a uma série histórica para subsidiar a análise crítica do desempenho.

5.3.2.1. Requisitos dos indicadores de desempenho

Uma boa definição de indicadores deve obedecer a alguns requisitos básicos, entre eles:
– Considerar a visão de longo prazo, sintonizada com as estratégias da organização, sem desconsiderar a visão de curto prazo;
– Equilibrar as medidas financeiras e as medidas não financeiras;
– Propiciar o aprendizado organizacional por meio do processo de avaliação e comparação dos resultados, estimulando a melhoria contínua;
– Demonstrar a visão integrada das relações de causa e efeito entre as dimensões de desempenho definidas pela organização;
– Ser compreensível para toda a força de trabalho e capaz de induzir atitudes;
– Apresentar uma boa relação custo-benefício para sua implementação.

Além desses requisitos, é importante que os dados necessários para a elaboração dos indicadores estejam disponíveis em tempo real e sejam de fácil acesso e obtenção.

5.3.2.2. Características dos indicadores

Na definição dos indicadores devem ser observadas algumas características básicas que permitem compreender sua finalidade, a saber:
– Título: deve explicitar com clareza o que está sendo medido;
– Finalidade: esclarece a razão de sua utilização;
– Alinhamento: indica a qual objetivo estratégico está vinculado;
– Meta: refere-se ao padrão de desempenho desejado;
– Fórmula: demonstra a relação numérica entre os dados coletados;
– Frequência: indica os intervalos entre as medições dentro de um período definido;
– Fonte: indica a origem dos dados utilizados para compor o indicador.

Subsidiariamente, devem ser explicitadas outras características que reportam à gestão dos indicadores:
– Gestor: área ou pessoa responsável pela medição e pela frequência de revisão.
– *Stakeholders*: Áreas/pessoas cujo resultado do indicador
servirá de subsídio para a tomada de decisão.

5.3.2.3. Tipos de indicador

Conforme Kaplan e Norton (1997, p. 32): "um bom Balanced Scorecard deve conter uma combinação adequada de resultados (indicadores de fatos) e vetores de desempenho (indicadores de tendências) da estratégia da unidade de negócios".

Conclui-se, portanto, que os indicadores de desempenho podem ser divididos em indicadores de resultados (*lagging indicators*) e indicadores de tendências (*leading indicators*).

Segundo a Fundação Nacional da Qualidade (FNQ) (2007, p. 25), os indicadores de desempenho são divididos em indicadores resultantes (*outcomes*) e indicadores direcionadores ou de tendências (*drivers*).

5.3.2.4. Indicadores de resultados

Os indicadores de resultados ou resultantes estão relacionados com os objetivos estratégicos. Representam os fatos apurados que devem ser comparados com os padrões estabelecidos no planejamento e revelam quanto já foi obtido em relação ao resultado esperado. Portanto, medem diretamente o desempenho final, isto é, o resultado obtido em relação ao objetivo definido.

5.3.2.5. Indicadores de tendências

Os indicadores de tendências ou direcionadores representam os vetores de desempenho e indicam como os resultados serão alcançados; consequentemente, revelam antecipadamente se a estratégia implementada está sendo bem-sucedida ou não.

Esses indicadores estão relacionados com os fatores críticos de sucesso, monitorando os aspectos que indicam se a organização está no caminho certo para alcançar seus objetivos. Por conseguinte, esses indicadores indicam a estratégia adotada para alcançar os objetivos estratégicos.

Importante ressaltar que as métricas apuradas pelos indicadores de resultados refletem o êxito ou o desempenho ao final de um período ou uma atividade. Dessa forma, referem-se a situações que não podem mais ser alteradas.

Enquanto isso, as métricas apuradas pelos indicadores de tendências reportam-se a vetores como processos, atividades ou comportamentos que podem ser modificados, mediante a ação tempestiva e adequada, buscando a correção de rumos quando for o caso. São baseados em hipóteses de causa e efeito.

Cabe lembrar que na escolha das dimensões de desempenho e seus respectivos objetivos, a organização define suas estratégias por meio de uma cadeia de causa e efeito. Portanto, essa relação de causa e efeito também influencia a definição dos indicadores de resultados e tendências.

Para ilustrar esse raciocínio, tomemos como exemplo um indicador de prazo de entrega do produto. Esse é um indicador de tendência da satisfação do cliente, que, por sua vez, é um indicador de tendências do resultado de vendas.

Tabela 3 – Relação causa e efeito entre indicadores de resultados e tendências.

	OBJETIVOS		INDICADORES
DIMENSÃO	Financeira	Aumento de vendas	Receita de vendas semestral
	Do cliente	Satisfação do cliente	Grau de satisfação trimestral
	Dos processos internos	Prazo de entrega	Entregas no prazo / Total de entregas no mês

Assim, fica clara a relação de causa e efeito entre os indicadores, evidenciando a estratégia definida para a obtenção do resultado pretendido: o aumento das vendas.

Segue daí que um indicador de resultados de um objetivo pode ser também um indicador de tendências de outro objetivo.

Importante lembrar que os indicadores são dependentes das estratégias escolhidas pela organização nos cenários analisados.

Em cenários turbulentos, a organização precisará avaliar, entre as estratégias disponíveis, a que melhor lhe convier, sejam elas de crescimento, desenvolvimento, manutenção ou sobrevivência. Quaisquer que sejam as estratégias definidas, a relação de causa e efeito entre os objetivos de cada perspectiva do BSC e também entre os respectivos indicadores caracteriza um alinhamento de esforços que contribui para maior foco e eficiência.

Como você pode aplicar os conhecimentos deste trecho do livro na sua empresa?

- Quais critérios são utilizados para a definição dos indicadores de desempenho pela organização?

- Quais são os referenciais comparativos utilizados na avaliação do desempenho?

5.4 Balanced Scorecard

O B*alanced Scorecard* – BSC – pode ser considerado um sistema estratégico de avaliação de desempenho empresarial. O BSC estratifica a estratégia empresarial de forma lógica em quatro perspectivas de negócio: financeira, do cliente, dos processos internos e do aprendizado e crescimento pela relação de causa e efeito entre os vetores de desempenho decompostos em objetivos, indicadores, metas e iniciativas, conforme a Figura 3.

Figura 3 – As perspectivas de negócio do Balanced Scorecard.

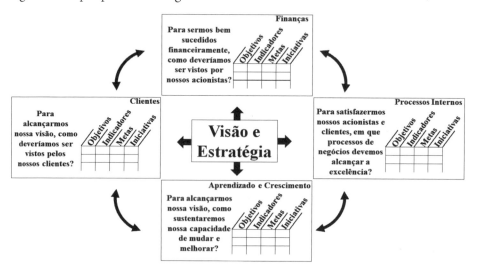

Fonte: KAPLAN & NORTON (1997, p. 10).

A adequada construção do BSC permite traduzir e comunicar a missão e a visão estratégica em objetivos e medidas tangíveis, facilitando o alinhamento de todos os níveis e áreas da organização.

Figura 4 – Traduzindo a missão em resultados almejados.

Fonte: Adaptado de KAPLAN & NORTON (2001, p. 85).

5.4.1 As perspectivas do BSC

O *Balanced Scorecard* estratifica a estratégia por meio de uma lógica baseada em relações de causa e efeito. Dessa forma, os vetores de desempenho estão interligados entre si e alinhados em relação aos objetivos financeiros.

Essa estratificação é realizada a partir de quatro perspectivas básicas ou dimensões de negócios, a saber:

Financeira;
Clientes;
Processos internos;
Aprendizado e crescimento.

Perspectiva financeira. Na perspectiva financeira, são tratados os temas que envolvem os objetivos estratégicos definidos pela organização envolvendo, entre outros:

Tabela 4 – Perspectiva financeira: temas estratégicos.

Temas estratégicos	Desdobramentos
Crescimento e "mix" de receita	– Crescimento das vendas; – Fusões e aquisições; – Utilização de ativos; – Lucro líquido, entre outros.
Redução de custos e melhoria de produtividade	– Aumento da produtividade de receita; – Redução dos custos unitários; – Melhoria do "mix" de canais; – Redução das despesas operacionais.
Utilização dos ativos e da estratégia de investimento	– Retorno sobre o capital ROCE (*return on capital employed*); – Retorno sobre o investimento; – Valor econômico agregado; – Ciclo de caixa; – Melhoria da utilização dos ativos.

Fonte: Adaptado de KAPLAN & NORTON (1997, p. 53).

Perspectiva dos clientes. Na perspectiva dos clientes serão tratados os objetivos estratégicos que a organização necessita alcançar junto ao seu mercado atual e potencial, entre eles:

Tabela 5 – Perspectiva do cliente: temas estratégicos.

Temas estratégicos	Desdobramentos
I - Medidas essenciais	– Participação de mercado; – Retenção de clientes; – Captação de clientes; – Satisfação de clientes (tempo, qualidade e preço); – Lucratividade de clientes e participação em contas (clientes) nos segmentos-alvo.
II - Medidas diferenciadas	– Propostas de valor agregadas ao produto ou serviço (atributos, imagem e relacionamento).

Fonte: Adaptado de KAPLAN & NORTON (1997, p. 72 e 79).

Perspectiva dos processos internos. A perspectiva dos processos internos trata da identificação dos processos mais críticos para a consecução dos objetivos esperados pelos clientes e pelos acionistas.

Segundo Kaplan e Norton (1997, p. 99): "No *Balanced Scorecard*, os objetivos e medidas para a perspectiva dos processos internos derivam de estratégias explícitas voltadas para o atendimento às expectativas dos acionistas e clientes-alvo. Essa análise sequencial, de cima para baixo, costuma revelar processos de negócios inteiramente novos nos quais a empresa deverá buscar a excelência". É consenso no universo empresarial que a excelência operacional e a redução de custos nos processos de produção ou prestação de serviços ainda se constituem metas sumamente importantes.

Contudo, no modelo utilizado por Kaplan e Norton para representar um modelo de cadeia de valores genérica, verifica-se que a excelência operacional ou logística é um componente cuja importância não é maior ou mais decisiva do que outros componentes do modelo, conforme se observa na Figura 5.

Figura 5 – Modelo de cadeia de valores genérica.

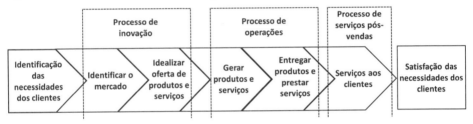

Fonte: Adaptado de KAPLAN & NORTON (1997, p. 102).

Verifica-se na Figura 5 que a cadeia de valores dos processos internos de uma empresa é constituída por três processos principais.

O processo de inovação envolve as pesquisas de mercado para identificar seu potencial, as preferências dos clientes e as faixas de preços para os produtos e serviços e, posteriormente, os projetos e o desenvolvimento dos novos produtos e serviços que serão oferecidos.

O processo de operações envolve desde o recebimento do pedido de um cliente até a entrega do produto ou a prestação do serviço.

O processo de serviço pós-venda representa a fase final dos processos internos e inclui atividades como garantia e conserto, correção de defeitos, reclamações e devoluções e o processamento dos pagamentos.

Perspectiva do aprendizado e do crescimento

Por meio da perspectiva orientada ao aprendizado e ao crescimento, são definidos os objetivos que fornecem a estrutura para que os objetivos das demais perspectivas sejam atingidos. Nessa perspectiva, são consideradas as seguintes categorias:

a) Capacidades dos funcionários;
b) Eficiência e eficácia dos sistemas de informação;
c) Motivação, *empowerment* e alinhamento.

O desenvolvimento do capital intelectual é essencial para a inovação dos procedimentos, a incorporação de novas tecnologias e a criação de novos produtos e serviços para garantir a manutenção da competitividade.

As medidas essenciais nessa perspectiva consideram fatores como a satisfação dos funcionários, a retenção de funcionários e a produtividade dos funcionários.

Os sistemas de informação devem garantir a informação correta e em tempo hábil, envolvendo todas as perspectivas: clientes, processos internos e financeiros para a tomada de decisão em todos os níveis da organização.

Outro aspecto importante é que esses mesmos sistemas forneçam *feedback* para o suporte gerencial e de controle.

Conforme Kaplan & Norton (1997, p. 141):

> Os funcionários do setor de operações da empresa necessitam de um feedback rápido, oportuno e preciso sobre o produto que acabou de ser entregue ou o serviço que acabou de ser prestado. Somente com este feedback pode-se esperar que sustentem programas de melhoria onde sejam eliminados sistematicamente defeitos e excessos de custo, tempo e desperdício dos sistemas de produção.

Algumas medidas essenciais nessa perspectiva consideram fatores como o percentual de processos que oferecem *feedback* em tempo real sobre qualidade, tempo e custo ou o percentual de funcionários que lidam diretamente com o cliente e têm acesso on-line às informações referentes a ele.

Um clima organizacional baseado numa cultura de incentivo à inovação e à iniciativa dos colaboradores garante manutenção da motivação; *empowerment* e alinhamento.

Medidas essenciais nessa categoria consideram fatores como: sugestões apresentadas e implementadas;

- Benefícios e melhorias obtidos com as sugestões implementadas;
- Mudança na estrutura de recompensa por sugestões implementadas;
- Funcionários com metas pessoais alinhadas às estratégias da empresa;
- Funcionários que alcançaram suas metas pessoais;
- Unidades de negócio que concluíram com sucesso o processo de alinhamento;
- Funcionários que reconhecem e compreendem a visão da empresa.

Como você pode aplicar os conhecimentos deste trecho do livro na sua empresa?

- Como a organização promove o alinhamento dos objetivos dos níveis estratégico, tático e operacional?

- Quais benefícios a organização pode obter com a devida utilização do *Balanced Scorecard*?

5.5. Os vetores de desempenho e as perspectivas do BSC

A partir dos aspectos tratados na presente obra e em outros aportes, pode-se organizar um sistema de avaliação de desempenho que:
- indique o grau de inovação decorrente do desenvolvimento do capital intelectual e de investimentos em sistemas de informação e na motivação da força de trabalho;
- verifique a eficiência e a eficácia da cadeia produtiva estabelecida e maximizada considerando seus fluxos à montante e à jusante;
- mensure o grau de satisfação dos principais *stakeholders* da organização;
- Avalie a capacidade de ações preventivas no que concerne às questões ambientais internas e externas;
- Analise os resultados obtidos em confronto com os objetivos estabelecidos no plano estratégico.

Esses fatores constituem-se vetores de desempenho que devem ser monitorados continuamente para subsidiar a tomada de decisão em qualquer tempo.

Figura 6 – Vetores do desempenho organizacional.

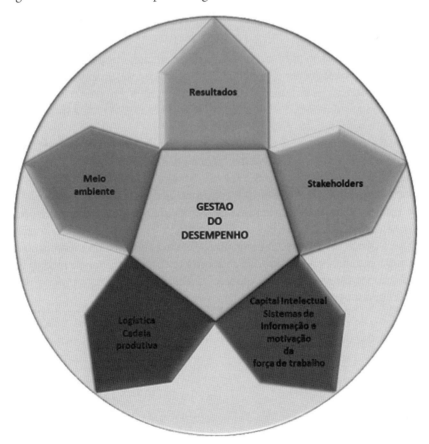

A partir da representação proposta na Figura 6, pode-se inferir que os vetores de desempenho são interdependentes e apresentam interconexões mútuas. Essa visão sistêmica é extremamente importante na gestão do desempenho por permitir um diagnóstico mais preciso dos vetores de desempenho, de suas interações e de como contribuem para os resultados pretendidos.

Figura 7 – Relação entre as perspectivas do BSC e os vetores de desempenho.

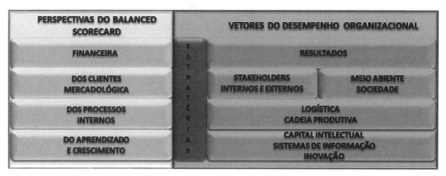

O arranjo dos vetores de desempenho anteriormente comentado dentro das perspectivas clássicas do *Balanced Scorecard* permite vislumbrar um roteiro estratégico definido pela organização e que pode ser comunicada em forma de *storyline*, facilitando sua compreensão por todos os envolvidos:

"As estratégias representam as hipóteses ou escolhas definidas pela organização para a sua sobrevivência ou crescimento e, portanto, direcionam os investimentos voltados ao capital intelectual, sistemas de informação e inovação e a modelagem da sua logística interna e externa para atendimento dos requisitos dos *stakeholders* e de toda a sociedade e, consequentemente, o alcance dos resultados esperados".

Outro aspecto importante é que o modelo de gestão do desempenho deve permitir a reflexão sobre as estratégias e os objetivos e metas definidos.

No seu conjunto, as estratégias, os objetivos e as metas revelam as hipóteses assumidas pela organização e os caminhos escolhidos (mapa estratégico) para sua consecução.

A análise de desempenho pode identificar falhas na concepção estratégica ou mesmo questionar sua validade diante das mudanças dos cenários eleitos, propiciando, quando necessário, a sua revisão.

Em síntese, a gestão do desempenho organizacional se constitui num mecanismo de aprendizado organizacional e num processo de apoio à tomada de decisão na medida em que, por meio de um sistema de aferição, fornece *feedback* sobre todos os processos de negócios desdobrados nos níveis estratégico, tático e operacional.

Como você pode aplicar os conhecimentos deste trecho do livro na sua empresa?

- Quais são os vetores de desempenho monitorados pela organização?
- Descreva como esses vetores são monitorados indicando as fontes de informação e os indicadores utilizados.

5.6. Da teoria à prática

Utilizando-se os vetores de desempenho que foram devidamente abordados nos demais capítulos da presente obra em conjunto com a metodologia do *Balanced Scorecard*, pode-se construir um painel demonstrativo de indicadores de desempenho genéricos para fornecer *insights* aos responsáveis pela gestão do desempenho.

5.6.1. Vetores de desempenho na perspectiva do aprendizado e do crescimento

Conforme apresentado na Figura 7, há três vetores importantes que devem ser considerados nessa perspectiva do BSC (capital intelectual, inovação e sistemas de informação):
- Capital intelectual e inovação. Para Brooking (1996 apud ANTUNES, 2000, p. 78): "Capital Intelectual é uma combinação de ativos intangíveis, frutos das mudanças nas áreas da tecnologia da informação, mídia e comunicação, que trazem benefícios intangíveis para as empresas e que capacitem seu funcionamento". Referidos ativos são divididos da seguinte forma:
- Ativos de mercado: referem-se aos intangíveis relacionados ao mercado; entre eles, marca, clientes, lealdade dos clientes, negócios recorrentes, negócios em andamento, canais de distribuição, etc.
- Ativos humanos: decorrem dos benefícios proporcionados pelos colaboradores por meio da sua expertise, sua criatividade, seu conhecimento, sua habilidade para resolver problemas, etc.
- Ativos de propriedade intelectual: são aqueles que necessitam de proteção legal para garantir os benefícios esperados; entre eles, segredos industriais, patentes, designs, etc.
- Ativos de infraestrutura: representados pelos sistemas de informação, pelos métodos gerenciais, pelo banco de dados, etc.

Em contrapartida, Dzinkowski (1998, p.10), classifica os ativos que compõem o capital intelectual em:
- Capital humano: *know-how*, educação, qualificação vocacional, conhecimento relacionado ao trabalho, avaliações ocupacionais, avaliações psicométricas, competências relacionadas ao trabalho, ímpeto empreendedorístico, inovatividade, capacidades proativas e reativas, mutabilidade.
- Capital relacional: acordos de franquias, clientes, fidelidade do cliente, nomes de companhias, pedidos em carteira, canais de distribuição, colaborações comerciais, acordos de licenciamento, contratos favoráveis.
- Capital estrutural: dividido em propriedade intelectual e ativos de infraestrutura:
- Propriedade intelectual: patentes, direitos autorais, direitos de projeto, segredos industriais, marcas registradas.
- Ativos de infraestrutura: filosofia gerencial, cultura corporativa, processos gerenciais, sistemas de informação.

A par dos conceitos e das classificações oferecidos pelos diversos estudiosos sobre o tema em questão, é possível distinguir as variáveis básicas para o processo de avaliação do desempenho da organização em relação ao capital intelectual.

A Tabela 6 elenca as variáveis básicas que podem ser adotadas pelas organizações objetivando a elaboração do painel de indicadores de desempenho e seu *Balanced Scorecard*.

Tabela 6 – Capital intelectual e inovação: variáveis e indicadores de desempenho.

	Variáveis	**Indicadores de desempenho**
Capital Humano	Existência de um sistema de avaliação de ideias e incentivos para a inovação.	– Satisfação dos empregados quanto ao atendimento de suas expectativas. – Proporção de empregados fazendo sugestões de novas ideias (proporção implementada).
	Existência de cultura, ambiente e estratégias voltadas à inovação e ao empreendedorismo.	– Valor agregado por funcionário. – Valor agregado por salário em $.
	Incentivos ao desenvolvimento pessoal.	– Proporção de empregados com grau de formação acadêmica (graduação, pós-graduação e outros). – Reputação dos empregados da companhia com os recrutadores (*headhunters*).

Capital Estrutural	Gestão de patentes.	– Número de patentes. – Custo de manutenção de patentes.
	Sistemas de informação.	– Número de computadores ligados ao banco de dados. – Número de vezes que o banco de dados foi consultado. – Contribuições ao banco de dados. – Atualizações do banco de dados. – Volume de utilização e conexão do sistema de informação (SI).
	Projetos.	– Valor das novas ideias (dinheiro economizado, dinheiro ganho). – Custo de ciclo de vida do projeto por $ de vendas. – Proporção entre ideias implementadas e sugeridas. – Introdução de novos produtos por empregado. – Proporção da receita de introdução de novos produtos. – Tendência de cinco anos do ciclo de vida do produto. – Duração média de tempo para o projeto.
	Monitoramento de tendências ou necessidades do mercado.	– Novos produtos ou serviços gerados.
Capital Relacional	Estratégias de relacionamento com os *stakeholders*. Canais de comunicação e informação. Parcerias voltadas à pesquisa e à inovação.	– Crescimento em volume de negócios. – Proporção de vendas por clientes que retornam. – Fidelidade à marca. – Satisfação do cliente. – Devolução do produto em proporção às vendas. – Número de alianças com fornecedores/clientes e seu valor.

Fonte: Adaptado de GUBIANI (2011, p. 96-98) e DZINKOWSKI (1998, p. 11).

Sistemas de informação na concepção dos indicadores estratégicos

No capítulo 1 discutiu-se a importância dos sistemas de informação do ponto de vista de identificar as mudanças e as transformações do mercado e atender ao mercado, mesmo em ambientes turbulentos.

A avaliação de sistemas de informação é um processo complexo cuja maior dificuldade se apresenta quando se procura avaliar de maneira quantitativa o resultado na melhoria das decisões baseadas nas informações geradas. No entanto, cada organização deve definir um sistema básico de avaliação e garantir sua melhoria por meio de um processo de aprendizado contínuo. Comumente, são utilizadas quatro variáveis básicas para esse tipo de avaliação, conforme exposto na Tabela 7.

Tabela 7 – Sistemas de informação: variáveis e indicadores de desempenho.

Variáveis	Indicadores de desempenho
Esforço	– Quantidade de recursos (material, financeiro, de tempo, etc.) investidos.
Efetividade	– Grau de satisfação do usuário; – Completude da informação; – Quantidade de acessos por grupos de informação.
Eficiência	– Tempo de resposta; – Custos de manutenção.
Benefícios	– Ganhos de produtividade; – Redução de custos.

Como você pode aplicar os conhecimentos deste trecho do livro na sua empresa?

- Como a empresa incentiva a criatividade e a inovação no ambiente organizacional?
- Como são definidos, desenvolvidos e aprimorados os principais sistemas de informação, considerando as necessidades dos usuários e dos gestores?

5.6.2. Vetores de desempenho na perspectiva dos processos internos

Conforme proposição no início deste capítulo, na perspectiva dos processos internos será utilizado o vetor de desempenho logístico. É indiscutível que a excelência no desempenho logístico tem se tornado fator crítico na criação e na manutenção de vantagem competitiva. Para Bowersox e Closs (2001, p. 21): "O gerenciamento logístico inclui o projeto e a administração de sistemas para controlar o fluxo de materiais, os estoques em processo e os produtos acabados, com o objetivo de fortalecer a estratégia das unidades de negócios da empresa".

A implementação das melhores práticas no setor logístico se configura num dos maiores desafios para as empresas num cenário globalizado, segundo Bowersox e Closs (2001, p. 19).

Esse grande desafio se estende também à escolha dos aspectos das operações a serem medidas e seus respectivos indicadores, dada a complexidade das operações no âmbito logístico.

Pesquisas realizadas por Natal (2005, p.105) indicam os dez indicadores logísticos mais utilizados pelas empresas brasileiras e os dez indicadores considerados mais importantes.

Tabela 8 – Os dez indicadores logísticos mais utilizados.

INDICADORES	% das empresas que utilizam
Custo de transportes	95%
Valor total em estoques	86%
Custo logístico total	82%
Giro dos estoques	81%
% de entregas feitas no prazo	75%
Custo de armazenamento e manuseio de materiais	68%
Custo de capital imobilizado em estoques	65%
Retorno sobre investimentos	61%
Índice de avarias	58%
Rentabilidade por cliente ou segmento	56%

Fonte: NATAL (2005, p. 105).

Tabela 9 – Os dez indicadores logísticos mais importantes.

INDICADORES
Custo logístico total
Custo de transportes

Custo logístico total na cadeia de suprimentos
% de entregas feitas no prazo
Entregas completas e no prazo
Rentabilidade por cliente ou segmento
Retorno sobre investimentos
Giro dos estoques na cadeia de suprimentos
Giro de estoques
Valor total em estoques

Fonte: NATAL (2005, p. 113).

Com esses subsídios, é possível a eleição de um grupo de indicadores de desempenho que se conformem mais adequadamente às características de cada organização com a agregação de outros decorrentes de especificidades.

> **Como você pode aplicar os conhecimentos deste trecho do livro na sua empresa?**
> - Descreva os principais processos da cadeia de valor da empresa.
> - Como são aprimorados os processos logísticos implementados pela empresa?

5.6.3 Vetores de desempenho na perspectiva dos clientes

Conforme destacado na Figura 7 foram inclusas na perspectiva dos clientes os vetores de desempenho referentes aos *stakeholders* (internos e externos); o meio ambiente e a sociedade como um todo. A teoria dos *stakeholders* tem assumido importância maior no âmbito das organizações.

Em decorrência, as organizações têm se preocupado com a implementação de processos de gestão voltados ao atendimento das expectativas dos *stakeholders* e seu acompanhamento.

> Os *stakeholders* são definidos como organizações ou indivíduos que possam ser significativamente afetados pelas atividades, produtos e/ou serviços da organização e cujas ações possam afetar significativamente a capacidade da organização de implementar suas estratégias e atingir seus objetivos com sucesso. Isso inclui organizações ou indivíduos cujos direitos nos termos da lei ou de convenções internacionais lhe conferem legitimidade de reivindicações perante a organização. GLOBAL REPORTING INITIATIVE – GRI (2000-2011, p. 10)

Marketing para ambientes *dis*ruptivos

Figura 8 – Sul América S.A. – Mapa de *stakeholders*.

Fonte: SUL AMÉRICA S.A. Disponível em: <http://ri.sulamerica.com.br/static/ptb/stakeholders-e-materialidade.asp?idioma=ptb>.

Figura 9 – Braskem – Mapa de *stakeholders*

Mapa de partes interessadas		
Categorias de partes interessadas com quem a Braskem se relaciona		Meios de engajamento
Influenciadores	Político-estratégico: Sindicatos, Agências reguladoras, Entidades de classe, Governo executivo, Governo legislativo, Ministério público, Órgãos ambientais, Opinião pública/regional, Ongs, Analistas de mercado financeiro, Auditores.	Reuniões. Pesquisa de Reputação.
	Setorial: Concorrentes, Associações de classe setoriais.	Feiras do setor. Participações em reuniões setoriais.
	Mídia: Mídia articulista, Mídia especializada, Mídia geral, Redes sociais/Ambiente virtual.	*Press releases*. Reuniões. Entrevistas. Pesquisa de reputação.
	Academia: Centros de pesquisa, Escolas, Pesquisadores, Universidades, Escola técnica.	Reuniões. Pesquisa de Reputação, Projetos em parceria.
Viabilizadores	Fornecedores: Matérias-primas, Petrobrás, Materiais indiretos, Serviços, Tecnologia.	Reuniões. e-mails. Canal pela Internet com acesso exclusivo. Pesquisa de Reputação.
	Mercado financeiro: Acionista controlador, Acionista Minoritário, Conselho de Administração, Instituições financeiras, Provedor de dívida, Bancos.	Reuniões. Site "Relação com Investidores", Relatórios, Teleconferência de resultados.

		Integrantes: Integrantes, Terceiros.	E-mails. Campanhas internas. Informativos. Diálogos de segurança. Prêmio Destaque. Intranet. Pesquisa de Reputação. Pesquisa de Clima (a cada dois anos). Pesquisa sobre comunicação (a cada dois anos).
Impactantes		Comunidades: Moradores, Lideranças locais, Parceiros iniciativas.	Projetos, Relacionamentos diretos com os representantes locais da área de Relações Institucionais. Pesquisa de Reputação.
Beneficiadas		Sociedade: ABC 18 / Nacional. Familiares dos integrantes.	Pesquisa de Reputação.
		Clientes: Clientes dos clientes, Consumidor final, Distribuidor, UNIB, UNPOL, UNVIN, Internacionais.	Reuniões. Visitas às instalações. Eventos técnicos e de relacionamento. Feiras do setor. Patrocínio. Canal pela Internet com acesso exclusivo. Atendimento comercial por gerentes de conta. Agenda de desenvolvimento técnico. Pesquisa de Reputação.
1. A Pesquisa de Reputação é realizada anualmente, desde 2009, com o apoio da Reputation Institute. O programa conta com um Comitê de Gestão de Imagem e Reputação, com a participação de representantes de todas as áreas da Empresa, encarregados de discutir os principais riscos e oportunidades no processo de fortalecimento da confiança dos públicos de relacionamento da Braskem.			

Fonte: BRASKEM. Relatório anual 2014. Disponível em: <http://rao2014braskem.hospedagemdesites.ws/wp-content/uploads/2015/07/braskem_RA_2014_PT.pdf>.

Da mesma forma, a dimensão ambiental e a sociedade têm frequentado a pauta estratégica dos gestores diante das repercussões que podem acarretar os impactos da organização sobre sistemas naturais, incluindo ecossistemas, bem como sobre os sistemas sociais envolvendo questões como práticas trabalhistas, direitos humanos, responsabilidade pelo produto, entre outros.

Os indicadores elencados na Tabela 10 representam os principais temas da dimensão ambiental e da sociedade considerados relevantes para um grande número de organizações de classe mundial, conforme processo de pesquisa *multistakeholders* realizado periodicamente pela Global Reporting Initiative (GRI), organização *multistakeholder*, sem fins lucrativos, que desenvolve uma estrutura de relatórios de sustentabilidade adotada por cerca de mil organizações em todo o mundo.

Tabela 10 – Indicadores de desempenho ambientais e sociais – GRI.

	Indicadores de desempenho ambiental
Materiais	Materiais usados por peso ou volume.
	Percentual dos materiais usados provenientes de reciclagem.
Energia	Consumo de energia direta discriminado por fonte de energia primária.
	Consumo de energia indireta discriminado por fonte primária.
	Energia economizada devido a melhorias em conservação e eficiência.
	Iniciativas para fornecer produtos e serviços com baixo consumo de energia, ou que usem energia gerada por recursos renováveis, e a redução na necessidade de energia resultante dessas iniciativas.
	Iniciativas para reduzir o consumo de energia indireta e as reduções obtidas.
Água	Total de retirada de água por fonte.
	Fontes hídricas significativamente afetadas por retirada de água.
	Percentual e volume total de água reciclada e reutilizada.
Biodiversidade	Localização e tamanho da área possuída, arrendada ou administrada dentro de áreas protegidas, ou adjacente a elas, e áreas de alto índice de biodiversidade fora das áreas protegidas.
	Descrição de impactos significativos na biodiversidade de atividades, produtos e serviços em áreas protegidas e em áreas de alto índice de biodiversidade fora das áreas protegidas.
	Habitat protegidos ou restaurados.
	Estratégias, medidas em vigor e planos futuros para a gestão de impactos na biodiversidade.
	Número de espécies na Lista Vermelha da União Internacional para a Conservação da Natureza e dos Recursos Naturais (IUCN) e em listas nacionais de conservação com habitat em áreas afetadas por operações, discriminadas pelo nível de risco de extinção.

Emissões, efluentes e resíduos	Total de emissões diretas de gases de efeito estufa, por peso.
	Emissões indiretas relevantes de gases de efeito estufa, por peso.
	Iniciativas para reduzir as emissões de gases de efeito estufa e as reduções obtidas.
	Emissões de substâncias destruidoras da camada de ozônio, por peso.
	NOx, SOx (óxido de nitrogênio e dióxido de enxofre) e outras emissões atmosféricas significativas, por tipo e peso.
	Descarte total de água, por qualidade e destinação.
	Peso total de resíduos, por tipo e método de disposição.
	Número e volume total de derramamentos significativos.
	Peso de resíduos transportados, importados, exportados ou tratados considerados perigosos nos termos da Convenção da Basileia 10 – Anexos I, II, III e VIII, e percentual de carregamentos de resíduos transportados internacionalmente.
	Identificação, tamanho, status de proteção e índice de biodiversidade de corpos de água e habitat relacionados significativamente afetados por descartes de água e drenagem realizados pela organização relatora.
Produtos e serviços	Iniciativas para mitigar os impactos ambientais de produtos e serviços e a extensão da redução desses impactos.
	Percentual de produtos e suas embalagens recuperados em relação ao total de produtos vendidos, por categoria de produto.
Conformidade	Valor monetário de multas significativas e número total de sanções não monetárias resultantes da não conformidade com leis e regulamentos ambientais.
Transporte	Impactos ambientais significativos do transporte de produtos e outros bens e materiais utilizados nas operações da organização, bem como do transporte de trabalhadores.
Geral	Total de investimentos e gastos em proteção ambiental, por tipo.

Indicadores de desempenho referentes a práticas trabalhistas e trabalho decente	
Emprego	Total de trabalhadores, por tipo de emprego, contrato de trabalho e região, discriminados por gênero.
	Número total e taxa de novos empregados contratados e rotatividade de empregados, por faixa etária, gênero e região.
	Benefícios oferecidos a empregados de tempo integral que não são oferecidos a empregados temporários ou em regime de meio período, discriminados pelas principais operações em locais significativos.
	Retorno ao trabalho e taxas de retenção após licença maternidade/paternidade, discriminados por gênero.
Relações trabalhistas	Percentual de empregados abrangidos por acordos de negociação coletiva.
	Prazo mínimo para notificação com antecedência referente a mudanças operacionais, incluindo se esse procedimento está especificado em acordos de negociação coletiva.
Saúde e segurança no trabalho	Percentual dos empregados representados em comitês formais de segurança e saúde, compostos de gestores e trabalhadores, que ajudam no monitoramento e no aconselhamento de programas de segurança e saúde ocupacional.
	Taxas de lesões, doenças ocupacionais, dias perdidos, absenteísmo e óbitos relacionados ao trabalho, por região e por gênero.
	Programas de educação, treinamento, aconselhamento, prevenção e controle de risco em andamento para dar assistência a empregados, seus familiares ou membros da comunidade com relação a doenças graves.
	Temas relativos a segurança e saúde cobertos por acordos formais com sindicatos.
Treinamento e educação	Média de horas de treinamento por ano, por funcionário, discriminadas por gênero e por categoria funcional.
	Programas para gestão de competências e aprendizagem contínua que apoiam a continuidade da empregabilidade dos funcionários e para gerenciar o fim da carreira.
	Percentual de empregados que recebem regularmente análises de desempenho e de desenvolvimento de carreira, discriminados por gênero.

Diversidade e igualdade	Composição dos grupos responsáveis pela governança corporativa e discriminação de empregados por categoria funcional, de acordo com gênero, faixa etária, minorias e outros indicadores de diversidade.
Igualdade de remuneração para mulheres e homens	Proporção de salário-base e remuneração entre mulheres e homens, discriminados por categoria funcional e por operações em locais significativos.
Indicadores de desempenho referentes a direitos humanos	
Práticas de investimento e de processos de compra	Percentual e número total de acordos e contratos de investimentos significativos que incluam cláusulas referentes a preocupações com direitos humanos ou que foram submetidos a avaliações referentes a direitos humanos.
	Percentual de empresas contratadas, fornecedores e outros parceiros de negócio significativos que foram submetidos a avaliações referentes a direitos humanos e as medidas tomadas.
	Total de horas de treinamento para empregados em políticas e procedimentos relativos a aspectos de direitos humanos relevantes para as operações, incluindo o percentual de empregados que recebeu treinamento.
Não discriminação	Número total de casos de discriminação e as medidas corretivas tomadas.
Liberdade de associação e negociação	Operações e fornecedores significativos identificados em que o direito de exercer a liberdade de associação e a negociação coletiva pode estar sendo violado ou estar correndo risco significativo e as medidas tomadas para apoiar esse direito.
Trabalho infantil	Operações e fornecedores significativos identificados como de risco significativo de ocorrência de trabalho infantil e as medidas tomadas para contribuir para a efetiva erradicação do trabalho infantil.
Trabalho forçado ou análogo ao escravo	Operações e fornecedores significativos identificados como de risco significativo de ocorrência de trabalho forçado ou análogo ao escravo e as medidas tomadas para contribuir para a erradicação de todas as formas de trabalho forçado ou análogo ao escravo.
Práticas de segurança	Percentual do pessoal de segurança submetido a treinamento nas políticas ou nos procedimentos da organização relativos a aspectos de direitos humanos que sejam relevantes às operações.
Direitos indígenas	Número total de casos de violação de direitos dos povos indígenas e medidas tomadas.

Avaliação	Percentual e número total de operações que foram submetidas a análises e/ou avaliações de impactos relacionados a direitos humanos.
Reparação	Número de queixas relacionadas a direitos humanos protocoladas, tratadas e resolvidas por meio de mecanismo formal de queixas.
Indicadores de desempenho social referente à sociedade	
Comunidades locais	Percentual de operações que implementaram programas de engajamento da comunidade, de avaliação de impacto e de desenvolvimento.
	Operações com impactos negativos significativos potenciais ou reais nas comunidades locais.
	Medidas de prevenção e mitigação implementadas em operações com impactos negativos significativos potenciais ou reais em comunidades locais.
Corrupção	Percentual e número total de unidades de negócios submetidas a avaliações de riscos relacionados à corrupção.
	Percentual de empregados treinados nas políticas e nos procedimentos anticorrupção da organização.
	Medidas tomadas em resposta a casos de corrupção.
Políticas públicas	Posições quanto a políticas públicas e participação na elaboração de políticas públicas e *lobbies*.
	Valor total de contribuições financeiras e em espécie para partidos políticos, políticos ou instituições relacionadas, discriminadas por país.
Concorrência desleal	Número total de ações judiciais por concorrência desleal, práticas de truste e monopólio e seus resultados.
Conformidade	Valor monetário de multas significativas e número total de sanções não monetárias resultantes da não conformidade com leis e regulamentos.
Indicadores de desempenho referentes à responsabilidade pelo produto	
Saúde e segurança do cliente	Fases do ciclo de vida de produtos e serviços em que os impactos na saúde e na segurança são avaliados visando à melhoria e o percentual de produtos e serviços sujeitos a esses procedimentos.
	Número total de casos de não conformidade com regulamentos e códigos voluntários relacionados aos impactos causados por produtos e serviços na saúde e na segurança durante o ciclo de vida, discriminados por tipo de resultado.

Rotulagem de produtos e serviços		Tipo de informação sobre produtos e serviços exigida por procedimentos de rotulagem e percentual de produtos e serviços sujeitos a tais exigências.
		Número total de casos de não conformidade com regulamentos e códigos voluntários relacionados a informações e rotulagem de produtos e serviços, discriminados por tipo de resultado.
Comunicações de marketing		Práticas relacionadas à satisfação do cliente, incluindo resultados de pesquisas que medem essa satisfação.
		Programas de adesão às leis, às normas e aos códigos voluntários relacionados a comunicações de marketing, incluindo publicidade, promoção e patrocínio.
		Número total de casos de não conformidade com regulamentos e códigos voluntários relativos a comunicações de marketing, incluindo publicidade, promoção e patrocínio, discriminados por tipo de resultado.
Privacidade do cliente		Número total de reclamações comprovadas relativas à violação de privacidade e à perda de dados de clientes.
Conformidade		Valor monetário de multas (significativas) por não conformidade com leis e regulamentos relativos ao fornecimento e ao uso de produtos e serviços.

Fonte: Adaptado de Global Reporting Initiative – GRI (2000-2011, p. 28-40).

Analogamente, o Instituto Ethos, parceira da Global Reporting Initiative, desenvolve um projeto *multistakeholders* com a finalidade de consolidar, por meio de uma estrutura temática e metodológica, um conjunto de indicadores para o diagnóstico e o planejamento de práticas de responsabilidade social empresarial e sustentabilidade.

Tabela 11 – Indicadores de desempenho ambientais e sociais – Ethos.

Valores, transparência e governança		
01	Compromissos éticos	Refere-se à adoção e à abrangência de valores e princípios éticos.
02	Enraizamento na cultura organizacional	Refere-se à eficácia na disseminação dos valores e dos princípios éticos na empresa.
03	Governança corporativa	Refere-se à estrutura organizacional e a práticas de governança corporativa.
04	Relações com a concorrência	Refere-se às políticas de relacionamento c/ a concorrência ou organizações de mesmo propósito.
05	Diálogo e engajamento das partes interessadas (*stakeholders*)	Considerando seus impactos sobre distintos grupo da sociedade.

06	Balanço social	Refere-se à elaboração de relatório sobre os aspectos econômicos, sociais e ambientais de suas atividades.
Público interno		
07	Relações com sindicatos	Refere-se à participação de empregados em sindicatos e ao relacionamento com seus representantes.
08	Gestão participativa	Refere-se ao envolvimento dos empregados na gestão.
09	Compromisso com o futuro das crianças	Refere-se ao tratamento da questão do combate ao trabalho infantil.
10	Compromisso com o desenvolvimento infantil	Refere-se à contribuição para o desenvolvimento infantil no país e o compromisso com os direitos das crianças.
11	Valorização da diversidade	Refere-se à obrigação ética das empresas de combater todas as formas de discriminação negativa e de valorizar as oportunidades oferecidas pela riqueza da diversidade de nossa sociedade.
12	Compromisso com a não discriminação e a promoção da equidade racial	Refere-se à formação da sociedade brasileira e às persistentes desvantagens que caracterizam a situação da população negra (pretos e pardos) no país.
13	Compromisso com a promoção da equidade de gênero	Refere-se ao objetivo de cooperar para combater o preconceito, ampliar as chances das mulheres no mercado de trabalho e sua capacitação para funções especializadas.
14	Relações com trabalhadores terceirizados	Refere-se às relações com trabalhadores terceirizados e/ou com os fornecedores desses serviços.
15	Política de remuneração, benefícios e carreira	Valorização dos colaboradores.
16	Cuidados com saúde, segurança e condições de trabalho	Bem-estar dos colaboradores.
17	Compromisso com o desenvolvimento profissional e a empregabilidade	Desenvolvimento dos recursos humanos.
18	Comportamento nas demissões	Refere-se à condução humana do processo.
19	Preparação para a aposentadoria	Respeito aos colaboradores.

		Meio ambiente	
	20	Compromisso com a melhoria da qualidade ambiental	Refere-se ao tratamento com a devida relevância e responsabilidade dos impactos ambientais de suas atividades.
	21	Educação e conscientização ambiental	Visa contribuir para a conscientização da população quanto aos desafios ambientais decorrentes da atividade humana e cultivar valores de responsabilidade ambiental.
	22	Gerenciamento dos impactos sobre o meio ambiente e do ciclo de vida de produtos e serviços	Considera os impactos ambientais causados por seus processos, produtos ou serviços.
	23	Sustentabilidade da economia florestal	Objetiva contribuir com a conservação das florestas e combater sua exploração ilegal e predatória, bem como proteger a biodiversidade.
	24	Minimização de entradas e saídas de materiais	Prevenir e reduzir danos ambientais e otimizar processos.
		Fornecedores	
	25	Critérios de seleção e avaliação de fornecedores	Regular suas relações com fornecedores e parceiros.
	26	Trabalho infantil na cadeia produtiva	Regular suas relações com fornecedores e parceiros.
	27	Trabalho forçado (ou análogo ao escravo) na cadeia produtiva	Regular suas relações com fornecedores e parceiros.
	28	Apoio ao desenvolvimento de fornecedores	No caso de fornecedores de igual ou menor porte.
		Consumidores e clientes	
	29	Política de comunicação comercial	Considera a influência de sua política de comunicação comercial na criação de uma imagem de credibilidade e confiança.
	30	Excelência no atendimento	Compromisso com a qualidade dos serviços de atendimento ao consumidor/cliente.
	31	Conhecimento e gerenciamento dos danos potenciais dos produtos e serviços	Minimizar os impactos dos produtos e serviços.
		Comunidade	
	32	Gerenciamento do impacto da empresa na comunidade de entorno	Demanda sobre centros de saúde e lazer, creches, transporte público, tráfego de veículos, entre outros.

33	Relações com organizações locais	Organizações comunitárias, ONGs e equipamentos públicos (escola, postos de saúde, etc.).
34	Financiamento da ação social	Existência de programa social estruturado.
35	Envolvimento com a ação social	Existência de políticas, projetos, apoio material, etc.
Governo e sociedade		
36	Contribuições para campanhas políticas	Transparência de regras e critérios.
37	Construção da cidadania	Qual o papel exercido pela organização.
38	Práticas anticorrupção e antipropina	No relacionamento com autoridades, agentes e fiscais do poder público.
39	Liderança e influência social	Como a organização exerce seu papel de cidadania.
40	Participação em projetos sociais governamentais	Avaliar o envolvimento da empresa nesse contexto.

Fonte: Adaptado de Instituto Ethos (2007, p. 16-68).

O rol de temas e indicadores oferecidos nas tabelas 10 e 11 permite a qualquer organização construir seu painel de indicadores de desempenho contemplando as dimensões ambientais e sociais, bem como as relações com seus *stakeholders*, adequado às suas características específicas.

> **Como você pode aplicar os conhecimentos deste trecho do livro na sua empresa?**
> - Como a empresa identifica as necessidades e as expectativas de seus clientes atuais e potenciais?
> - Como a empresa mapeia e trata dos impactos sociais e ambientais decorrentes de seus processos, produtos ou serviços?
> - Como são discutidas e implementadas as ações com foco no desenvolvimento sustentável na empresa?

5.6.4. Vetores de desempenho na perspectiva financeira

A definição dos objetivos e de seus respectivos indicadores da perspectiva financeira deve considerar a fase em que se encontra a empresa. Segundo Kaplan e Norton (1997, p. 50), os objetivos financeiros dependem de cada fase do ciclo de vida da empresa, que pode ser resumido em: crescimento, sustentação e colheita. Na primeira fase, os principais objetivos serão os percentuais de crescimento da receita e de aumento de vendas para determinados mercados, grupos de clientes e regiões. Na segunda fase, o foco principal será o retorno sobre o capital investido e a busca de redução de custos e melhoria de produtividade. Na última fase, a meta principal é a maximização do fluxo de caixa operacional (antes da depreciação) e a diminuição da necessidade de capital de giro.

Independentemente dessas fases, a busca pela melhor rentabilidade do capital investido é um aspecto de suma importância nas decisões financeiras, uma vez que traduzem as expectativas dos principais interessados na empresa: seus acionistas. Sob essa óptica, muitas empresas têm adotado uma gestão baseada em valor com o objetivo de maximizar o investimento dos acionistas, oferecendo uma remuneração mais atraente e superando os custos implícitos de oportunidade de capital investido. A lógica dessa estratégia baseia-se também numa relação de causa e efeito na medida em que com a maximização da riqueza dos acionistas busca-se manter os investimentos realizados, promovendo a elevação do preço de suas ações e, consequentemente, atraindo novos investidores, garantindo maior competitividade e longevidade.

As métricas de gestão baseada em valor mais utilizadas são:

a) **Valor econômico agregado (EVA – Economic Value Added).** Assaf Neto (2003, p. 174), define o valor econômico agregado (EVA) como: "o resultado apurado pela empresa que excede à remuneração mínima exigida pelos proprietários de capital (credores e acionistas)". Representa, em essência, o custo de oportunidade aplicado por credores e acionistas como forma de compensar o risco assumido no negócio. Sua fórmula pode ser descrita como:

Lucro operacional – Custo total de capital = Valor econômico agregado (EVA)

O lucro operacional é o lucro gerado única e exclusivamente pela operação do negócio, descontadas as despesas administrativas, comerciais e operacionais.

O custo total de capital (WACC – Weithted Average Cost of Capital – custo médio ponderado de capital), representado pelo custo de cada fonte de financiamento (própria e de terceiros), ponderado pela participação do respectivo capital no total do investimento realizado (fixo e de giro). Essa métrica é usada para calcular o valor da empresa, quando usada como taxa de desconto de fluxos de caixa futuros e para avaliar a viabilidade de novos projetos, funcionando como "taxa mínima" a ser ultrapassada para justificar seu investimento.

O valor econômico agregado (EVA) é utilizado para a avaliação de desempenho da gestão e da comunicação dos resultados alcançados.

b) **Valor de mercado agregado (MVA – Market Value Added).** Para Frezatti (2002, p. 78): o valor de mercado agregado (MVA): "corresponde à diferença entre o valor de mercado da empresa e o capital investido ou a medida de valor que a empresa criou, aos olhos do investidor, excedendo os recursos já comprometidos no negócio".

Enquanto o EVA representa uma avaliação sobre os resultados alcançados pela gestão (passado); o MVA representa as expectativas de mercado (futuro) sobre os resultados da empresa.

Sua fórmula pode ser descrita como:

MVA = Valor de mercado – PL

O valor de mercado refere-se à quantidade de ações que compõe o capital próprio da empresa, multiplicado pelo valor da ação no mercado acionário, enquanto o patrimônio líquido (PL) se refere ao capital próprio.

Com base nos exemplos oferecidos sobre objetivos e indicadores de desempenho apresentados nas quatro perspectivas do *Balanced Scorecard*, os gestores podem refletir e definir a implementação de um processo de gestão do desempenho da organização, considerando suas características específicas em relação ao negócio, ao mercado atual e potencial, a seus clientes, aos processos, à infraestrutura instalada e às necessidades de desenvolvimento de seu capital intelectual e seus processos de inovação.

Contudo, o contexto atual apresenta um cenário que aponta para um período de grandes turbulências, obrigando os gestores a repensar suas estratégias e seus objetivos.

> **Como você pode aplicar os conhecimentos deste trecho do livro na sua empresa?**
> - Identifique os indicadores econômico-financeiros utilizados pela empresa para avaliação do desempenho.
> - Como as expectativas dos acionistas ou dos sócios são consideradas na avaliação do desempenho financeiro da empresa?
> - Existem indicadores referenciais utilizados pela empresa para análise comparativa entre os concorrentes ou dentro do setor de atuação?

5.7. Desempenho em ambientes turbulentos, recessivos e disruptivos

A revista Exame divulgou em seu *website* (31 dez. 2015) que a revista britânica The Economist, em sua primeira edição de 2016, divulgada em 30 dez. 2015, traz a crise brasileira como tema de capa com os seguintes títulos: "Queda do Brasil" e "Um ano desastroso pela frente".

Mais do que percepção, é fato que o Brasil vive momentos difíceis, dentro da conjuntura econômica e política, com perspectivas negativas para os próximos anos.

Esse cenário decorre de um conjunto de variáveis externas e internas cuja superação não se avizinha no curto prazo.

Entre as variáveis, podemos citar:

– Tendência de elevação dos juros nos Estados Unidos, com efeito cascata nas taxas de financiamento ao redor do mundo;
– A queda nos preços das commodities puxado pelo desaceleramento da atividade na China, com enfraquecimento do câmbio nos países exportadores de matérias-primas, como o Brasil;
– Desaquecimento da economia brasileira com contração da demanda;
– Juros em patamar elevado sem probabilidade de queda devido à alta da inflação;
– Forte depreciação da moeda nacional;
– Perda do grau de investimentos;
– Crise política;
– Dificuldades para negociar o ajuste fiscal, entre outros.

No seu conjunto, essas variáveis apontam para um cenário de grande incerteza que, somado às preocupações quanto à concorrência, às tendências mercadológicas e de comportamento, aos impactos ambientais e à sustentabilidade, dificulta, sobremaneira, a análise e a tomada de decisão em relação às estratégias no ambiente corporativo.

Nesse contexto, a gestão do desempenho torna-se um processo ainda mais necessário quando se percebe que o que está em jogo é a sobrevivência em tempos difíceis.

Em primeiro lugar, há de se adotar critérios consistentes e válidos no que tange às estratégias empresariais que garantam a sobrevivência e, consequentemente, a sustentabilidade no longo prazo.

Estudos realizados em 1983, na Royal Dutch/Shell Group, capitaneados por

Arie de Geus, à época coordenador de planejamento da referida organização, examinaram a questão da longevidade corporativa.

O mais importante desse estudo foi a descoberta de quatro características recorrentes nas empresas longevas e que, quando combinadas, contribuíram para que essas empresas sobrevivessem longos períodos caracterizados por mudanças constantes.

Segundo GEUS (1999: p.23), essas quatro características "formam um conjunto de princípios organizacionais de comportamento gerencial – aspectos fundamentais do trabalho de qualquer gerente que queira que sua empresa sobreviva e prospere no longo prazo".

Tabela 12 – As características da empresa longeva.

Sensibilidade ao meio ambiente	Representa a capacidade da empresa de aprender e se adaptar.
Coesão e identidade	São aspectos da capacidade inata da empresa de construir uma comunidade e uma persona para si mesma.
Tolerância e seu corolário, a descentralização	São ambos sintomas da consciência ecológica da empresa: sua capacidade de formar relacionamentos construtivos com outras entidades, dentro e fora de si mesma.
Conservadorismo financeiro	Elemento de um atributo corporativo muito importante: a capacidade de efetivamente governar seu próprio crescimento e sua evolução.

Fonte: GEUS (1999, p. 23).

a) Sensibilidade ao ambiente externo

A definição de GEUS apresenta dois aspectos centrais: aprender e se adaptar. O aprendizado pressupõe a aquisição de conhecimentos, seja pelo monitoramento, seja pela reflexão acerca de fatos, informações ou tendências. Nesse aspecto, os indicadores de gestão, se bem escolhidos, podem prover a organização das informações internas e externas que sejam relevantes para sua estratégia e sua sobrevivência. Além disso, é importante entender que o aprendizado, mais do que mera aquisição do conhecimento, pressupõe saber fazer. Além disso, esses mesmos indicadores permitem o monitoramento do ambiente externo e facilitam a adaptação antecipada diante de mudanças inevitáveis.

b) Coesão e identidade

A construção de uma comunidade implica uma capacidade inata da empresa de criar um forte senso de identidade em que todos sentem que fazem parte de um todo maior. Essa coesão caracterizada por uma forte vinculação dos colaboradores com a empresa é essencial à sua sobrevivência em meio a mudanças. Muitas empresas possuem uma missão organizacional definida; empresas longevas traduzem sua missão em modelos de gestão e operação.

c) Tolerância e descentralização

Nas empresas longevas o cultivo de novas ideias, o *empowerment* e a diversidade fazem parte da sua cultura organizacional. Mais do que modismos, essas características fazem parte do seu DNA, criando um ambiente flexível, apto a mudanças, capaz de catalisar ideias e inovações e manter relacionamentos internos e externos, favorecendo alianças e o comprometimento.

d) Conservadorismo nas finanças

Empresas longevas possuem a capacidade de manter reservas de caixa que permitam direcionar seu crescimento e sua evolução sem dependência do mercado financeiro, podendo tirar proveito de oportunidades quando lhe convier.

Enfim, essas quatro características das empresas longevas se constituem em critérios válidos em qualquer tempo para embasar o processo de gestão do desempenho organizacional: a análise ambiental; a formulação dos objetivos e das respectivas estratégias; os indicadores de desempenho e os processos de monitoramento e avaliação.

Figura 10 – Integração entre as perspectivas do *Balanced Scorecard* e vetores de desempenho com as características das empresas longevas.

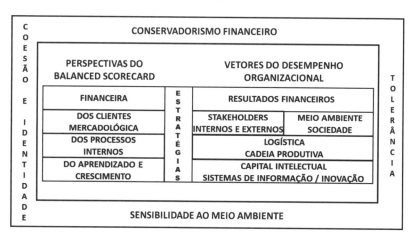

Esses critérios devem ser considerados de forma integrada às perspectivas do *Balanced Scorecard* e utilizados como direcionadores na definição dos objetivos e na escolha dos respectivos indicadores.

5.8. Considerações finais

O presente capítulo procurou apresentar um roteiro geral para a construção de um modelo de gestão do desempenho organizacional, indicando seus principais atributos e suas características integrantes. Importante ressaltar a necessidade de um suporte tecnológico adequado em relação à quantidade de informação envolvida, sob pena de comprometer fatores como agilidade, confiabilidade e tempestividade e, ainda, a interface amigável com os demais sistemas corporativos destinados às áreas ou às funções departamentais. Outro aspecto sumamente relevante trata da capacidade de implementação de uma cultura organizacional voltada ao desempenho.

A gestão do desempenho por um sistema de medição é um processo que provoca reações em todos os níveis da organização. Comportamentos reativos e inadequados visando tão somente à obtenção de resultados podem surgir em virtude de uma definição equivocada do modelo de medição. Nesse caso, é primordial que o sistema de medição contemple indicadores de desempenho que induzam a comportamentos desejados e que contribuam para o alcance dos resultados estabelecidos nos objetivos estratégicos. Esse aspecto é um fator crítico de sucesso para que a gestão do desempenho alcance seus objetivos.

Em suma, a gestão do desempenho organizacional é um processo extremamente importante para os negócios e para todos aqueles interessados em seus resultados, exigindo muitas vezes mudança de paradigmas e a reflexão constante sobre os modelos de gestão adotados.

Estudo de caso

A empresa DOÇURA BOLOS, DOCES E SALGADOS é especializada em oferecer produtos artesanais e altamente diferenciados com qualidade e sabores incomparáveis. Além da constante inovação nos produtos oferecidos, a empresa está implementando um novo processo de planejamento estratégico baseado na metodologia do Balanced Scorecard – BSC. Na fase final desse processo, a empresa buscou implementar uma visão de futuro para os próximos dez anos, com a definição dos seguintes objetivos:

Tabela 13 – BSC – Estudo de caso: perspectivas e objetivos estratégicos

PERSPECTIVAS	OBJETIVOS ESTRATÉGICOS
Financeira	Aumento da lucratividade
	Expansão
	Incremento da produtividade
Dos clientes	Excelência do atendimento
	Ampliação do *market share*
Dos processos internos	Aprimoramento dos canais de comunicação e de relacionamentos
	Excelência operacional da cadeia de suprimentos
Do aprendizado e crescimento	Desenvolvimento dos colaboradores
	Fomento de uma cultura de inovação e empreendedorismo
	Implementação de um sistema de informação

Questões

Com base nas informações fornecidas no presente estudo de caso, procure complementar os quesitos solicitados:
1. A partir dos objetivos estratégicos definidos, elabore uma missão e uma visão organizacional para a empresa.
2. Defina os indicadores de resultados para cada um dos objetivos estratégicos.
3. Defina as possíveis iniciativas (ações tendentes, impulsionadores ou direcionadores) necessárias para o atingimento dos objetivos definidos.
4. Estabeleça os indicadores de tendências para cada iniciativa proposta.
5. Preencha a Tabela 14 com as respostas oferecidas para cada quesito.

Tabela 14 – BSC – Estudo de caso: perspectivas, objetivos estratégicos, indicadores de resultados, iniciativas e indicadores de tendências.

Perspectiva	Objetivos Estratégicos	Indicadores de resultados	Iniciativas	Indicadores de tendências
Financeira	Aumento da lucratividade			
	Expansão			
	Incremento da produtividade			
Dos clientes	Excelência do atendimento			
	Ampliação do *market share*			
Dos processos internos	Aprimoramento dos canais de comunicação e relacionamentos			
Dos processos internos	Excelência operacional da cadeia de suprimentos			
Do aprendizado e crescimento	Desenvolvimento dos colaboradores			
	Fomento de uma cultura de inovação e empreendedorismo			
	Implementação de um sistema de informação			

Atividade proposta

A partir do aprendizado obtido no estudo de caso, pesquise empresas dentro de outros ramos de negócios e verifique como é realizada a avaliação de desempenho. Procure descrever, de forma sintética, a metodologia, a periodicidade, os tipos de indicador e os sistemas de informação utilizados.

REFERÊNCIAS

ASSAF NETO, Alexandre. *Finanças corporativas e valor*. São Paulo: Atlas, 2003.

BOWERSOX, Donald J.; CLOSS, David J. *Logística empresarial: o processo de integração da cadeia de suprimento*. São Paulo: Atlas, 2001.

BRASKEM. *Relatório anual 2014*. Disponível em: <http://rao2014braskem.hospedagemdesites.ws/wp-content/uploads/2015/07/braskem_RA_2014_PT.pdf>. Acesso em: 2 dez. 2015.

BRETAS, Valéria. *Economist coloca Dilma na capa e prevê desastre em 2016*. Disponível em: <http://exame.abril.com.br/brasil/noticias/economist-coloca-dilma-na-capa-e-preve-desastre-em-2016>. Acesso em: 31 dez. 2015.

DZINKOWSKI, Ramona. *The Measurement and Management of Intellectual Capital: an introduction*. Trabalho comissionado pela International Federation of Accountants, em 1998. Disponível em: <http://ciberconta.unizar.es/ftp/pub/docs/IntellCapital>. Acesso em: 16 dez. 2015.

ETHOS, Instituto. *Indicadores Ethos de responsabilidade social empresarial 2007*. São Paulo: Instituto Ethos, 2007.

FREZATTI, Fábio. *Orçamento empresarial: planejamento e controle gerencial*. 2. ed. São Paulo: Atlas, 2002.

FUNDAÇÃO NACIONAL DA QUALIDADE. *Cadernos de excelência: estratégias e planos*. São Paulo: FNQ, 2007.

GEUS, Áries de. *A empresa viva*. Rio de Janeiro; São Paulo: Campus; Publifolha, 1999.

GLOBAL REPORTING INITIATIVE. *Diretrizes para Relatório de Sustentabilidade*. v.3. GRI, 2000-2011. Disponível em: <https://www.globalreporting.org/resourcelibrary/Brazilian-Portuguese-G3.1.pdf>. Acesso em: 2 dez. 2015.

GUBIANI, J. S. *Modelo para diagnosticar a influência do capital intelectual no potencial de inovação nas universidades*. 2011. Tese (Doutorado em Engenharia e Gestão do Conhecimento) – Universidade Federal de Santa Catarina, Florianópolis, 2011. Disponível em: <http://btd.egc.ufsc.br/wp-content/uploads/2011/08/Ju%C3%A7ara-Salete-Gubiani.pdf>. Acesso em: 18 ez. 2015.

KAPLAN, R. S.; NORTON, D. P. *A estratégia em ação: Balanced Scorecard*. 4. ed. Rio de Janeiro: Campus, 1997.

_____. *Organização orientada para a estratégia: como empresas que adotam o Balan-

ced Scorecard prosperam no novo ambiente de negócios. 4 ed. Rio de Janeiro: Campus, 2001.

NATAL, A. C. *Medição de desempenho logístico: práticas das grandes empresas no Brasil.* Dissertação (Mestrado) – Instituto COPPEAD, Universidade Federal do Rio de Janeiro. Rio de Janeiro, 2005.

OLIVEIRA, P. R. Djalma. *Administração de processos: conceitos, metodologia, práticas.* 2. ed. São Paulo: Atlas, 2007.

SUL AMERICA. *Stakeholders e materialidade.* Disponível em: <http://ri.sulamerica.com.br/static/ptb/stakeholders-e-materialidade.asp?idioma=ptb>. Acesso em: 19 dez. 2015.

TAKASHINA, N.; FLORES, M. *Indicadores de qualidade e do desempenho.* Rio de Janeiro: Qualitymark, 1996.

VI

GOVERNANÇA

CORPORATIVA

Objetivos do capítulo

- Contextualizar a governança corporativa na atualidade.
- Apresentar as principais características e ferramentas da governança corporativa.
- Ressaltar os benefícios da boa governança corporativa.

6.1. Introdução

Nos últimos anos, grandes empresas brasileiras estiveram envolvidas em escândalos corporativos protagonizados por executivos do seu alto escalão, colocando em xeque a confiança dos investidores e do público em geral.

Os problemas na gestão de derivativos ocorridos na Sadia e na Aracruz; a crise de credibilidade da OGX Petróleo e Gás; o rombo no Banco Panamericano causado por irregularidades contábeis; o caso Petrobras (suspeita de superfaturamento na aquisição da refinaria de Pasadena, EUA, e os escândalos da operação Lava Jato), entre outros.

Mais do que nunca, o tema governança corporativa passou a ser objeto de discussão e preocupação em todos os níveis, nas esferas corporativa, política ou social.

Se, por um lado, as evidências apontam para as fragilidades existentes na gestão do processo de governança corporativa pelas empresas, por outro, oferecem insumos importantes para seu aperfeiçoamento.

Dessa forma, cabe aos agentes de governança corporativa a responsabilidade pela efetividade desse processo para garantir a sustentabilidade das organizações.

6.2. Governança corporativa

A governança corporativa é um instrumento de gestão que visa garantir a busca pela sustentabilidade das organizações e o equilíbrio nos relacionamentos com os *stakeholders*.

A ausência ou as falhas no processo de gestão da governança corporativa deixa a organização vulnerável, com reflexos que se estendem a todos os seus *stakeholders* em virtude da ocorrência de problemas, entre eles:
- Executivos com poder concentrado podendo incorrer em erros estratégicos;
- Conflito de interesses configurado pela utilização de informações privilegiadas em benefício próprio;
- Abuso de poder, no caso do acionista majoritário sobre os minoritários, bem como da diretoria sobre o acionista e mesmo os administradores sobre terceiros.

A partir da aprovação pelo Congresso dos Estados Unidos da Lei Sarbanes-Oxley, em 30 set. 2002, que estabeleceu a obrigatoriedade da criação de processos de auditoria e segurança confiáveis e de comitês de supervisão objetivando a mitigação de riscos e fraudes visando garantir a transparência na gestão das empresas, a governança corporativa tornou-se um dos requisitos básicos exigidos por investidores e agentes do mercado e um dos instrumentos determinantes da sustentabilidade das empresas.

Dada a importância da governança corporativa para as empresas, seus *stakeholders* e toda a sociedade, torna-se imprescindível que os gestores reflitam sobre os requisitos necessários para avaliar e implementar um processo de governança corporativa que garanta a transparência na tomada de decisão e assegure a sustentabilidade da organização.

6.2.1 Conceito

Segundo o Instituto Brasileiro de Governança Corporativa – IBGC (2009, p. 19):

> Governança Corporativa é o sistema pelo qual as organizações são dirigidas, monitoradas e incentivadas, envolvendo as práticas e os relacionamentos entre proprietários, conselho de administração, diretoria e órgãos de controle. As boas práticas de Governança Corporativa convertem princípios em recomendações objetivas, alinhando interesses com a finalidade de preservar e otimizar o valor da organização, facilitando seu acesso ao capital e contribuindo para a sua longevidade.

Esse conceito implica a adoção de práticas voltadas, sobretudo, ao processo de tomada de decisão na organização, aos controles envolvidos e à sua comunicação às partes interessadas.

O objetivo é garantir a transparência e a proteção dos interesses das partes envolvidas, bem como a confiança dos investidores.

6.2.2. Princípios

Tabela 1 – IBGC: Princípios de governança corporativa.

Princípios	Descrição
Transparência	Disponibilização de informações que sejam realmente de interesse das partes interessadas.
Equidade	Tratamento justo dispensado a todos os sócios e *stakeholders* sem discriminação.
Prestação de contas	Com assunção integral das consequências dos atos e das omissões porventura incorridos.
Responsabilidade corporativa	Zelo pela sustentabilidade da organização considerando aspectos de ordem socioambiental na condução dos negócios.

Fonte: IBGC (2009, p. 19) adaptado pelo autor.

A transparência envolve mais do que a obrigação de informar restrita às disposições legais ou estatutárias. Deve contemplar todos os fatores que influenciam a tomada de decisão e a criação de valor.

A equidade no tratamento tanto dos sócios como das demais partes interessadas reforça a não aceitação de atitudes ou políticas discriminatórias, sob quaisquer pretextos.

A prestação de contas é um princípio que vincula à organização a obrigatoriedade de disponibilizar suas demonstrações financeiras devidamente auditadas externamente e outras informações adicionais, indicando, ainda, os principais riscos internos e externos que podem afetar a empresa.

A definição de responsabilidade corporativa envolve uma visão mais abrangente da estratégia empresarial quando incorpora aspectos de ordem social e ambiental na condução dos negócios.

6.2.3. Diretrizes

O estabelecimento de um processo de governança corporativa deve se basear, inicialmente, na definição das diretrizes ou dos requisitos que a organização deve observar. Nesse caso, é fundamental o envolvimento dos controladores da organização no processo.

As diretrizes de governança podem ser estabelecidas pelas seguintes pautas:
– Elaboração das políticas de governança;
– Conselho de administração: funcionamento e relacionamentos;
– Direitos dos acionistas;
– Riscos empresariais;
– Processo decisório.

6.3. Políticas de governança

As políticas de governança podem ser formalizadas por meio de um código ou um conjunto de documentos de governança corporativa.

O conteúdo desses documentos possibilita o conhecimento da estrutura e dos procedimentos adotados pela organização em relação à governança corporativa, contemplando os princípios do seu sistema.

Esses princípios devem abordar, entre outros, aspectos sobre as relações com os acionistas, o conselho de administração e a diretoria executiva; o ambiente de controle estabelecido; a gestão de relacionamentos com as partes interessadas e a divulgação de informações.

Tabela 2 – Votorantim – código de conduta: temas.

Relacionamento com públicos de interesse

– Empregados
   • Conflito de interesses;
   • Informações privilegiadas;
   • Conduta fora da empresa;
   • Preconceito;
   • Trabalho infantil ou escravo;
   • Postura da gestão;
   • Assédio e abuso de poder;
   • Uso de álcool, drogas, porte de armas e comercialização de mercadorias;
   • Participação política;
   • Sindicatos;
   • Patrimônio da empresa;
   • Uso dos sistemas eletrônicos de informação;
   • Relacionamento com parceiros comerciais e concorrentes;
   • Venda de produtos.

– Acionistas
– Comunidades
– Clientes
– Fornecedores
– Governo
– Mercado publicitário
– Imprensa

Questões de interesse geral
<ul><li>Imagem e reputação;</li><li>Contratos e registros contábeis;</li><li>Gestão financeira;</li><li>Propriedade intelectual;</li><li>Palestras e apresentações externas;</li><li>Saúde, segurança e meio ambiente;</li><li>Brindes e convites.</li></ul>
Esclarecimentos e denúncias
<ul><li>Comitês de conduta;</li><li>Auditoria;</li><li>Medidas disciplinares;</li><li>Gestão do código de conduta;</li><li>Ouvidoria.</li></ul>
Termo de compromisso

Fonte: (www.votorantim.com.br: 24/12/2015).

Figura 1 – Votorantim: estrutura de governança corporativa.

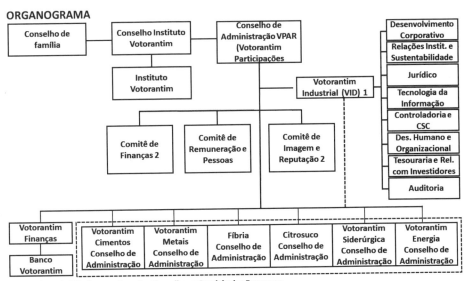

Fonte: (www.votorantim.com.br: 24/12/2015).

Tabela 3 – Camargo Corrêa – código de conduta e comissão de ética: temas.

– Como agir em diferentes situações
– Conduta geral do Grupo Camargo Corrêa em relação a seus profissionais
– Direitos fundamentais do profissional do grupo Camargo Corrêa
– Conduta pessoal do profissional do grupo Camargo Corrêa
– Conduta em relação ao mercado – clientes, fornecedores, bancos, parceiros e concorrentes. Atendimento ao cliente: • Qualidade e conformidade; • Confidencialidade; • Concorrência e direitos do consumidor; • Compras e contratos; • Concorrência.
– Conduta em relação aos veículos de comunicação
– Conduta em relação à empresa e a seus bens: • Patentes e invenções; • Comunicação interna e externa; • Informações sobre o grupo e seus negócios; • Registros contábeis e outros; • Informações privilegiadas; • Papéis de trabalho e documentos das empresas.
– Conduta em relação à comunidade próxima e ao ambiente: • Trabalho infantil; • Atividades político-partidárias; • Atividades sindicais; • Meio ambiente; • Educação e ação social; • Entidades religiosas.
– Conduta em relação a associações profissionais, empresariais e entidades
– Voluntariado e responsabilidade social
– Conduta em relação ao poder público
– Conduta em relação ao mercado acionário.
– Responsabilidade pelo código de conduta: • Lideranças; • Responsabilidade individual.

Fonte: (www.camargocorrea.com.br: 23/12/2015).

Figura 2 – Camargo Corrêa – estrutura de governança corporativa.

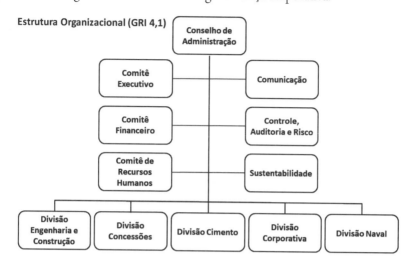

Fonte: (www.camargocorrea.com.br: 23/12/2015).

O código de governança corporativa deve incluir também questões como princípios ou regras de conduta; conflitos de interesse; uso de informações privilegiadas e transparência na prestação de contas.

Concluída a elaboração das políticas de governança corporativa, é imprescindível sua comunicação para toda a organização, sob a supervisão de uma área responsável cuja atuação deve garantir a aderência aos princípios e às normas estabelecidos e ser um canal de comunicação para dirimir dúvidas e dar tratamento às questões decorrentes de denúncias ou apuração interna.

Como você pode aplicar os conhecimentos deste trecho do livro na sua empresa?

Além da importância de a empresa possuir um código de conduta/ética, mais importante ainda é que ele seja compreendido e praticado pelos gestores e pelos colaboradores.

- O código de conduta/ética deve estar disponível para todos os colaboradores por meio dos sistemas de informação utilizados diariamente.

- A empresa deve avaliar o grau de conhecimento dos colaboradores sobre os temas contidos no código de conduta/ética da empresa por meio de pesquisa.

- Os gestores devem implementar a prática de discutir com os colaboradores os temas incluídos no código de conduta/ética da empresa, formalizando esse encontro por meio de lista de participação.

6.4. Conselho de administração

Constitui-se no órgão máximo de definição das estratégias da empresa; dos responsáveis por sua implementação, sua supervisão e seu controle, cabendo-lhe proteger e agregar valor ao capital da companhia e maximizar os investimentos dos seus acionistas.

Para tanto, compete ao Conselho de Administração estruturar o modelo de governança corporativa e suas práticas de gestão e zelar pelo seu cumprimento por meio de avaliações sobre sua eficácia.

6.4.1. Responsabilidades

Integram o rol de suas responsabilidades: a orientação da estratégia corporativa; a aprovação do plano estratégico; o monitoramento da implementação do plano estratégico; o monitoramento do desempenho da direção executiva e evitar os conflitos de interesses.

Encontram-se ainda entre suas principais atribuições a aprovação dos princípios organizacionais da empresa – negócio, missão, visão e valores – e da sua filosofia corporativa por meio do seu código de ética.

6.4.1.1. Princípios organizacionais

Os princípios organizacionais moldam a identidade organizacional na medida em que definem o negócio, sua missão, sua visão, seus princípios e seus valores.

Os princípios organizacionais respondem à questão: "quem somos", constituindo-se em balizadores para o processo decisório.

O processo de definição ou mesmo a atualização dos princípios organizacionais deve contar com a participação de todos: gestores e empregados, visando garantir o comprometimento com seu resultado; plasmando a atitude de todos os envolvidos e sendo tangibilizada por ações, estratégias, planos, produtos e serviços.

a) **Negócio**

A definição do negócio busca responder qual espaço a organização deseja ocupar em relação às demandas da sociedade, partindo da definição de quem é o cliente, quais são suas necessidades e suas expectativas que, transformadas em requisitos de produtos e serviços, geram valor para o cliente.

O principal aspecto a ser ressaltado é o ponto de partida para uma definição adequada do negócio: o cliente.

É fundamental que a organização considere sua função como um processo de atendimento às necessidades e às expectativas do cliente, e não meramente a produção de bens e serviços, o que caracterizaria a miopia estratégica em relação ao negócio.

Conforme Levitt (1960, p. 11-12), a responsabilidade pela criação dessa mentalidade, que deve se transformar em atitude no âmbito da organização, compete obrigatoriamente ao dirigente máximo e aos seus gestores.

Essa compreensão é relevante e diferencia as organizações de sucesso daquelas que buscam tão somente a sobrevivência.

A definição do negócio pode ser realizada por meio das respostas formuladas para os quesitos apresentados na Tabela 4.

Tabela 4 – Quesitos para a definição do negócio.

Ramo do negócio	
Produtos ou serviços	
Competência essencial	
Cliente ou mercado demandante	
Preço	

b) **A missão organizacional**

Uma organização define sua razão de ser por meio da missão organizacional.

Uma definição adequada colabora para assegurar o foco numa direção comum, evitando o surgimento de propósitos conflitantes e direcionando de forma mais eficiente os recursos organizacionais para a consecução dos objetivos estabelecidos.

> A Missão é a síntese de como os clientes veem a empresa, de como os empregados em seu grupo veem a empresa, de quais devem ser os produtos e serviços, de quem são os clientes e que valores são agregados para eles. Ela também inclui como o ambiente maior percebe o seu propósito e o que realmente é feito. Ela é construída com valores essenciais (SCOTT; JAFFE; TOBE, 1998, p. 62).

De maneira geral, a missão organizacional pressupõe os seguintes elementos constituintes:
– Os clientes;
– Os produtos ou serviços;
– O mercado-alvo;
– A sua contribuição para a sociedade;

Resumindo, a elaboração da missão organizacional pode seguir o seguinte roteiro:

Tabela 5 – Missão organizacional: aspectos e conteúdo.

Aspectos	Conteúdo
O quê?	Produtos e serviços.
Para quem?	Clientes, mercado-alvo.
De que forma?	Valores e critérios.
Com que finalidade?	A contribuição para a sociedade.

c) A visão organizacional

O processo de concepção da visão organizacional busca responder à seguinte questão: onde queremos chegar cumprindo nossa missão? Representam o conjunto dos objetivos estratégicos de longo prazo e traduzem o posicionamento futuro desejado.

> A Visão é uma imagem mental poderosa do que queremos criar no futuro. Ela reflete aquilo com que nos preocupamos mais, representa uma expressão de como será nossa Missão e está em harmonia com nossos Valores e propósito. As visões são o resultado de um trabalho conjunto entre a cabeça e o coração. Elas se baseiam na realidade, mas visualizam o futuro. Elas nos permitem explorar as possibilidades, as realidades desejadas. Por causa disto, elas se tornam a estrutura do que queremos criar, o que nos orienta quando fazemos escolhas e compromissos de ação. (SCOTT; JAFFE; TOBE, 1998, p. 3).

Na definição de uma visão devem ser considerados os seguintes aspectos:

Tabela 6 – Visão organizacional: aspectos e conteúdo.

Aspectos	Conteúdo
Posicionamento futuro	Reflete a imagem de um estado futuro desejado
Clareza	A imagem desejada deve ser clara e precisa para gerar um direcionamento comum (foco) e ser compartilhada por toda a organização
Tempo	Expressa o tempo necessário para seu alcance. Geralmente, no longo prazo
Valores	Demonstra sintonia com os valores da organização

Enfim, uma visão organizacional devidamente elaborada deve conter aspectos qualitativos que emoldurem uma imagem inspiradora (excelência em produtos e serviços, qualidade, a contribuição para a sociedade), bem como aspectos quantitativos e referenciais (prazo, posição entre concorrentes, market share) que permitam a comparação e a reflexão periódicas sobre as estratégias adotadas.

d) Os valores organizacionais.

Representam os aspectos essenciais da cultura de uma organização e constituem-se em elementos definidores das práticas gerenciais, do processo decisório e do comportamento organizacional.
Segundo Welch (2005, p. 14):

> Valores são comportamentos – específicos, práticos, tão descritíveis que deixam pouco espaço para a imaginação. As pessoas devem ser capazes de usá-los como instrumento de ordem-unida, pois eles são o como da Missão, o meio para um fim – vencer.

Nesse caso, fica evidente a necessidade de explicitação dos valores, minimizando os aspectos subjetivos ou a sua ambiguidade, facilitando a atuação individual pela indicação clara do comportamento desejável, permitindo com isso sua identificação e subsidiando, ainda, o processo de avaliação do desempenho funcional.

Ainda segundo Welch (2005, p.15):

> O processo em si de criação de Valores deve ser interativo. A equipe executiva pode apresentar uma primeira versão, mas não deve passar disso, uma primeira versão. Esse documento deve ser difundido para ser lido e mexido em toda a organização, várias vezes. E a equipe executiva deve sair do conforto para certificar-se de que criou uma atmosfera em que todos se sentem na obrigação de contribuir.

Por esse motivo, o processo de elaboração ou escolha dos valores pressupõe um processo participativo que busca alcançar a percepção de todo o corpo funcional e contribuir, dessa forma, com o compartilhamento necessário, ocasionado numa primeira fase pela reflexão e pela discussão e na sua fase final pela divulgação oficial.

Na elaboração dos valores organizacionais devem ser levados em consideração alguns temas relevantes, como clientes, qualidade, força de trabalho, responsabilidade social, qualidade e inovação e ética.

Tabela 7 – Lojas Renner S.A.: valores organizacionais.

Encantar
É a nossa realização: colocamo-nos no lugar de nossos clientes, fazendo por eles tudo aquilo que gostaríamos que fizessem por nós. Devemos entender seus desejos e necessidades, exceder suas expectativas e, assim, encantá-los. Não somos meros colaboradores, somos encantadores de clientes. Não temos SAC, pois cada um de nós é um SAC: surgiu um problema, o resolvemos imediatamente.
Nosso jeito
Somos uma empresa alegre, inovadora, ética, austera, de portas abertas e onde a comunicação é fácil e transparente. Fazemos as coisas de forma simples e ágil, com muita energia e paixão. Nosso negócio é movido por persistência, criatividade, otimismo e muita proximidade com o mercado: temos que tirar o bumbum da cadeira.
Gente
Contratamos, desenvolvemos e mantemos as melhores pessoas, que gostam de gente, que têm paixão pelo que fazem e brilho nos olhos. Trabalhamos em equipe, e nossas pessoas têm autoridade e responsabilidade para tomar decisões. Proporcionamos a mesma escada para que todos os colaboradores possam subir na velocidade dos seus talentos, esforços e resultados.

Donos do negócio
Pensamos e agimos como donos de nossas unidades de negócio, sendo recompensados como tais. Temos senso de urgência, atitude e agressividade na busca das melhores práticas, garimpando todas as oportunidades que aparecem no mercado. Tomamos decisões, correndo riscos com responsabilidade; aceitamos os erros que resultam em aprendizado, sem buscar culpados, mas causas que devam ser corrigidas. Somos responsáveis pela perpetuação da Renner, principalmente por meio de atitudes e exemplos: o exemplo vale mais que mil palavras.
Obstinação por resultados excepcionais
Somos responsáveis por gerar resultados, e não apenas boas ideias. São eles que garantem nossos investimentos, dão retorno aos acionistas, proporcionam nossa remuneração e viabilizam nosso crescimento e continuidade em longo prazo.
Qualidade
Desenvolvemos e implantamos padrões de excelência em tudo o que fazemos, já que tudo o que fazemos pode ser melhorado. Nossos produtos e serviços têm os mais altos níveis de qualidade: isso está em nosso DNA.
Sustentabilidade
Nossos negócios e atitudes são pautados pelos princípios da sustentabilidade. Buscamos, além dos resultados financeiros, o desenvolvimento social e a redução dos impactos ambientais, sempre atuando dentro das melhores práticas de governança corporativa.

Fonte: (http://lojasrenner.com.br: 23/12/2015).

Obviamente, a escolha dos temas está intimamente interligada com o negócio da organização, seu mercado e sua cultura organizacional.

Tabela 8 – Valores organizacionais: comparativo.

Empresas	Princípios ou valores organizacionais
Cargill	– Cumprimos a lei. – Conduzimos nosso negócio com integridade. – Mantemos registros precisos e honestos. – Honramos as obrigações de nosso negócio. – Tratamos as pessoas com dignidade e respeito. – Protegemos as informações, os ativos e os interesses da Cargill. – Estamos comprometidos com uma cidadania global responsável.

Itaú Unibanco	– Só é bom para a gente, se for bom para o cliente. – Fanáticos por performance. – Gente é tudo para a gente. – O melhor argumento é o que vale. – Simples. Sempre. – Pensamos e agimos como donos. – Ética é inegociável.
Volkswagen	– Alta performance. – Adicionar valor. – Renovação. – Respeito. – Responsabilidade. – Sustentabilidade. – Proximidade ao cliente.
Hospital Sírio-Libanês	– Pioneirismo. – Responsabilidade social. – Conhecimento. – Excelência. – Calor Humano.

Fonte: (www.cargill.com.br; www.itau.com.br; www.vw.com.br; www.hospitalsiriolibanes.org.br: 24/12/2015).

Dessa forma, os valores atuarão como guias ou modelos mentais nas interações existentes no ambiente interno entre os colaboradores e as equipes de trabalho, favorecendo a cooperação, a sinergia e o clima organizacional, bem como no ambiente externo junto a clientes, fornecedores, comunidade, enfim, no relacionamento com todos os seus *stakeholders*.

Como você pode aplicar os conhecimentos deste trecho do livro na sua empresa?

A Missão e a Visão organizacionais são os balizadores máximos que determinam a identidade da empresa, isto é, quem ela é e o que faz, bem como aonde pretende chegar.

- Portanto, é fundamental que a missão e a visão organizacionais sejam desdobradas por meio dos objetivos estratégicos definidos pelos gestores.

- Analisando os objetivos estratégicos pretendidos pela organização, é possível verificar se eles, no conjunto, colaboram para a realização de sua missão e sua visão de futuro.

- Essa análise deve ser realizada também quando há correção de rumos devido ao surgimento de variáveis ou sua alteração não previstas no planejamento estratégico.

6.4.1.2. Código de ética

As regras de conduta e tratamento das questões éticas devem ser formalizadas por meio de códigos de conduta que assegurem:
- Um relacionamento ético com todas as partes interessadas;
- O respeito à diversidade;
- O comprometimento da alta direção;
- Ampla divulgação e compreensão por todos os colaboradores;
- A devida supervisão por conselhos ou comitês constituídos para essa finalidade.

O código de conduta e ética deve abranger todas as relações no âmbito da organização.

Tabela 9 – Rede de relacionamentos organizacionais.

Relações com acionistas: o respeito aos acionistas minoritários.
Relações com funcionários: recrutamento e seleção; valorização da diversidade; relações hierárquicas; privacidade; avaliação e promoção e demissão.
Relações com os clientes.
Relações com fornecedores.
Relações com concorrentes.
Relações com a esfera pública: órgãos arrecadadores e de fiscalização e agentes públicos e políticos.
Relacionamento com o meio ambiente.
Relacionamento com a comunidade – ações filantrópicas.
Práticas coercitivas à corrupção e à propina.

Fonte: Ethos (2000, p. 20-32).

Como complemento, é importante a definição dos procedimentos perante dúvidas, situações conflitantes ou violações aos princípios estabelecidos no código de ética, às políticas e às normas da organização.

Como você pode aplicar os conhecimentos deste trecho do livro na sua empresa?

Além da elaboração e da disseminação do Código de Conduta/Ética, é sumamente importante a implementação de um processo voltado para a gestão dos procedimentos envolvendo:
- Administração de canais oficiais para receber reclamações, denúncias ou sugestões relativas à conduta na empresa;
- Normativos contemplando os procedimentos para apuração de responsabilidade por descumprimento dos princípios estabelecidos no referido código;
- Constituição de um comitê oficial para gerir esses procedimentos.

6.4.2. Composição do conselho de administração

O tamanho do conselho de administração é uma decisão única para cada organização. Ela depende de vários fatores que devem ser levados em consideração quando da sua composição.

O importante é que os membros de um conselho de administração possuam um conjunto de competências adequadas para que esse órgão possa dar cumprimento às suas responsabilidades e contribuir para agregar valor à empresa e a seus acionistas.

Alguns elementos importantes como experiência, aptidões diversificadas, conhecimentos provenientes de diversos campos e diversidade devem ser considerados para garantir a eficácia do conselho de administração, sobretudo no seu papel de aconselhamento estratégico junto à diretoria executiva.

6.4.3. Independência dos conselheiros

A concentração de poder de decisão é uma das grandes preocupações em relação à governança corporativa.

Essa situação fragiliza a governança e impõe riscos de que a tomada de decisão prevaleça em prol de interesses específicos ou particulares, prejudicando investidores externos ou minoritários.

Segundo Organização para a Cooperação e Desenvolvimento Econômico – OCDE (2004, p. 25), as melhores práticas de governança corporativa defendem que os conselheiros "devem ser capazes de exercer julgamento objetivo e independente acerca dos assuntos corporativos".

A independência é fundamental para que os conselheiros possam deliberar sobre a fixação de remuneração e avaliação de desempenho dos diretores executivos e membros do conselho e análise e tratamento de quaisquer questões que envolvam o conflito de interesses, de forma isenta e livres de influência ou tendências escusas proporcionando a confiança dos acionistas e dos investidores.

Por exemplo, o Regulamento de listagem do nível 2 de Governança Corporativa da Bolsa de Valores, Mercadorias e Futuros – BM&FBOVESPA estabelece para as companhias abertas alguns requisitos para a negociação de valores mobiliários no mercado de ações. Entre os requisitos consta que: "o conselho de administração será composto por, no mínimo, 5 (cinco) membros, eleitos pela assembleia geral, dos quais, no mínimo, 20% (vinte por cento) deverão ser conselheiros independentes" BM&FBOVESPA (2011, p. 8).

Geralmente, a independência dos conselheiros é definida em razão dos relacionamentos com os acionistas controladores ou com a diretoria executiva e também por não desempenharem função executiva na empresa.

Essa independência também é requerida para a participação nos comitês do conselho que tratam de assuntos que envolvem conflitos de interesse.

6.4.4. Comitês especializados

Os comitês são criados pelos conselhos de administração pela necessidade de especialização para o tratamento de questões ou áreas de interesse específicos para a empresa e o conselho, permitindo o tratamento de um número maior de questões complexas com maior eficiência e celeridade.

A título de exemplo, a estrutura de governança corporativa adotada pela CPFL Energia S.A. destaca os diversos conselhos instituídos.

Figura 3 – CPFL Energia S.A. estrutura de governança.

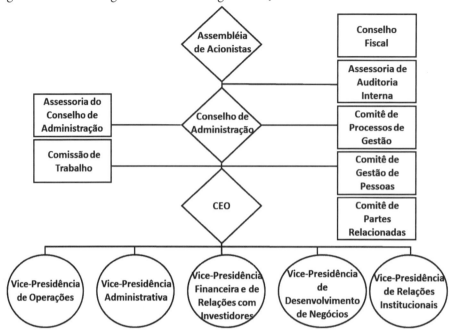

Fonte: (http://easywork.comunique-se.com.br: 23/12/2015).

6.4.5. Avaliação de desempenho e remuneração dos membros do conselho de administração

a) Avaliação de desempenho

É responsabilidade do presidente do conselho de administração a condução de um processo formal de avaliação individual dos conselheiros e do conselho de administração como um todo, visando ao aprimoramento contínuo.

As avaliações de desempenho devem ter periodicidade anual e ser adaptadas à realidade de cada empresa.

Na BM&FBOVESPA a avaliação de desempenho do conselho de administração é realizada anualmente. Todos os conselheiros são submetidos a uma avaliação que cobre cinco dimensões consideradas fundamentais para a eficácia daquele órgão, conforme mostra a Tabela 10.

Tabela 10 – Avaliação do conselho de administração: dimensões fundamentais.

Foco estratégico do conselho.
Conhecimento e informações sobre o negócio.
Independência e processo decisório do conselho.
Funcionamento das reuniões e dos comitês do conselho.
Motivação e alinhamento de interesses.

Fonte: (http://ri.bmfbovespa.com.br: 23/12/2015).

O resultado é pautado em reunião do conselho para discussão e planos de melhoria, sendo divulgado no relatório anual da organização.

b) Remuneração

Em relação à remuneração, o artigo 152 da Lei n. 6.404, de 15 de dezembro de 1976, que dispõe sobre as sociedades por ações, alterada pela Lei n. 9.457, de 5 de maio de 1997, determina que a Assembleia Geral fixará o montante global ou individual da remuneração dos administradores, incluindo benefícios de qualquer natureza e verbas de representação, tendo em conta suas responsabilidades, o tempo dedicado às suas funções, sua competência e reputação profissional e o valor dos seus serviços no mercado.

A Lei n. 6.404 determina, em seu artigo 145, que as disposições contidas no seu artigo 152 aplicam-se também aos conselheiros e aos diretores.

Além disso, a instrução do Conselho de Valores Mobiliários – CVM n. 480, de 7 de dezembro de 2009, que dispõe sobre o registro de emissores de valores mobiliários admitidos à negociação em mercados regulamentados de valores mobiliários, determina às empresas de capital aberto que indiquem, para os três últimos exercícios sociais, em relação ao conselho de administração, à diretoria estatutária e ao conselho fiscal:

– Valor da maior remuneração individual;
– Valor da menor remuneração individual;
– Valor médio de remuneração individual.

O Instituto Brasileiro de Governança Corporativa (IBGC) realiza pesquisa anual sobre a remuneração dos administradores, baseada nas informações previstas na referida instrução da CVM. Essa pesquisa tem como foco apresentar um panorama quantitativo da remuneração dos administradores.

A pesquisa IBGC disponibilizada em 2015 (5a edição), tendo como referência o ano de 2013, apresentou um comparativo entre os anos 2012 e 2013, conforme mostra a Figura 4.

Figura 4 – Mediana da remuneração média anual do conselheiro por empresa.

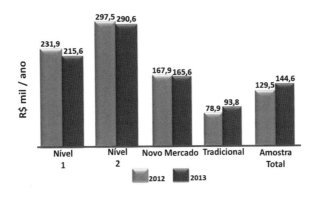

Fonte: (www.ibgc.org.br: 23 dez. 2015).

Tabela 11 – BM&FBOVESPA: segmentos especiais de listagem.

Segmento	Descrição
Novo mercado	Implica um nível de governança corporativa altamente diferenciado, que se tornou o padrão de transparência e governança exigido pelos investidores para as novas aberturas de capital. Nesse segmento especial, são listadas empresas que adotam, voluntariamente, práticas de governança corporativa adicionais às que são exigidas pela legislação brasileira, bem como possuem um conjunto de regras societárias que ampliam os direitos dos acionistas, além de uma política de divulgação de informações mais transparente e abrangente. As empresas listadas nesse segmento só podem emitir ações com direito de voto, as chamadas ações ordinárias (ON).
Nível 2	Nesse segmento, as empresas têm o direito de manter ações preferenciais (PN) que dão o direito de voto aos acionistas em situações críticas, como a aprovação de fusões e incorporações da empresa e contratos entre o acionista controlador e a companhia, sempre que essas decisões estiverem sujeitas à aprovação na assembleia de acionistas. No caso de venda de controle da empresa, é assegurado aos detentores de ações ordinárias e preferenciais o mesmo tratamento concedido ao acionista controlador, prevendo, portanto, o direito de *tag along** de 100% do preço pago pelas ações ordinárias do acionista controlador.
Nível 1	Nesse segmento, as empresas devem adotar práticas que favoreçam a transparência e o acesso às informações pelos investidores, divulgando informações adicionais às exigidas em lei, por exemplo, um calendário anual de eventos corporativos. O *free float* mínimo de 25% deve ser mantido nesse segmento, ou seja, a companhia se compromete a manter no mínimo 25% das ações em circulação.
Tradicional	Corresponde às companhias que não aderirem a nenhum outro nível mais elevado de governança corporativa da Bovespa.

Tag along: é um mecanismo de proteção ao acionista minoritário que possui papéis ordinários (ON) no caso de uma eventual troca de controle da companhia. Ocorrendo a venda da empresa, o acionista minoritário receberá um mínimo de 80% do valor pago por ação ao controlador.
Fonte: (www.bmfbovespa.com.br: 23 dez. 2015).

6.4.6. Relacionamentos internos

Alguns relacionamentos do conselho de administração merecem atenção especial por sua importância na dinâmica da organização.

No caso do relacionamento entre o conselho e a diretoria executiva, ou mesmo entre o presidente do conselho e o presidente executivo, é importante o entendimento da distinção das tarefas e das responsabilidades de forma a não haver ingerências.

Outro aspecto a ser considerado é a separação das funções de presidente executivo e presidente do conselho de administração. O acúmulo de funções, ainda comum em empresas familiares, é contraproducente sob a óptica do mercado, como a da sustentabilidade.

6.4.7. Sucessão

O planejamento de sucessão de executivos deve ser um processo incorporado ao sistema de governança corporativa da organização.

Essa providência proporciona algumas vantagens importantes para a organização, uma vez que fornece ao mercado e aos acionistas uma expectativa positiva da continuidade dos negócios e aos gestores de nível médio, a motivação para desenvolvimento.

Como você pode aplicar os conhecimentos deste trecho do livro na sua empresa?

A sucessão é um processo altamente crítico para a organização, seja ela familiar ou não.

- Portanto, a empresa deve implementar um processo específico para preparar a sucessão dos atuais líderes.

- Esse processo deve contemplar todas as etapas necessárias para a identificação, preparação e posse dos novos líderes, bem como a preparação da saída dos antigos.

6.4.8. Monitoramento do desempenho executivo e sistemas de remuneração

A avaliação do desempenho da empresa e de seu grau de alinhamento com o plano estratégico pode ser avaliado por meio de várias metodologias, entre elas:
- EVA (Economic Value Added) ou Valor Econômico Agregado é uma medida de desempenho que busca o retorno baseado no custo de oportunidade. Equivale ao retorno que seria obtido pela aplicação do capital em outros ativos com risco comparável.

Pode ser considerado a parcela do lucro operacional (lucro residual) que excede os gastos com a estrutura de capital (custo do capital de terceiros mais o custo do capital próprio). Para seu cálculo, utiliza-se a seguinte expressão:
EVA = (RAOL − CMPC) × AOL, em que:
RAOL = Retorno sobre o ativo operacional líquido;
CMPC = Custo médio ponderado de capital;
AOL = Ativo operacional líquido.

• VBM (Value Based Management) ou Gestão Baseada em Valor é uma abordagem mais sistêmica que considera os principais processos e sistemas da empresa. Exige a definição dos direcionadores de valor (*value drivers*), que são as variáveis que interferem no valor da empresa e cujas medidas são consideradas indicadores-chave de desempenho.

Entre os direcionadores de valor podem ser considerados, por exemplo, os processos e os sistemas decisórios, a estratégia corporativa, a comunicação e a cultura corporativa, entre outros.

Além da utilização para avaliar o valor agregado pelas empresas, esses métodos podem servir de base para o sistema de remuneração dos executivos e dos membros do conselho de administração. Esse é um procedimento que vincula uma recompensa adequada aos objetivos dos acionistas.

6.5. Fortalecimento dos direitos dos acionistas

Uma questão sumamente importante é a disparidade dos direitos de voto entre os acionistas, o que pode favorecer aqueles com direito desproporcional na tomada de decisão, configurando o conflito de interesses.

A legislação brasileira contempla dispositivos que asseguram direitos aos demais acionistas de uma companhia, por exemplo, no caso de uma alienação, direta ou indireta, do controle acionário de uma companhia. Nesse caso, o adquirente deverá realizar oferta pública para a aquisição das demais ações ordinárias, assegurando a seus detentores o preço mínimo de 80% do valor pago pelas ações integrantes do bloco de controle. Essa operação também é conhecida como "*tag along*".

Visando captar a confiança dos investidores, inúmeras empresas superam os valores exigidos por lei e concedem a todos os acionistas os mesmos direitos oferecidos aos acionistas controladores no caso de venda do controle acionário.

Além dessa prática, outros procedimentos podem colaborar para fortalecer os direitos de todos os acionistas, sobretudo os não controladores e minoritários. O estabelecimento de algumas regras pode garantir sua participação na tomada de decisão, entre eles: comunicação da agenda contendo as questões que serão objeto de deliberação; utilização de meios eletrônicos para votação e representação por procuração e quórum para a reunião.

Com isso, pretende-se garantir o maior número de acionistas nas Assembleias Gerais em contraponto às restrições regulamentares.

6.6. Gestão dos riscos empresariais

O processo de gestão de riscos empresariais é um componente importante da governança corporativa e deve contemplar toda a organização em suas diversas áreas, níveis, funções, processos e atividades, sistemas e projetos específicos.

Além disso, deve se caracterizar por um processo contínuo de identificação de eventos em potencial que podem afetar a organização e cujos riscos devem ser administrados em conformidade com seu apetite de risco.

6.6.1. Conceito

Conforme o COSO – Committee of Sponsoring Organizations of the Treadway Commission — Comitê das Organizações Patrocinadoras (2007, p. 4):

> O gerenciamento de riscos empresariais contribui para a preservação do patrimônio da organização e dos interesses dos *stakeholders*, na medida em que minimiza os impactos de eventos não desejados que podem afetar sua imagem e o alcance dos objetivos estratégicos, ao mesmo tempo que propicia o aprendizado organizacional, fornecendo aos gestores instrumentos e práticas para conviver com a incerteza.

Portanto, é necessário construir uma estrutura abrangente composta de processos consistentes que assegurem a eficácia e a eficiência na gestão dos riscos.

A estrutura de gerenciamento de riscos empresariais deve refletir os níveis hierárquicos, bem como as respectivas funções e competências.

De maneira geral, ao nível estratégico compete a função de supervisão e a definição das principais políticas que orientam a gestão dos riscos corporativos contando com a assistência da auditoria interna na avaliação e na recomendação de melhorias para maior adequação e eficácia.

O principal papel do nível estratégico é estabelecer o tom na cúpula da organização (Tone at the tope) por meio da liderança e do direcionamento, certificando-se da eficiência e da eficácia do gerenciamento de riscos implementado.

Também cabe ao nível estratégico as definições dos objetivos, dos limites de tolerância, dos critérios para a tomada de decisão e a aprovação dos métodos e das práticas de gestão que constituem os componentes do gerenciamento de riscos.

Ao nível tático ou executivo compete a administração dos riscos referentes aos objetivos das respectivas unidades, dentro dos limites de tolerância estabelecidos.

Ao traduzir as estratégias em operações, o nível tático deve identificar os eventos que podem prejudicar o alcance dos objetivos de suas unidades, avaliando e adotando medidas de mitigação ou contingência como resposta aos riscos potenciais.

No nível operacional, é fundamental que todos os empregados conheçam suas responsabilidades e suas obrigações e tenham a percepção nítida de que os controles e as práticas de gestão estabelecidos são aplicados, configurando, assim, um ambiente de controle eficaz.

> O gerenciamento de riscos corporativos é um processo conduzido em uma organização pelo conselho de administração, diretoria e demais empregados, aplicado no estabelecimento de estratégias, formuladas para identificar em toda a organização eventos em potencial, capazes de afetá-la, e administrar os riscos de modo a mantê-los compatível com o apetite a risco da organização e possibilitar garantia razoável do cumprimento dos seus objetivos.

6.6.2 Componentes do gerenciamento de riscos empresariais

O COSO (2007, p. 6) propõe uma estrutura integrada com oito componentes do gerenciamento de riscos empresariais.

Figura 5 – Componentes do gerenciamento de riscos empresariais.

Fonte: COSO (2007, p. 6) adaptado pelo autor.

6.6.2.1. Ambiente interno

O ambiente interno é fundamental para o desenvolvimento dos demais componentes do gerenciamento de riscos empresariais, influenciando o estabelecimento das estratégias e dos objetivos, a estrutura dos negócios e a identificação, a avaliação e a gestão dos riscos.

Influenciado pela história e pela cultura de uma organização, o ambiente interno compreende muitos elementos, entre eles:

Tabela 12 – Ambiente interno: elementos constituintes.

Elementos	Descrição
Filosofia de gestão de riscos	A filosofia de administração refere-se ao conjunto de convicções e atitudes compartilhadas, permeando a cultura e o estilo de gestão e operação e afetando até mesmo o gerenciamento dos riscos empresariais, sua identificação, sua classificação, sua aceitação e seu monitoramento.
Apetite a risco	Refere-se ao nível de riscos que a organização se dispõe a aceitar na busca de seus objetivos. As estratégias elaboradas no planejamento estratégico implicam diferentes graus de exposição a riscos. O processo de escolha e definição das estratégias deve estar alinhado ao apetite por risco da organização.

Conselho de administração	A independência do conselho em relação à administração, a experiência e o desenvolvimento de seus membros, o grau de participação e o exame das atividades, bem como a adequação de suas ações, são fatores preponderantes para a construção de um ambiente interno voltado à excelência.
Integridade e valores éticos	A integridade e o compromisso da administração com valores éticos devem superar o mero cumprimento de normas, influenciando a definição das estratégias e dos objetivos de uma organização e a forma como são implementadas.
Compromisso com a competência	A administração define os níveis de competência necessários para o alcance de seus objetivos, traduzindo-os em habilidades e conhecimentos requeridos. O compromisso deve incentivar o desenvolvimento contínuo e a inovação.
Estrutura organizacional	Define as áreas fundamentais de autoridade e responsabilidade, bem como as linhas apropriadas de comunicação adequadas às necessidades da organização e do seu gerenciamento de riscos empresariais.
Atribuição de alçada e responsabilidade	Essa função delimita o grau de equilíbrio entre delegação e centralização de poder. É fundamental que o ambiente interno propicie uma percepção de responsabilidade pessoal por parte de todos. Dessa forma, busca-se o alinhamento de alçada e responsabilidade para incentivar iniciativas individuais, dentro dos limites correspondentes.
Padrões de recursos humanos	Os padrões são definidos para que todos os colaboradores conheçam os níveis de integridade, comportamento ético e competência desejados pela organização. Esses padrões refletem-se em todos os processos relacionados a recursos humanos.

Fonte: COSO (2007, p.28-34) adaptado pelo autor.

Apesar do gerenciamento de riscos dentro de uma organização ser obrigação de todos, compete à liderança a responsabilidade de cultivar um ambiente interno favorável a esse processo.

Importante ressaltar que os demais componentes do gerenciamento de riscos dependem fundamentalmente de um ambiente em que a consciência de risco seja uma premissa para a execução das atividades.

6.6.2.2. Fixação de objetivos

A identificação de riscos depende da definição dos objetivos que se pretende alcançar.

Uma vez definidos os objetivos, pode-se iniciar o processo de identificação, avaliação e respostas aos riscos inerentes.

a) Objetivos estratégicos

Os objetivos estratégicos derivam, em última instância, da missão e da visão organizacional e representam a forma de gerar valor para as partes interessadas. A partir dos objetivos são formuladas as estratégias e os objetivos relativos às operações, à conformidade e à comunicação, cuja dinâmica busca o ajustamento às condições internas e externas.

Essas alternativas de ajustamento implicam riscos associados que necessitam de identificação e avaliação. As técnicas de identificação e avaliação de riscos contribuem para a escolha adequada das estratégias e dos objetivos facilitando até mesmo o desdobramento desses objetivos em outros correlatos para todas as áreas, processos e atividades.

b) Objetivos correlatos

Os objetivos correlatos devem estar devidamente associados e integrados aos objetivos estratégicos, caracterizando o alinhamento necessário e sua relação de causa e efeito.

Na fixação dos objetivos correlatos é fundamental a identificação dos fatores críticos de sucesso, passíveis de mensuração e acompanhamento.

Entre os objetivos correlatos, podemos destacar:

- Objetivos operacionais: relacionam-se com a eficácia e a eficiência das operações da organização, incluindo metas de desempenho e de lucro, bem como reservas de recursos contra prejuízos.
- Objetivos de comunicação: relacionam-se com a confiabilidade dos relatórios. Incluem relatórios internos e externos e podem, ainda, conter informações financeiras e não financeiras.
- Objetivos de conformidade: relacionam-se com o cumprimento de leis e regulamentos. Apresentam informações de caráter socioambiental e outros requisitos exigidos por autoridades normativas.

6.6.2.3. Identificação de eventos

a) Conceito

Segundo o COSO (2007, p. 46):

> Eventos são incidentes ou ocorrências originadas a partir de fontes internas ou externas que afetam a implementação da estratégia ou a realização dos objetivos. Os eventos podem provocar impacto positivo, negativo ou ambos.

Inicialmente, a organização deve elencar esses fatores externos e internos e o tipo de evento implícito.

De maneira geral, são considerados os seguintes fatores externos:

Tabela 13 – Identificação de eventos: fatores externos.

Fatores externos	Descrição
Econômicos	Envolvem oscilações de índices, taxas, câmbio, disponibilidade de capital, barreiras de entrada, entre outros.
Meio ambiente	Desastres ambientais provocados por fenômenos naturais, como inundações, terremotos e incêndios, que podem causar danos patrimoniais, restrição de matéria-prima e capital humano.
Políticos	Alterações nas agendas políticas; novas leis e regulamentos que podem ser favoráveis ou não.
Sociais	São alterações nas condições demográficas, nos costumes sociais, nas estruturas da família, nas prioridades de trabalho/vida e a atividade terrorista, que, por sua vez, podem provocar mudanças na demanda de produtos e serviços, novos locais de compra, demandas relacionadas a recursos humanos e paralisações da produção.
Tecnológicos	Novas formas de comércio eletrônico, que podem provocar aumento na disponibilidade de dados, reduções de custos de infraestrutura e aumento da demanda de serviços.

Fonte: COSO (2007, p. 46) adaptado pelo autor.

Comumente, são considerados os seguintes fatores internos:

Tabela 14 – Identificação de eventos: fatores internos.

Fatores internos	Descrição
Infraestrutura	Possibilidades de melhorias em eficiência (manutenção, suporte, etc.) ou necessidade de substituição.
Pessoal	Acidentes de trabalho, atividades fraudulentas e expiração de acordos de trabalho, causando redução de pessoal disponível, danos pessoais, monetários ou à reputação da organização e paralisações da produção.

Processos	Modificações de processos sem alteração adequada nos protocolos administrativos, erros de execução; terceirização sem supervisão adequada, implicando perda de participação de mercado, ineficiência, insatisfação do cliente e diminuição da fidelidade.
Tecnologia	Obsolescência ou limites de capacidade diante da variabilidade de volume, violações da segurança e paralisação, em potencial, de sistemas, provocando redução da carteira de pedidos, transações fraudulentas e incapacidade de se manter as operações.

Fonte: COSO (2007, p. 47) adaptado pelo autor.

Os eventos, sejam eles internos, sejam externos, podem ocorrer concomitantemente, e não apenas de forma isolada. Portanto, é fundamental avaliar o potencial de relacionamentos e determinar suas consequências e as ações de resposta.

b) Técnicas de identificação de eventos

É comum a combinação de metodologias para a identificação de eventos, sendo as mais utilizadas:

Tabela 15 – Técnicas de identificação de eventos.

Técnicas	Detalhamento
Inventário de eventos	Relação detalhada de eventos em potencial de uma organização, um processo ou uma atividade. Pode ser suportada por tecnologia ou não.
Análise interna	É realizada como parte da rotina do ciclo de planejamento de negócios, tipicamente por meio de reuniões dos responsáveis pela unidade de negócios. Pode dispor de informações de outras partes interessadas (clientes, fornecedores e outras unidades de negócios) ou da consulta a especialistas internos e externos.
Alçadas e limites	Informações baseadas no monitoramento e comparação de transações ou ocorrências atuais com critérios predefinidos.
Seminários e entrevistas com facilitadores	Objetiva identificar eventos com base na experiência e no conhecimento acumulado da administração, do pessoal ou de outras partes interessadas por meio de discussões estruturadas.

Análise de fluxo de processo	Pelo mapeamento das entradas, dos controles, das atividades, das responsabilidades e das saídas, visa identificar pontos críticos ou fragilidades que possam comprometer o resultado esperado.
Indicadores preventivos de eventos	Objetiva identificar padrões de comportamento que necessitam de intervenção imediata.
Metodologias de dados sobre eventos de perda	Bases de dados sobre eventos individuais de perdas passadas fornecem séries históricas que podem contribuir para identificar as tendências e a raiz de problemas.

Fonte: COSO (2007, p. 48-49) adaptado pelo autor.

A identificação de eventos com potencial de risco é um exercício de reflexão importante que busca determinar os efeitos de determinados eventos na organização como um todo. Os resultados dessa análise dependem do conhecimento das variáveis externas e internas e da metodologia empregada. Na prática, as variáveis são consideradas em relação ao seu potencial de risco ou à oportunidade para a organização.

Os eventos de risco com impactos negativos exigem avaliação e a elaboração de resposta por parte da administração, enquanto aqueles com impacto positivo são considerados oportunidades e tratados como insumos no processo de definição das estratégias e dos objetivos organizacionais.

A identificação das variáveis resulta da aplicação de diversos métodos de análise de cenários e mapeamento de processos cuja escolha depende da cultura organizacional e do nível de maturidade nessa prática de gestão. Um aporte importante pode ser obtido por meio da norma ABNT 31010:2012 – Gestão de Riscos: Técnicas para o processo de avaliação de riscos, que fornece orientações sobre a seleção e a aplicação de técnicas para avaliação de riscos.

c) Tipologia ou classificação dos riscos

Existem vários critérios para a classificação dos riscos, os quais dependem do tipo de organização e de sua maturidade na gestão de riscos empresariais. De qualquer forma, é importante lembrar que uma boa classificação dos riscos, além de facilitar a sua gestão, favorece a comunicação com todas as partes interessadas.

Uma classificação genérica poderia apresentar os seguintes tipos de risco:

Tabela 16 – Tipologia de riscos empresariais.

Tipo	Descrição
Riscos estratégicos	Podem prejudicar o alcance dos objetivos estratégicos da organização, entre eles: queda da aceitação do produto; surgimento de novas tendências e comportamentos no mercado; aparecimento de novos *players*; competitividade acirrada em preços; posição de custos e pressão de margem e surgimento de tecnologias disruptivas.

Riscos de mercado	Podem ocasionar perdas por oscilações em fatores de mercado, como taxa de juros, taxa de câmbio, preços de ações e commodities, volatilidade de ativos, etc.
Riscos de *compliance*	Referem-se à possibilidade de perdas pela inobservância de dispositivos legais, regulatórios, regulamentares, contratuais e normativos.
Riscos operacionais	Estão intimamente ligados à possibilidade de perdas provenientes de falhas envolvendo processos, pessoas, infraestrutura logística, projetos, sistemas e controles internos.
Risco de imagem ou reputação	São oriundos de eventos que podem afetar negativamente a imagem da organização e podem estar vinculados à marca, responsabilidade social e relacionamentos com terceiros, parcerias e mídia.
Riscos ambientais	Podem decorrer de fatores internos como a inadequação na gestão de questões ambientais como no tratamento de resíduos ou de fatores externos como os decorrentes do aquecimento global que podem inviabilizar investimentos ou expansão da capacidade produtiva.

6.6.2.4 Avaliação de riscos

A avaliação de riscos consiste em determinar o grau de exposição da organização diante do risco analisado.

Esse grau é avaliado por meio de métodos qualitativos e quantitativos que determinam:
– A probabilidade: representada pela possibilidade de sua ocorrência;
– O impacto: caracterizado pelos efeitos que podem provocar, geralmente medido pelo impacto no desempenho econômico-financeiro do período.

O resultado dessa avaliação pode ser espelhado por uma matriz de probabilidade e impacto.

Figura 6 – Matriz de impacto × probabilidade.

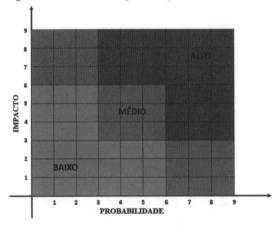

A matriz de impacto × probabilidade permite posicionar os riscos identificados segundo a análise da probabilidade de sua ocorrência e de seu grau de impacto, subsidiando a tomada de decisão quanto à necessidade ou não de resposta por parte da organização.

Os impactos positivos e negativos dos eventos em potencial devem ser analisados isoladamente ou por categoria em toda a organização. Os riscos são avaliados com base em suas características inerentes e residuais.

Um risco é considerado inerente quando, apesar dos esforços da organização, não é possível alterar sua probabilidade de ocorrência nem seu impacto. Entretanto, um risco é considerado residual quando ainda apresenta alguma probabilidade ou impacto após a resposta implementada pela organização.

6.6.2.5 Resposta aos riscos

A avaliação do efeito das ações de resposta à probabilidade de ocorrência e ao impacto do risco, considerando ainda a relação custo-benefício, permite a seleção de respostas que mantenham o risco residual dentro dos parâmetros de tolerância aceitáveis.

As respostas a riscos podem ser agrupadas em algumas categorias, a saber:

Figura 7 – Categorias de respostas a riscos.

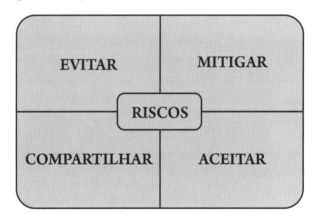

Fonte: COSO (2007, p. 61) adaptado pelo autor.

- **Evitar:** quando o resultado da avaliação determina a inexistência de opção adequada que reduza o impacto previsto e a probabilidade em níveis aceitáveis. Essa resposta implica a descontinuidade das atividades que geram os riscos identificados.
- **Mitigar:** quando o resultado da análise sugere ou autoriza a adoção de resposta para a redução da probabilidade e/ou do impacto dos riscos.
- **Compartilhar:** quando o resultado da análise identifica a possibilidade de promover o compartilhamento de parte do risco por meio de estratégias de cobertura conhecidas como "*hedge*"; terceirização de atividades ou contratação de seguros.
- **Aceitar:** quando o resultado da análise sugere que nenhuma medida precisa ser adotada em razão do risco inerente encontrar-se dentro dos limites de tolerância aceitos pela organização.

6.6.2.6. Atividades de controle

São as políticas e os procedimentos implementados pela organização para assegurar a efetividade do processo de gerenciamento de riscos e garantir o atingimento dos objetivos organizacionais. Entre as atividades de controle geralmente utilizadas, pode-se citar:

Tabela 17 – Atividades de controle.

Gestão do desempenho	É o processo que tem como finalidade comparar o desempenho obtido em relação aos objetivos previstos no planejamento estratégico e nos planos tático e operacional. Busca-se verificar o acerto das estratégias definidas (eficácia); os recursos orçados (eficiência) e a competitividade por meio da comparação com os resultados dos concorrentes. É formalizada em reuniões de conselho cujas análises e decisões devem conduzir à elaboração de planos de melhoria ou correção de rumos.
Processamento da informação	São os controles estabelecidos para a validação de atributos como precisão, integridade, unicidade, controle de acessos e alçadas nas transações, entre outros. A qualidade dos atributos é condição primária para subsidiar adequadamente a tomada de decisão.
Controle patrimonial	Refere-se aos procedimentos tendentes a garantir a exatidão entre os bens patrimoniais (equipamentos, estoques, móveis e utensílios, títulos, etc.) e os registros de controle.
Monitoramento de indicadores de desempenho	Além dos resultados espelhados pelos indicadores, esse processo deve incluir análises relacionais entre o conjunto de dados obtidos, buscando identificar tendências ou circunstâncias que possam interferir no alcance dos objetivos.
Segregação de funções	Processo estabelecido para garantir que nenhum empregado, independentemente da função exercida, possa participar ou controlar todas as fases (autorização, aprovação, execução, controle e contabilização) inerentes a um processo. Dessa forma, a execução de cada fase é atribuída a pessoas ou setores distintos, possibilitando a realização de uma verificação cruzada.

A implementação das atividades de controle é específica para cada organização e leva em consideração questões como a cultura organizacional, o ambiente de negócios, o porte e a complexidade das operações, entre outras.

6.6.2.7. Informação e comunicação

O processamento e a qualificação da informação constituem-se num processo crítico para as organizações, exigindo inteligência e dedicação constantes.

Esse processo contempla a identificação, a coleta e a comunicação das informações de forma adequada e nos prazos requeridos para permitir a eficácia do gerenciamento de riscos e a tomada de decisão.

O desenho da arquitetura de um sistema de informações e a aquisição de tecnologia são aspectos críticos da estratégia de uma organização. A estratégia da organização deve contemplar necessariamente a arquitetura do sistema de informações e a tecnologia a ser adquirida considerando seus objetivos estratégicos, as necessidades do negócio, os requisitos competitivos e a flexibilidade necessária para permitir mudanças e inovações visando à sua sustentabilidade.

Geralmente, o desenvolvimento dos sistemas de informação melhora a capacidade de mensurar e monitorar o desempenho, bem como a gestão dos riscos. No entanto, a crescente dependência em relação aos sistemas de informações nos níveis estratégico e operacional gera novos riscos, como a violação da segurança de informações ou crimes cibernéticos, os quais necessitam ser integrados à administração de riscos.

No que se refere à comunicação, o quesito básico é a transparência. É importante para a organização demonstrar que as estratégias organizacionais estão conectadas com os interesses das partes interessadas. A comunicação deve relatar os riscos às partes interessadas de forma a permitir sua aferição e, consequentemente, o ajuste das suas expectativas e a tolerância ao risco.

Nesse quesito, estima-se que a legislação se torne mais exigente no futuro.

A implementação de um bom sistema de comunicação de riscos enseja alguns requisitos importantes para garantir sua confiabilidade. Entre eles, a elaboração do plano de comunicação de riscos e sua revisão periódica; a definição do grau de transparência máxima possível; uma linguagem clara e objetiva e o escopo da responsabilidade da organização pelos riscos ou pelos impactos econômicos e socioambientais.

Além disso, as informações contidas no referido plano de comunicação de riscos devem primar por sua materialidade e sua relevância, contemplando temas e indicadores que reflitam os impactos econômicos, ambientais e sociais significativos da organização e relevantes para seu desempenho sustentável e que possam também influenciar as avaliações das partes interessadas.

6.6.2.8. Monitoramento

Com o passar do tempo, fatores dinâmicos internos e externos podem afetar o grau de eficácia do gerenciamento de riscos corporativos.

Mudança de pessoas, estrutura, sistemas, processos e objetivos são alguns desses fatores internos, enquanto novas tecnologias, tendências, concorrência, entre outros, são fatores externos que também podem representar riscos e comprometer o alcance dos objetivos organizacionais.

O monitoramento é um processo que visa atestar a eficácia do gerenciamento de riscos da organização e colaborar com seu aprimoramento, podendo ser realizado de forma contínua ou por meio de avaliações independentes.

O monitoramento contínuo caracteriza-se por sua incorporação às atividades normais e sua execução em tempo real, permitindo respostas mais imediatas às mudanças de condições ou falhas apuradas.

São exemplos de atividades de monitoramento contínuo:
– Análises de relatórios operacionais a fim de identificar imprecisões, variações ou divergências significativas em resultados esperados;
– Análise de informações de mercado sobre a posição financeira da organização em confronto com movimentos não esperados dentro dos modelos de cenários elaborados;
– Análise de comunicações recebidas de partes externas pode indicar a existência de divergências nos controles internos da organização.
– Resultados de auditorias internas ou externas com recomendações sobre adoção de medidas corretivas;

As avaliações independentes são executadas com o enfoque de avaliar a eficácia do gerenciamento de riscos corporativos na sua totalidade.

Geralmente, essas avaliações têm frequência menor e são motivadas por fatores de maior relevância que causam mudanças significativas no ambiente externo e interno, como alterações nas condições econômicas, políticas e ambientais; mudanças na administração, nas estratégias, nas operações, etc.

De maneira geral, cada organização deve estabelecer uma combinação adequada de monitoramento contínuo e avaliações independentes para assegurar a efetividade do seu processo de gerenciamento de riscos corporativos.

Em síntese, a implementação de um modelo de gerenciamento de riscos empresariais confere maior eficácia no tratamento da incerteza e contribui para o alcance dos objetivos organizacionais agregando valor econômico à organização.

Como você pode aplicar os conhecimentos deste trecho do livro na sua empresa?

a) Os sistemas de informação devem poder suprir as necessidades da empresa e das partes interessadas.

- A empresa deve inventariar suas necessidades de informação (estratégica, gerencial, operacional e administrativa) e conhecer as necessidades das partes interessadas mais influentes (acionistas, sócios, investidores, clientes, etc.).

- Esse rol de necessidades deve servir de requisitos para aquisição ou concepção, desenvolvimento, homologação e implantação de sistemas de informação no âmbito da empresa.

- Os sistemas de informação devem assegurar a atualização, a confidencialidade e a integridade das informações geridas.

> b) A implementação de um gerenciamento de riscos empresariais é um fator crítico de governança.
> - É fundamental que o gerenciamento de riscos empresariais seja monitorado pelo conselho de administração ou pelos sócios da empresa.
> - Os auditores internos devem realizar trabalhos de certificação dos controles e das práticas utilizados pela empresa para o gerenciamento de riscos.
> - O gerenciamento de riscos deve prever procedimentos de avaliação também quando do planejamento de novas estratégias, atividades e produtos.

6.7. Processo decisório

Por ser um elemento-chave para a governança corporativa, é fundamental que o processo de tomada de decisão contemple etapas e critérios que garantam sua transparência e seu acerto, uma vez que implicam alocação de recursos, e seus resultados atingem todas as partes interessadas.

Os pontos críticos nesse processo estão relacionados com alguns aspectos que devem ser tratados e formalizados dentro do sistema de governança, entre eles:

- O alinhamento às estratégias e aos objetivos da organização;
- A definição dos limites de autoridade e alçadas;
- A cadeia de aprovação;
- As expectativas das partes interessadas;
- Os riscos associados;
- A comunicação adequada a cada tipo de público;
- O acompanhamento e o monitoramento dos resultados.

A eficácia do processo decisório também é dependente da qualidade e da tempestividade dos insumos extraídos dos sistemas de informação corporativo.

Portanto, é fundamental que os sistemas de informação contemplem os indicadores de desempenho que permitam a tomada de decisão diante de situações fora do padrão esperado e sua evolução.

6.8 Conclusão

A governança corporativa é um dos pilares mais importantes da economia global e um dos instrumentos determinantes da sustentabilidade das empresas.

Essa premissa é válida também para os países, sobretudo para aqueles que querem alcançar o status de desenvolvido.

Fatores como a desaceleração econômica, a crise política, os escândalos envolvendo empresas estatais, empresários e políticos, a perspectiva ruim do perfil da dívida pública, entre outros, ocasionaram o rebaixamento da nota de crédito do Brasil junto às maiores agências de classificação de riscos no segundo semestre de 2015.

Consequentemente, o país perde o grau de investimento para o grau especulativo, o que ocasiona o enxugamento e o encarecimento do crédito, a saída de dólares e o enfraquecimento da moeda.

Nas empresas, a adoção de medidas de governança corporativa não deveria ser utilizada apenas como resposta a situações de crise em detrimento de uma abordagem estratégica e preventiva voltada ao monitoramento e à mitigação de riscos.

A implementação de um processo de governança corporativa demanda uma grande mudança de mentalidade e o esforço para sua incorporação e sua adequação às particularidades inerentes a cada cultura organizacional.

Para garantir uma mudança profunda e positiva, os gestores devem liderar o processo de adoção das melhores práticas de governança com transparência e comprometimento visando ao envolvimento de todos.

É importante a percepção de que um bom sistema de governança corporativa é pré-requisito para as empresas que desejam garantir a sustentabilidade de seus negócios.

Estudo de caso

O Banco Panamericano.

a) Informações preliminares

O Banco Panamericano é uma instituição autorizada a funcionar pelo Banco Central do Brasil – Bacen, de capital aberto desde 14 de novembro de 2007, com registro na Comissão de Valores Mobiliários – CVM.

As demonstrações contábeis de 2009 (p. 1-2) informavam que o Banco possuía ativos de R$ 11,9 bilhões, carteira de crédito de R$ 9,9 bilhões e patrimônio líquido de R$ 1,6 bilhão.

b) Operações críticas

Conforme notas explicativas às demonstrações financeiras individuais e consolidadas (p. 4), o Panamericano realizava a cessão de sua carteira de operações de crédito para outros bancos e para Fundos de Investimentos em Direitos Creditórios (FIDC) constituídos com essa finalidade como parte da estratégia operacional do Banco.

Esses procedimentos resultavam no imediato reconhecimento da receita dessas operações nas demonstrações contábeis individuais do Banco, no grupo de receitas de intermediação financeira, eliminando-se o efeito das operações de FIDC das demonstrações consolidadas do Grupo.

Como garantia, o Panamericano assumia a responsabilidade pela inadimplência das carteiras vendidas.

Notas explicativas das demonstrações contábeis de 2009 (p. 7) informavam que o

Panamericano respondia por coobrigações referentes a créditos cedidos no montante de R$ 1,021 bilhão (em 2008 R$ 2,260 bi).

Em outubro de 2010, o Grupo Silvio Santos foi obrigado a fazer uma injeção de capital para cobrir um rombo de R$ 2,5 bilhões no Banco Panamericano (Folha de S.Paulo, de 10 de novembro de 2010). O valor da fraude, estimado em R$ 2,5 bilhões em outubro daquele ano, superou R$ 4 bilhões, por causa da necessidade de aumentar os ajustes de créditos de liquidação duvidosa.

c) Arquitetura da fraude

O Panamericano continuava lançando, em seus ativos, as carteiras de crédito que tinham sido vendidas a outros bancos. (Matéria divulgada no portal G1, em 10 de novembro de 2010).

Foi constatada a venda da mesma carteira a vários clientes: Itaú-Unibanco, Bradesco, Santander e HSBC. Relatório preliminar do Bacen findo em dezembro de 2010 apontou que, enquanto o Panamericano informava R$ 1,60 bilhão em operações de cessão de crédito, os compradores informavam R$ 5,59 bilhões, quase quatro vezes o valor registrado pelo Panamericano. O rombo total apurado alcançava quase R$ 4 bilhões (portal G1, em 10 de novembro de 2010).

Segundo o Bacen, um artifício usado para encobrir a fraude das fiscalizações era o pagamento de Imposto de Renda sobre "ganhos" obtidos com as carteiras já vendidas e que não mais pertenciam ao Panamericano.

Uma hipótese para essa "engenharia" era a de melhorar os resultados e a liquidez do Panamericano, em razão da crise financeira internacional de 2008.

Foi comprovado o aumento do bônus dos administradores, vinculados ao desempenho do banco, por agressiva distribuição de lucros.

Outro componente da fraude era a contratação de empresas de consultoria de propriedade desses mesmos administradores.

d) Auditoria independente

Os pareceres da auditoria independente assinados por dois de seus sócios atestavam a regularidade das demonstrações contábeis do Panamericano.

Os pareceres conferiam credibilidade às demonstrações contábeis junto ao mercado financeiro em geral, clientes e investidores.

e) Os principais responsáveis

Matéria disponível no site da Época Negócios, veiculada em 5 de dezembro de 2010, informava que o relatório do Bacen apontou inicialmente 14 executivos como supostos responsáveis pelo rombo.

Com a conclusão do inquérito da Polícia Federal em 2012, foram indiciados formalmente 22 pessoas pela prática dos crimes de formação de quadrilha, lavagem de dinheiro, gestão fraudulenta, caixa dois e crimes financeiros, conforme matéria publicada no portal G1, em 8 de fevereiro de 2012.

Dentre os indiciados estão cinco ex-diretores da instituição.

Cláudio Teramoto

Questões

a) Analisando as informações oferecidas no caso do Banco Panamericano e o conteúdo do presente capítulo, avalie o papel do conselho de administração.
b) Que providências poderiam ser sugeridas em nível do conselho de administração e dos comitês de apoio?
c) Qual deveria ser o papel da auditoria independente em relação às demonstrações contábeis do Banco Panamericano?
d) Quais falhas de governança corporativa podem ser apontadas a partir das informações apresentadas?
e) Quais problemas financeiros e operacionais foram causados aos compradores das carteiras de créditos do Banco Panamericano?

Atividade proposta

• Compare o sistema de governança corporativa de sua empresa com as práticas descritas no Código das Melhores Práticas de Governança Corporativa do IBGC – Instituto Brasileiro de Governança Corporativa (disponível no site http://www.ibgc.org.br/).

REFERÊNCIAS

ASSOCIAÇÃO BRASILEIRA DE NORMAS E TÉCNICAS – ABNT. ISO/IEC 31010: 2009. *Gestão de riscos – Técnicas para o processo de avaliação de riscos*. Disponível em: <http://www.abntcatalogo.com.br/norma.aspx?ID=90516>. Acesso em: 21 dez. 2015.

BANCO PANAMERICANO S.A. *Demonstrações Financeiras Consolidadas Especiais – IFRS de 31 de dezembro de 2009*. Disponível em: <https://www.mzweb.com.br/panamericano2012/web/arquivos/Publica%E7%E3o%20Jornal%20-%20Banco.pdf>. Acesso em: 28 dez. 2015.

BM&FBOVESPA. *Diretrizes de Governança Corporativa 2009*. Disponível em: <http://ri.bmfbovespa.com.br/fck_temp/26_2/Diretrizes_de_Governanca_Corporativa_da_BMFBOVESPA.pdf>. Acesso em: 23 dez. 2015.

_____. *Segmentos de listagem 2011*. Disponível em: <http://www.bmfbovespa.com.br/pt-br/servicos/solucoes-para-empresas/segmentos-de-listagem/o-que-sao-segmentos-de-listagem.aspx?idioma=pt-br>. Acesso em: 23 dez. 2015.

BRASIL. *Lei n. 6.404, de 15 de dezembro de 1976*. Disponível em: <http://www.planalto.gov.br/ccivil_03/LEIS/L6404consol.htm>. Acesso em: 25 dez. 2015.

_____. *Lei n. 9.457, de 5 de maio de 1997*. Disponível em: <http://www.planalto.gov.br/ccivil_03/leis/L9457.htm>. Acesso em: 25 dez. 2015.

CAMARGO CORRÊA. *Relatório Anual 2011*. Disponível em: <http://www.camargocorrea.com.br/grupo-camargo-correa/investidores/relatorios-anuais/relatorio-anual-2011.html>. Acesso em: 23 dez. 2015.

_____. *Código de conduta e comissão de ética 2015*. Disponível em: <http://www.camargocorrea.com.br/component/docman/cat_view/3-grupo-camargo-correa?Itemid>. Acesso em: 23 dez. 2015.

CARGILL. *Princípios éticos*. Disponível em: <http://www.cargill.com.br/pt/sobre-cargill-brasil/principios-eticos/index.jsp>. Acesso em: 24 dez. 2015.

COMISSÃO DE VALORES MOBILIÁRIOS. *Instrução Normativa CVM n. 480*, de 7 dez. 2009. Disponível em: <http://www.cvm.gov.br/legislacao/inst/inst480.html>. so em: 25 dez. 2015.

COMMITTEE OF SPONSORING ORGANIZATIONS OF THE TREADWAY COMMISSION. *Gerenciamento de riscos corporativos – estrutura integrada*. Sumário executivo. Estrutura. COSO, 2007.

CPFL ENERGIA S.A. *Relatório Anual 2014*. Disponível em: <http://easywork.comunique-se.com.br/arq/160/arq_160_233933.pdf.>. Acesso em: 23 dez. 2015.

ÉPOCA NEGÓCIOS. *Banco Central aponta suspeitos no Panamericano*. 5 dez. 2010. Disponível em: <http://epocanegocios.globo.com/Revista/Common/0,,EMI192990-16359,00-BANCO+CENTRAL+APONTA+SUSPEITOS+NO+PANAMERICANO.html>. Acesso em: 28 dez. 2015.

GLOBO.COM. *Polícia Federal encerra investigação sobre banco Panamericano*. 8 fev. 2012. Disponível em: <http://g1.globo.com/economia/noticia/2012/02/policia-federal-encerra-investigacao-sobre-banco-panamericano.html>. Acesso em: 28 dez. 2015.

GRUPO VOTORANTIM. *Código de conduta 2012*. Disponível em: <http://www.votorantim.com.br/SiteCollectionDocuments/codigo_conduta/codigo_conduta_ptb.pdf>. Acesso: 23 dez. 2015.

_____. *Relatório 2014*. Disponível em: <http://www.votorantim.com.br/responsabilidade%20Social%20Corporativa/Relatório%20Votorantim%202014%20–%20Versão%20Página%20Dupla.pdf>. Acesso em: 23 dez. 2015.

HOSPITAL SÍRIO-LIBANÊS. *Valores*. Disponível em: <https://www.hospitalsiriolibanes.org.br/institucional/sociedade-beneficente-de-senhoras/Paginas/missao-visao-e-valores.aspx>. Acesso em: 24 dez. 2014.

INSTITUTO BRASILEIRO DE GOVERNANÇA CORPORATIVA. *Código das melhores práticas de governança corporativa*. 4. ed. Instituto Brasileiro de Governança Corporativa. São Paulo: IBGC, 2009.

_____.*Remuneração dos Administradores 2015*. 5. ed. Ano referência 2013. Disponível em: <http://www.ibgc.org.br/userfiles/2014/files/Pesquisa_Remuneracao_2015_5edicao.PDF>. Acesso em: 23 dez. 2015.

INSTITUTO ETHOS DE EMPRESAS E RESPONSABILIDADE SOCIAL. *Formulação e implantação de código de ética em empresas – Reflexões e sugestões*. São Paulo, 2000.

ITAÚ UNIBANCO. *Cultura corporativa*. Disponível em: <https://www.itau.com.br/sobre/quem-somos/cultura-corporativa/>. Acesso em: 24 dez. 2015.

JORNAL DA GLOBO. *Banco Panamericano é salvo por injeção de capital de banco *privado*. 10 nov. 2010. Disponível em: <http://g1.globo.com/jornal-da-globo/noticia/2010/11/banco-panamericano-e-salvo-por-injecao-de-capital-de-banco-privado.html>. Acesso em: 28 dez. 2015.

LEVITT, Theodore. *Miopia em Marketing*. Harvard Business Review – jul.-ago./1960.

LOJAS RENNER S.A. *Relatório Anual 2013*. Disponível em: <http://portal.lojasrenner.com.br/hotsite/Lojas_Renner_Relatorio_Anual_2013.pdf>. Acesso em: 23 dez. 2015.

ORGANIZAÇÃO PARA A COOPERAÇÃO E DESENVOLVIMENTO ECONÔMICO. *Os princípios da OCDE sobre o Governo das Sociedades*. OCDE, 2004.

SCOTT, Cynthia; D.; JAFFE, Dennys T.; TOBE, Glenn R. *Visão, valores e missão organizacional: construindo a organização do futuro*. Rio de Janeiro: Qualitymark, 1998.

SOUZA, L.; RODRIGUES, F.; CUCOLO, E. *Caixa intervém em banco de Silvio Santos*. Folha de S.Paulo, Brasília. 10 nov. 2010. Disponível em: <http://acervo.folha.uol.com.br/fsp/2010/11/10/2/>. Acesso em: 28 dez. 2015.

VOLKSWAGEM. *Relatório Anual 2013*. Disponível em: <http://www.vw.com.br/content/medialib/vwd4/br/editorial/anuario_2013/_jcr_content/renditions/rendition_0.download_attachment.file/ra-vw.pdf>. Acesso em: 24 dez. 2015.

VOTORANTIM. *Código de conduta 2012*. Disponível em: <http://www.votorantim.com.br/SiteCollectionDocuments/codigo_conduta/codigo_conduta_ptb.pdf>. Acesso em: 24 dez. 2015.

_____. *Relatório 2014*. Disponível em: <http://www.votorantim.com.br/responsabilidade%20Social%20Corporativa/Relatório%20Votorantim%202014%20-%20Versão%20Página%20Dupla.pdf>. Acesso em: 24 dez. 2015.

WELCH, J. *Paixão por vencer*. 7. ed. Rio de Janeiro: Elsevier, 2005.